やさしくまるごと中学英語 改訂版

著　武藤克彦
マンガ　阿部 潤
協力　葉一

教育系YouTuber 葉一監修！
- 英語の勉強のコツ＆達成BOOK
- 定期テスト計画シート
- 英語の勉強のコツDVD　　つき

Gakken

はじめに

突然ですが……

「英語の勉強は好きですか?」という質問には,あなただったらどう答えますか?

「きらい」だという人は,すぐに「きらい!」と答えてしまう前に,きらいなのは「英語」と「勉強」のどちらなのかをちょっと考えてみてください。

ちなみにぼくは英語の専門家ですが,「勉強」は大きらいです。でも英語と仲良く付き合ってきた結果(ここが重要!),今でも学校で英語の研究をしていますし,勉強がきらいなくせに,中学校や高校の英語の先生の免許も取ってしまいました(先生にもなれます)。

……というわけで,ぼくなら上の質問には「英語は好きですが,勉強はきらいです」と素直に答えることができます。

とはいえ,英語でつらい思い,いやな経験をしている人に向かって「英語を好きになろう!」といっても,「難しい」というイメージが頭にうかんでしまって,「う,うん……」くらいの反応しか返ってこないと思います。

これは仕方ないです。というのも,まだまだ「英語=文法の勉強」のイメージが強く,「なんだかよくわからない文法を覚えさせられる教科」と思ってしまう人が多いからです。

英語の勉強は数学や理科などの公式を暗記する「教科」とはちがい,体育や音楽などの「実技科目」に近いところがあります。

例えば,サッカーなどのスポーツはルールを知らなければ試合ができませんし,ピアノなどの楽器であれば音階を知らなければ曲を演奏するのは難しいですよね。英語も同じで,この「文法」というルールを知らなければ,カッコよく英語を話すのは難しいのです。

この本は中学校3年間の英語を学ぶのが目的ですが,他の問題集や参考書のように自分1人だけで勉強するのではなく,「ぼくといっしょに」学んでいくということがポイントです。すべてのレッスンはYouTubeで動画授業を見て英語を「勉強」することができます。ちょうど家庭教師に習うような感じでしょうか。

中学校の英語は,英語を使う基本ルール(文法)を覚えて実際に使ってみるのが目標です。そのもっとも「めんどくさい」文法をいっしょに学んでいきましょう!

では,See you later!

武藤克彦

本書の特長と使いかた

まずは「たのしい」から。

　たのしい先生や，好きな先生の教えてくれる科目は，勉強にも身が入り得意科目になったりするものです。参考書にも似た側面があるのではないかと思います。

　本書は読んでいる人に「たのしいな」と思ってもらえることを願い，個性豊かなキャラクターの登場するマンガを多く載せています。まずはマンガを読んで，この参考書をたのしみ，少しずつ勉強に取り組むクセをつけるようにしてください。勉強するクセがつけば，学習の理解度も上がってくるはずです。

中学3年分の内容をしっかり学べる。

　本書は中学3年分の内容を1冊に収めてありますので，どの学年の人でも，自分に合った使いかたで学習することができます。はじめて学ぶ人は学校の進度に合わせて進める，入試対策のために3年分を早く復習したい人は1日に2・3レッスンずつ進めるなど，使いかたは自由です。

　本文の説明はすべて，なるべくわかりやすいようにかみくだいてあります。また，理解度を確認できるように練習問題も数多く収録してありますので，この1冊で中学3年分の学習内容をちゃんとマスターできる作りになっています。

動画授業があなただけの先生に。

　本書の動画マーク（🖥）がついた部分は，YouTubeで動画授業が見られます。動画をはじめから見てイチから理解をしていくもよし，学校の授業の予習に使うもよし，つまずいてしまった問題の解説の動画だけを見るもよし。PCやスマホでいつでも見られますので，活用してください。

　誌面にあるQRコードは，スマホで直接YouTubeにアクセスできるように設けたものです。

YouTubeの動画一覧はこちらから

https://gakken-ep.jp/extra/
yasamaru_j/movie/

※動画の公開は予告なく終了することがございます。

Prologue
[プロローグ]

あ〜
明日（あす）は
英語（えいご）のテストか

けど英語（えいご）って
本当（ほんとう）
苦手（にがて）だな‼

野流木（やるき）エイゴ
中学（ちゅうがく）1年生（ねんせい）

ひ…人（ひと）が
倒（たお）れてる⁉

私はぜったい反対
だからね
あんな変なのと一緒
に住むなんて

ぷん子
ねえちゃん…

本当
かな?

じゃあ
雲がし?

母ちゃん, それ
わたあめじゃない!

プン

あ……
メガネ…

キラ

キラ

ポロ

ま…まあ
かわいそうだし
記憶もどるまで
家においてあげても
いいんじゃない

ねえちゃん
……

ドキ

じゃあ
「いらっしゃい記念」
のおいしい夕食
作りましょうか

私も手伝うっ—!

本当
かね?

特製
わたがし
みそちゃんこ♡

ひとまず
一緒に
暮らせることに
なったみたいで
よかったね

ホッ

でも君…
本当に
宇宙人なの？

本当マルよ

地球人に
こんなこと
できるマルか

スゲー
ミミマル!!

じゃあ, ぼくが
英語できるように
してよ!!

英語

そんなの
簡単マル

やった
ラクして
英語が…

OH〜!
ビリ〜!
ペラペラ

英語

ミミマルが
わかりやすく
英語を教えてあげる
マルよ♡

ENGLISH♡

結局
勉強するの〜?!

Contents

〈キャラクター紹介〉

野流木 エイゴ
ちょっとなまけ者だがやさしい
心を持ったごくふつうの中学生。
英語が苦手で途方に暮れていた
ところミミマル・ナシゴレンに
出会う。

ミミマル
地球研究のため遠い星からやっ
て来た宇宙人。
野流木家にいそうろうするかわ
りに，エイゴに英語を教えるこ
とに。

メモリー ナシゴレン
ミミマルの連れてきた人型ロ
ボット。エイゴに英語を伝授す
るために体を張る。

野流木 ギモン太・カンチガ子
エイゴとプン子の両親。
何かにつけ疑う心が強く慎重な
父と，いつも勘違いしている母。

野流木 プン子
エイゴの姉。
怒りっぽく気の強い性格。
エイゴに恐れられている。

チコちゃん
エイゴの同級生で片思いの相手。
しっかり者で，みんなのアイド
ル的存在。

Lesson 1 be動詞

be動詞とは？

「〜は…です」の「です」にあたるのがbe動詞。「私」，「あなた」，「先生」，「友達」…など，主語が何であっても，日本語では「〜は…です」と言えばいいので簡単ですが，英語だと主語によってam, are, isの3つのbe動詞を使い分けなければ…。ちょっと面倒ですね。

1 be動詞の働き

授業動画は
こちらから

be動詞とは一言でいうと，イコール「＝」の意味でつなぐことばです。

「私はエイゴです」という文が表しているのはつまり，「私＝エイゴ」ということですよね。このような働きをするのがbe動詞です。

2 be動詞の使い方

授業動画は
こちらから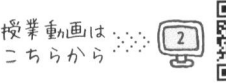

be動詞には，am, are, isという３つの基本の形があります。形はちがいますが，すべて「**〜です**」という**同じ意味**を表します。

「私は〜です」の**「私は」**や「あなたは〜です」の**「あなたは」**など，文の中で「〜は」にあたる語を「主語」といいます。be動詞は，主語によってam, are, isの３つの形を使い分けます。日本語にはないしくみですね。使い分けを具体的に見ていきましょう。

👥主語がIやyouのとき
主語がI（私）のときは**am**を，主語がyou（あなた）のときは**are**を使います。

I am Mai.　　　（私は真未です。）
主語 be動詞

You are my friend.　（あなたは私の友達です。）
主語　 be動詞

> (補足) youには，「あなた」（単数）という意味と「あなたたち」（複数）という意味があります。

👥主語がIやyou以外の単数のとき
Iやyou以外の 1 人の人や 1 つのものが主語のときは，be動詞はisの形です。例えば，主語がhe（彼），she（彼女），Mr. Brown（ブラウン先生），that（あれ）やmy cat（私のねこ）などのときは，be動詞はisを使います。

Ken is happy.　　（健は幸せです。）
1人の人

That tree is tall.　（あの木は高いです。）
1つのもの

> (補足) happyやtallのように，人やものの様子を説明することばのことを形容詞といいます。

👥主語が複数のとき

we（私たち），they（彼ら），these books（これらの本）などのように，**2人以上の人，2つ以上のものが主語のときは，be動詞はareの形**です。

> They are busy. （彼らは忙しいです。）
> Ken and Mai are from Nara. （健と真衣は奈良の出身です。）
> 　　複数の人

主語がYou and Iのとき，Iにつられて×You and I *am* busy.のようなまちがいをしないように気をつけましょう。主語はYouとIで複数なので，be動詞はareになります。

👥「〜にいる」「〜にある」の文

be動詞のあとに，in Tokyo（東京に）のような場所を表すことばを続けると，「〜にいる」「〜にある」という意味になります。場所を表すときには，in（〜〈の中〉に），on（〜の上に），near（〜の近くに）などの前置詞がよく使われます。

> We are <u>in</u> the classroom. （私たちは教室にいます。）
> Your book is <u>on</u> the desk. （あなたの本は机の上にあります。）

補足 前置詞とは，名詞（ものの名前を表すことば）の前に置くことばです。

be動詞の使い分けと意味

主語	be動詞	be動詞のあとのことばと意味
I	am	
youや複数	are	名詞や形容詞など →「〜です」
he, she, itなど （I, you以外の単数）	is	場所を表す語句　　→「〜にいる」「〜にある」

Check 1

解説は別冊p.01へ

＿＿に適する語を書きましょう。

（1）I ＿＿＿＿＿ a junior high school student. （私は中学生です。）

（2）You ＿＿＿＿＿ kind. （あなたは親切です。）

（3）My house ＿＿＿＿＿ in Sendai. （私の家は仙台にあります。）

（4）Kenta and Jim ＿＿＿＿＿ from Osaka. （健太とジムは大阪の出身です。）

👥短縮形

特に会話では，主語（代名詞）とbe動詞を短縮した形もよく使われます。

- I am → I'm
- you are → you're
- it is → it's
- he is → he's
- she is → she's
- they are → they're
- that is → that's
- we are → we're

話しことばで
よく使うよ

注意 this isの短縮形はありません。×*this's*とするのはまちがいです。

③ 否定文

授業動画は
こちらから ···· ③

「私は真衣ではありません」「彼はアメリカ出身ではありません」などのように否定する文は，
否定文と呼ばれます。**be動詞（am, are, is）のあとにnotを入れる**だけで否定文になります。

> She is　　　Mai.　　（彼女は真衣です。）
> ↓ be動詞のあとにnot
> She is not Mai.　　（彼女は真衣ではありません。）

is notは，短縮してisn'tということができます。are notも，短縮してaren'tということがで
きます。am notの短縮形はありません。×*amn't*とするのはまちがいです。

④ 疑問文

授業動画は
こちらから ····

 ④  ⑤

👥疑問文の作り方

「あなたはホワイト先生ですか」「彼は東京にいますか」などのようにたずねる文は，**疑問文**
と呼ばれます。ふつうの文は主語で文を始めますが，**疑問文はbe動詞（am, is, are）で文
を始めます。** 主語がyouや複数ならAre，主語がheなどIやyou以外の単数ならIsで文を始
めます。文の終わりにはクエスチョンマーク（？）をつけます。

> You are Ms. White.　　（あなたはホワイト先生です。）
> be動詞を主語の前に
> Are you　　　Ms. White?　　（あなたはホワイト先生ですか。）

> He is in Tokyo.　　（彼は東京にいます。）
> be動詞を主語の前に
> Is he　　in Tokyo?　　（彼は東京にいますか。）

5

Are ～?の疑問文への答え方

疑問文には，ふつう**Yes（はい）**か**No（いいえ）**を使って答えます。

Are you ～? の問いには，I（私）を使って，**Yes, I am. / No, I am [I'm] not.**で答えます。ただし，疑問文の主語youが複数を表すときは，we（私たち）を使ってYes, we are. / No, we are not[we're not / we aren't].で答えます。

Are you from Japan? — Yes, I am.（あなたは日本の出身ですか。—はい。）

注意 Yesで答える文では，×Yes, *I'm*.や×Yes, *we're*.のように短縮形を使うことはできません。

また，Are they ～?のように疑問文の主語が自分や相手を含まない複数の場合，答えの文の主語には**they**を使います。**Yes, they are. / No, they are not [they're not / they aren't].**と答えます。

Is ～?の疑問文への答え方

疑問文の主語が**1人の男性ならhe**を使って，Yes, he is. / No, he is not[he's not / he isn't].で，**1人の女性ならshe**を使って，Yes, she is. / No, she is not[she's not / she isn't].で答えます。疑問文の主語がthis（これ）など，人以外の**1つのもののときはit**を使って，**Yes, it is. / No, it is not [it's not / it isn't].**で答えます。

Is Ken hungry? — Yes, he is.（健はお腹がすいていますか。—はい。）
1人の男性のときはhe

Is that a dog? — No, it isn't.（あれは犬ですか。—いいえ。）
人以外の1つのもののときはit

ポイント be動詞の否定文・疑問文

否定文は，**be動詞のあとにnotを入れる。**
疑問文は，**be動詞で文を始める。**
答えの文の主語は，疑問文の主語によって使い分ける。

このルールは
この先も
ずっと出てくるマル

Check 2

解説は別冊p.01へ

____に適する語を書きましょう。

（1） I am ________ a high school student.（私は高校生ではありません。）

（2） We ________ ________ from Tokyo.（私たちは東京の出身ではありません。）

（3） ________ you busy? — No, ________ ________ .
（あなたは忙しいですか。—いいえ，忙しくありません。）

Lesson 1 の 力だめし

授業動画は
こちらから ····

解説は別冊p.01へ

1 次の [　　] 内から適するbe動詞を選んで，○をつけましょう。

(1) My mother [am / are / is] in the kitchen.
　　私の母は台所にいます。

(2) I [am / are / is] from Canada.
　　私はカナダ出身です。

(3) This cat [am / are / is] cute.
　　このネコはかわいいです。

(4) Yumi and I [am / are / is] at my house.
　　由美と私は私の家にいます。

2 次の文を否定文に書きかえましょう。

(1) I am a soccer player.
　　→ _____

(2) This is my piano.
　　→ _____

(3) We are in the park.
　　→ _____

3 次の文を疑問文に書きかえましょう。

(1) Keiko is your friend.
　　→ _____

(2) They are from Canada.
　　→ _____

4 次の疑問文に対する応答の_____に適する語を書きましょう。

(1) Are you hungry? — Yes, _____ _____ .
　　あなたはお腹がすいていますか。 —はい，すいています。

(2) Is that a cat? — No, _____ _____ .
　　あれはネコですか。 —いいえ，ちがいます。

(3) Is your mother a nurse? — Yes, _____ _____ .
　　あなたのお母さんは看護師ですか。 —はい，そうです。

Lesson 2 一般動詞

英語の文は主語のあとに
すぐ動詞がくるマル

私は
野球をする。

たとえば
この日本語を
英語のルールで
いうと

私は
する…
（I play …）

キラーン

？

野球を !!
（baseball!!）

サキーン

ブン

サキーン

ガチャ

こんな感じ
マルよ!!

つまり
語順が
大事ってこと
だよね…

一般動詞とは？

動詞とは動作や状態を表すことばのことです。「好きだ」,「食べる」,「勉強する」
など, be動詞以外の動詞を一般動詞といいます。数はたくさんあるし, 主語
によっては形も少し変わりますが, 動詞は文を作る上でとても大事ですよ。

1 一般動詞の働き

Lesson1で学習したbe動詞の文は,「私は真衣です」や「あの木は背が高いです」のように,
A＝B（AはBです）というイコール「＝」の意味を表す文でしたね。これから勉強する**一般
動詞**は,「私は毎日テニスをします」のように**主語の動作を表す**ときに使う動詞です。一般
動詞とbe動詞は, ちがうルールで使います。一般動詞には, play（〈スポーツなどを〉する）,
study（勉強する）, like（好きだ）などたくさんあります。少しずつ覚えていきましょう。

2 一般動詞の使い方

 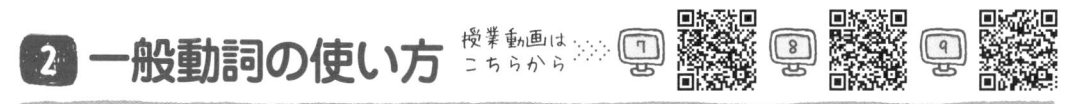
日本語の文は「私は英語を勉強する」のように,「だれが（私は）」（主語）→「何を（英語を）」
→「どうする（勉強する）」（動詞）という順番になっていますね。英語ではI study English.
のように, 主語のすぐあとに動詞がきます。**「だれが」（主語）→「どうする」（動詞）→「何を」**
という順番で文を作るのです。日本語につられて, ×I *English study.*としないように注意
しましょう。

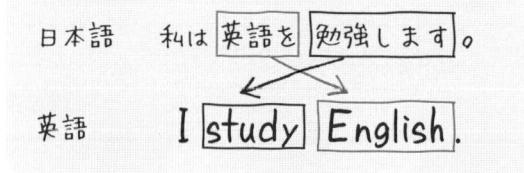

（補足）一般動詞のあとにきて,「～を」という意味を表すことばを目的語といいます。上の文ではEnglishが目的
語です。

ここで覚えておきたいのは, 原則として **「 1 つの文には, 動詞は 1 つ」** というルールです。「私
は英語を話します」を, ×I *am* speak English.としてしまうまちがいがよく見られますが,
speakという一般動詞を使うなら, amというbe動詞はいっしょに使ってはいけません。

Check 1

🐟解説は別冊p.01へ

日本語に合うように, [　　　]の語を並べかえましょう。

（1）　私はテニスをします。　[tennis / I / play]

_____

（2）　私は数学を勉強します。　[I / math / study]

_____

（3）　私はネコが好きです。　[cats / like / I]

🎵 主語がIやyouのとき

動詞の形は，主語によって使い分けます。be動詞も主語によって，am，are，isのように形が変わりましたね。**一般動詞の形も主語によって使い分け**が必要です。主語がIのときとyouのときは，動詞はそのままの形でOKです。

> I speak Japanese.（私は日本語を話します。）
> You go to junior high school.（あなたは中学校に通っています。）

（補足）上のように，ふだん行っている動作を表すときは，動詞の「現在形」という形を使います。

🎵 主語がwe，theyなど複数のとき

主語がweやtheyなど複数のときも，動詞はそのままの形を使います。Ken and Ann（健とアン）など，**and（〜と…）で結ばれているものも複数**なので注意しましょう。

> We have a dog.（私たちは犬を飼っています。）
> Ken and Ann live in Kyoto.（健とアンは京都に住んでいます。）
> 　　複数

🎵 3人称単数とは

IやyouU以外の1人・1つのものの主語を「3人称単数」と呼びます。人称には，3人称のほかには1人称と2人称があります。

1人称	2人称	3人称
自分をさす語	相手をさす語	「自分」と「相手」以外をさす語
I（私）とwe（私たち）	you（あなた，あなたたち）	he(彼), it(それ), they(彼ら)…

（補足）1人称，2人称，3人称には，それぞれ「単数」と「複数」があります。

👥主語が3人称単数のとき

主語が3人称単数（Iやyou以外の1人の人・1つのもの）のとき，例えば，人名やhe，she，itなどのときには，**一般動詞のあとにsまたはesをつけます**。×Miki *speak* English.ということはできません。

> Miki speaks English. （美紀は英語を話します。）
> My brother goes to high school. （私の兄は高校に通っています。）

(補足) 主語が「3人称単数」で現在の文のときの動詞の形を3人称単数現在形（3単現）といいます。

(ポイント) 一般動詞の形

3人称単数のときだけ変わるんデス

主語	一般動詞の形
Iやyou 複数	play（動詞はそのままの形）
3人称単数	plays（sやesがつく）

Check 2

📖 解説は別冊p.02へ

（　　）内から適する語を選びましょう。

(1) I (play / plays) soccer.
(2) Ann (speak / speaks) Japanese.
(3) They (go / goes) to high school.
(4) Jim and I (live / lives) in Yokohama.

👥s・esのつけ方

主語が3人称単数のときは，動詞にsやesがついた形を使うと説明しましたね。動詞によって，sやesのつけ方がちがうので，確認しておきましょう。

①sをつけるもの

- speak（話す）→ speaks
- get（手に入れる）→ gets
- say（言う）→ says
- live（住む）→ lives

- like（好きだ）→ likes
- eat（食べる）→ eats
- play（〈スポーツ〉をする
〈楽器・曲〉を演奏する）→ plays

②esをつけるもの

- go（行く）→goes
- watch（見る）→watches
- do（する）→does

- teach（教える）→teaches
- catch（つかまえる）→catches
- wash（洗う）→washes

③最後のyをiに変えてesをつけるもの

- study（勉強する）→studies
- carry（運ぶ）→carries

- try（試す）→tries
- cry（泣く）→cries

④形が変わるもの

- have（持っている）→has

3 否定文

授業動画は
こちらから 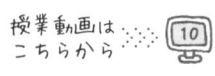 10

ここからは「～しません」という一般動詞の否定文を見ていきましょう。be動詞の否定文はbe動詞のあとにnotを入れるだけでしたが，一般動詞の文では，動詞の前にdo notまたはdoes notを入れて作ります。

主語がIやyou，複数のとき

主語がIやyou，複数のときは，主語と動詞の間にdo notが入ります。**動詞はもとの形のまま**です。do notの代わりに，短縮した形のdon'tもよく使われます。

We   go to junior high school. （私たちは中学校に通っています。）
↓ don'tを入れる
We don't go to junior high school. （私たちは中学校に通っていません。）
　　　　原形

主語が3人称単数のとき

主語がhe, she, itなど3人称単数のときは，動詞の前にdoes notが入ります。短縮形のdoesn'tもよく使われます。そしてこのとき，動詞はsやesのついていないもとの形になります。これを動詞の原形といいます。ですから，×Miki does not *speaks* ～. のように，3単現のときにつけるsを否定文のときにもつけてしまわないように注意しましょう。**否定文のとき，動詞は必ず原形**と覚えておきましょう。

Josh speaks English.（ジョッシュは英語を話します。）
↓ doesn'tを入れる　↓ 動詞は原形にする
Josh doesn't speak English.（ジョッシュは英語を話しません。）

ポイント

一般動詞の否定文の形

否定文では動詞が原形だね！

主　語		動詞の形
I, you, 複数	do not [don't]	play（原形）〜.
3人称単数	does not [doesn't]	

Check 3

➡ 解説は別冊p.02へ

____に適する語を書きましょう。

(1) I _____ not play tennis.（私はテニスをしません。）

(2) He _____ not listen to music.（彼は音楽を聞きません。）

(3) We _____ _____ TV.（私たちはテレビを見ません。）

(4) Dave _____ _____ in Canada.（デイブはカナダに住んでいません。）

❹ 疑問文

授業動画はこちらから　［11］

［11］

「〜しますか」という一般動詞の疑問文を見てみましょう。be動詞の文のときはbe動詞で文を始めればOKでしたが，一般動詞の疑問文は，**DoやDoesを文の頭に**くっつけて作ります。

🔹主語がyou, 複数のとき

主語がyouのときやwe, theyなど複数のときは，文のはじめに**Do**をおいて疑問文を作ります。動詞は**原形のまま**です。

They watch TV every day.（彼らはテレビを毎日見ます。）
↓ Doをおく
Do they watch TV every day?（彼らはテレビを毎日見ますか。）
　　　　原形

🎵 主語が３人称単数のとき

主語が３人称単数のときは，文のはじめにDoesをおきます。動詞は原形にします。このとき，×Does Mr. Tanaka *teaches* ～?などと，動詞にsをつけてしまうまちがいに注意しましょう。否定文のときと同じく，疑問文でも動詞は原形を使います。

Mr. Tanaka teaches science. （田中先生は理科を教えています。）

↓Doesをおく　　　　↓動詞は原形にする
Does Mr. Tanaka teach science? （田中先生は理科を教えていますか。）

🎵 疑問文への答え方

Do ～?の疑問文にはdoを使って，Yes / Noで答えます。Does ～?の疑問文にはdoesを使って，Yes / Noで答えます。

Do you like soccer? — Yes, I do. / No, I don't.
（あなたはサッカーが好きですか。ーはい。／いいえ。）　　　　[do not]

Does Ms. Sato teach math? — Yes, she does. / No, she doesn't.
（佐藤先生は数学を教えていますか。ーはい。／いいえ。）　　　　[does not]

ポイント　一般動詞の疑問文と答え方

	疑問文		答え方
	主　語	動詞の形	
Do	you，複数	play（原形）～?	Yes, I[we, they] do. No, I[we, they] do not[don't].
Does	３人称単数	play（原形）～?	Yes, he[she, it] does. No, he [she, it] does not[doesn't].

Check 4

📖 解説は別冊p.02へ

____に適する語を書きましょう。

（1）_____ you play tennis? （あなたはテニスをしますか。）
　　　— No, _____ _____. （いいえ，しません。）

（2）_____ Tom like music? （トムは音楽が好きですか。）
　　　— Yes, _____ _____. （はい，好きです。）

授業動画は
こちらから ⟶ [12] ▦

⟶ 解説は別冊p.02へ

1 次の日本文に合うように_____に適する語を書きましょう。

(1) 私はギターを弾きます。

I _____ the guitar.

(2) 私の姉は大学で歴史を勉強しています。

My sister _____ history at a university.

(3) ブラウン先生はロンドンに住んでいます。

Ms. Brown _____ in London.

(4) ジェーンとリズは数学が好きです。

Jane and Liz _____ math.

2 次の文を否定文に書きかえましょう。

(1) I have a dog.

→ _____

(2) Ken plays tennis every day.

→ _____

(3) We walk to school.

→ _____

3 次の文を疑問文に書きかえましょう。

(1) You go to junior high school.

→ _____

(2) Mika has a brother.

→ _____

(3) Mr. Tanaka teaches English.

→ _____

4 次の疑問文に対する応答の_____に適する語を書きましょう。

(1) Does Ken go to the library every day? — No, _____ _____.

健は毎日図書館に行きますか。 —いいえ，行きません。

(2) Do the people speak Japanese? — Yes, _____ _____.

その人々は日本語を話しますか。 —はい，話します。

Lesson 3 命令文

命令文とは？

「命令」なんてちょっとエラそうですね。英語でも、「宿題をしなさい」や「走っちゃだめ」のように相手に指示する文や注意する文があります。また、「サッカーをしましょう」のようにさそう文も出てきます。こちらはエラそうではありませんね。1つずつ見ていきましょう！

1 相手に指示する命令文

授業動画は
こちらから 13

相手に向かって「〜しなさい」と指示する文を，**命令文**といいます。命令文はClean your room.（部屋をそうじしなさい。）のように，主語がなく動詞から文が始まります。「命令」といっても，Use my pen.（私のペンを使って。）などと申し出るときにも使います。

2 命令文の形

「〜しなさい」という一般動詞の命令文は，主語（you）を省略して動詞の原形で文を始めます。

> Come here.　　（こちらに来なさい。）

同じ命令文でも，強い口調でいえば指示・命令・注意の「**〜しなさい**」，優しい口調でいえば申し出・お願いの「**〜してください**」の意味になります。

3 be動詞の命令文

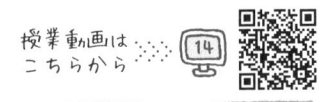授業動画は
こちらから 14

am，are，isのbe動詞の文を命令文にするときは，Be（be動詞の原形）で文を始めます。相手に「**〜でありなさい**」というときの文です。

> Be kind to everyone.　　（みんなに親切にしなさい。）

♣pleaseを使った命令文

命令文の最初や最後にpleaseとつけると，「**（どうぞ）〜してください**」というお願いになります。命令文の最後につける場合は，カンマ（ , ）を入れてpleaseを続けます。

↓pleaseは文のはじめか終わりにおく
> Please look at the blackboard.　　（黒板を見てください。）
> 　　　動詞は原形のまま

> Look at the blackboard, please.　　（黒板を見てください。）
> 　　　　　　　　↑pleaseが後ろにくるときはカンマを入れる

> Please be quiet in this room.　　（この部屋では静かにしてください。）
> 　　　原形のbeのまま

注意 文の最初につけるときは✕Please,のようにカンマを入れないように。

4 否定の命令文

命令文の前に**Don't**をつけると，「**～してはいけません**」と禁止する命令文になります。このとき一般動詞も be 動詞も原形のままです。

↓Don'tで文を始める
Don't play the piano.　　　　　（ピアノを弾いてはいけません。）
　　　動詞は原形のまま

Don't be late for school.　　　（学校に遅刻してはいけません。）
　　　原形のbeのまま

Please don't use the computer. のように，禁止の命令文の最初や最後に**please**をつけると，「～しないでください」のように調子がやわらぎます。

ポイント 命令文の形

「**～しなさい**」：**動詞の原形で文を始める。**

　（例）Open the window. （窓を開けなさい。）

覚えなさい！

「**～してはいけません**」：〈**Don't＋動詞の原形**〉で**文を始める。**

　（例）Don't open the window. （窓を開けてはいけません。）

5 Let's ～.の文

命令文の前に**Let's**をつけると，「**～しよう**」「**～しましょう**」と相手をさそう文になります。**動詞は原形のまま**です。Let's ～. に「はい」と応じるときはYes, let's. やOK. を使い，「いや，やめておきましょう」ならNo, let's not. を使います。

↓Let'sで文を始める
Let's go to the library. — Yes, let's. （図書館に行きましょう。— はい。）
　　　動詞は原形のまま

Check

➡ 解説は別冊p.02へ

＿＿＿に適する語を書きましょう。

（1） ＿＿＿＿＿＿＿ this book. （この本を読みなさい。）

（2） ＿＿＿＿＿＿＿ kind to old people. （お年寄りには親切にしなさい。）

（3） ＿＿＿＿＿＿＿ ＿＿＿＿＿＿＿ this computer. （このコンピューターを使ってはいけません。）

（4） ＿＿＿＿＿＿＿ ＿＿＿＿＿＿＿ baseball after school. （放課後に野球をしましょう。）

Lesson 3 の力だめし

授業動画はこちらから >>> 17

解説は別冊p.03へ

1 次の〔　〕内から適切な動詞の形を選んで○をつけましょう。

(1) 〔Study / Studies〕 English every day, Shota.

翔太，毎日英語を勉強しなさい。

(2) Don't 〔plays / play〕 soccer here.

ここでサッカーをしてはいけません。

2 日本文に合うように_____に適する語を書きましょう。

(1) 今，テレビを見てはいけません。

_____ _____ TV now.

(2) 健康に気をつけてください。

_____ _____ careful about your health.

(3) いっしょにその歌を歌いましょう。

_____ _____ the song together.

3 次の文を指示にしたがって書きかえましょう。

(1) Write your name here. (「(どうぞ) 〜してください」という命令文に)

→ _____

(2) Eat that cake. (否定の命令文に)

→ _____

(3) Please speak Japanese. (否定の命令文に)

→ _____

4 次のようなとき，英語でどのようにいいますか。適する文を書きましょう。

(1) 先生が生徒に「静かにしなさい」と注意するとき。　　　　　静かな：quiet

→ _____

(2) お母さんが子どもに「その犬にさわってはいけません」というとき。

さわる：touch

→ _____

(3) 「公園に行きましょう」と友達をさそうとき。

→ _____

Lesson 4 名詞

> このりんごのように2つ以上（複数）ある場合，名詞にはsがつくマルよ

> s？（エス）

ピュs

イタッ!!

s ドン

> こんな感じマルよ！

ドsドsドsドsドsドンs

オレンジが2つ
本が2冊
ペンが5本

> ミミマル
> なんだか
> 楽しそうね…

名詞とは？

名詞はものや人の名前を表すことばです。消しゴムは1個でも「消しゴム」，2個でも「消しゴム」。日本語では当たり前なことですが，英語では2つ以上のものや2人以上の人になると名詞の形が少し変わってしまいます。きっと日本人とはものの見方がちがうんですね。

1 ものや人を表すことば

授業動画は
こちらから　　18

名詞とは，apple（りんご），car（車），boy（少年）のように，**ものや人を表すことば**を指します。日本語では「1つのりんご」でも「2つのりんご」でも，「りんご」という名詞の形は変わりませんが，英語では1つか2つ以上かによってapple→applesのように形が変わります。boy→boysのように，人の場合も同じです。

2 名詞の単数形と複数形

授業動画は
こちらから　18　19
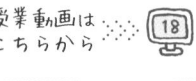

名詞が「1つ」「1人」のときの表し方

例えば，「これは（1つの）りんごです」は，This is an apple.です。名詞が1つのときは，**名詞の前にaかanが必要**です。**anを使うのは母音（日本語の「アイウエオ」のような音）で始まる語の前**の場合です。×This is *apple.* はまちがいです。anを忘れずに入れましょう。

I have a dog. （私は犬を1匹飼っています。）
I eat an apple every day. （私は毎日りんごを1つ食べます。）
↑発音が母音で始まる

Check 1
解説は別冊p.03へ

____にaかanを書きましょう。

（1）_____ book（1冊の本）　　（2）_____ orange（1個のオレンジ）

（3）_____ pen（1本のペン）　　（4）_____ umbrella（1本のかさ）

名詞が「2つ以上」「2人以上」のときの表し方

2つ[2人]以上のものや人を表すときには，名詞を**複数形**にします。「2つのりんご」なら，two applesです。**ほとんどの名詞は最後にsをつけることで複数形**になります。これに対して，sのつかないもとの形を**単数形**といいます。

【単数】 I have a camera. （私はカメラを1台持っています。）

【複数】 I have two cameras. （私はカメラを2台持っています。）

もっとくわしく theの使い方

すでに一度話に出ていて，どれのことをいっているか1つに決まっているものにはtheを使い，I want the new CD.（私は〈さっき話題に出てきた〉その新しいCDがほしいです。）のようにいいます。theは，単数形の名詞にも複数形の名詞にもつけることができます。

🐾名詞の複数形の作り方

ほとんどの名詞はsをつけると複数形になりますが，複数形の作り方にはいくつか種類があります。下の表を確認してみましょう。

①ほとんどの名詞	sをつける	・car（車）→ cars ・pen（ペン）→ pens ・girl（女の子）→ girls
②**s, x, ch, sh** 　で終わる名詞	esをつける	・class（授業）→ classes ・box（箱）→ boxes ・watch（時計）→ watches
③**子音字＋y**で終わる名詞 yの前が母音字のときは daysのようにsだけをつける	yをiにかえて esをつける	・baby（赤ちゃん）→ babies ・story（物語）→ stories ・country（国）→ countries
④**f**や**fe**で終わる名詞	fやfeを vesにする	・leaf（葉）→ leaves ・life（生活）→ lives ・knife（ナイフ）→ knives

補足 母音字とはa/e/i/o/u，子音字とはそれ以外のものすべてです。

sやesがつかず，不規則に変化するものや，同じ形のままの複数形もあります。

- man（男性）→ men
- woman（女性）→ women
- child（子ども）→ children
- tooth（歯）→ teeth
- fish（魚）→ fish
- sheep（ひつじ）→ sheep

補足 fishの複数形は単数形と同じ形ですが，特に種類が異なることを強調するときは，fishesとesをつけることもあります。

- -

Check 2

🗨️解説は別冊p.03へ

次の名詞の複数形を____に書きましょう。

（1）book　→_____　　（2）leaf　→_____　　（3）class →_____
（4）woman →_____　　（5）watch →_____　　（6）baby →_____

- -

sを忘れない
ようにするんだよ

数えられない名詞

これまで名詞が1つのときにはaかanをつける，2つ以上のときは複数形にするというルールを勉強してきましたが，実は**数えられない名詞もある**のです。例えば，water（水）は数えられない名詞です。数えられないので，「1つの」を表すaをつけて×*a* waterといったり，複数形にして×*waters*といったりはできません。「数えられない名詞」はいろいろな種類がありますが，おもなものを確認しておきましょう。

補足 数えられる名詞を可算名詞，数えられない名詞を不可算名詞といいます。

下の表に，数えられない名詞をまとめました。見てみましょう。

①液体や素材など（物質名詞）	・water（水） ・coffee（コーヒー） ・paper（紙）	・tea（お茶） ・milk（ミルク） ・air（空気）
②地名や人名など（固有名詞） 書くときは大文字で始める。	・Japan（日本） ・New York（ニューヨーク） ・Takeshi（武志）	
③教科や言語，スポーツなど	・math（数学） ・English（英語） ・baseball（野球）	・science（理科） ・Japanese（日本語） ・soccer（サッカー）
④その他	・time（時間） ・homework（宿題） ・advice（忠告）	・money（お金） ・weather（天候） ・news（ニュース）

もっとくわしく 物質名詞の数え方
液体や素材などを数えるときには，<u>a cup of</u> coffee（1杯のコーヒー），<u>two pieces of</u> paper（2枚の紙）のように，容器や単位を表すことばを使います。

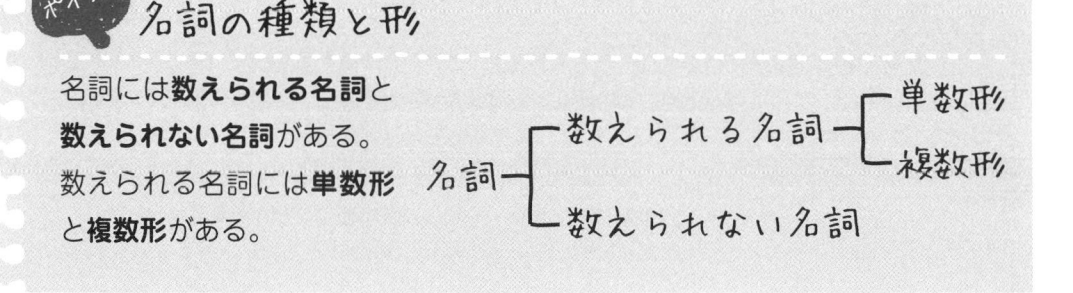

ポイント　名詞の種類と形

名詞には**数えられる名詞**と
数えられない名詞がある。
数えられる名詞には**単数形**
と**複数形**がある。

名詞 ┬ 数えられる名詞 ┬ 単数形
　　　│　　　　　　　　└ 複数形
　　　└ 数えられない名詞

3 数や量を表すことば

someとany

someは，some apples（いくつかのりんご）のように，名詞の前において「いくつかの」「いくらかの」という意味を表します。数や量がはっきりしないときに使い，特に日本語には訳さない場合もよくあります。

> I have some books. （私は本を何冊か持っています。）
> 複数形

否定文や疑問文では，ふつうsomeではなくanyを使います。anyは否定文で「1つも」「少しも」，疑問文では「1つでも」「少しでも」という意味を表します。

> I don't have any brothers. （私には兄弟が1人もいません。）
> Do you have any sisters? （あなたには（1人でも）姉妹がいますか。）

補足 someやanyのあとの数えられる名詞は，ふつう複数形になります。someやanyは，I want some water.（水がいくらかほしい。）のように数えられない名詞に使うこともできます。

「たくさんの」を表すことば

many, muchとa lot ofは，「たくさんの」という意味を表します。manyは数えられる名詞の前で，muchは数えられない名詞の前で使います。a lot ofは，数えられる名詞・数えられない名詞，どちらの前でも使うことができます。

注意 manyやa lot ofのあとの数えられる名詞は，必ず複数形になります。

> Do you have many CDs? （あなたはたくさんのCDを持っていますか。）
> Do you have much money? （あなたはたくさんのお金を持っていますか。）
> I have a lot of friends. （私にはたくさんの友達がいます。）

Check 3

解説は別冊p.03へ

____に適する語を書きましょう。

（1）I have _____ pens. （私はペンを何本か持っています。）

（2）I don't have _____ _____. （私は犬を1匹も飼っていません。）

（3）Do they have _____ money? （彼らはお金をたくさん持っていますか。）

（4）_____ _____ play this game. （多くの少年がこのゲームをします。）

Lesson 4 の 力だめし

➡ 解説は別冊p.04へ

1 次の名詞の複数形を＿＿に書きましょう。複数形がない名詞（数えられない名詞）は＿＿に×を書きましょう。

(1) pencil → ＿＿＿＿＿＿　　(2) watch → ＿＿＿＿＿＿

(3) desk → ＿＿＿＿＿＿　　(4) child → ＿＿＿＿＿＿

(5) city → ＿＿＿＿＿＿　　(6) country → ＿＿＿＿＿＿

(7) money → ＿＿＿＿＿＿　　(8) milk → ＿＿＿＿＿＿

(9) life → ＿＿＿＿＿＿　　(10) news → ＿＿＿＿＿＿

2 次の［　　］内から適する語を選んで○をつけましょう。

(1) I have [any / some / a] time today.
　　私は今日（いくらかの）時間があります。

(2) Do you have [a / some / any] brothers?
　　あなたは（1人でも）兄弟がいますか。

(3) Every year [many / much / any] people visit Kyoto.
　　毎年，多くの人々が京都を訪れます。

3 次の文を［　　］内の指示にしたがって書きかえましょう。

(1) My father has a watch. ［aをthreeにかえて］
　　→

(2) Kenta has a CD. ［aをa lot ofにかえて］
　　→

(3) I have some money now. ［否定文に］
　　→

4 次の日本文を英語に直しましょう。

(1) 私の兄はカメラを5台持っています。
　　→

(2) 私たちは今日，宿題はまったくありません。
　　→

Lesson 5 代名詞

代名詞とは？

名詞の代わりをするのが代名詞。話していて「チコが…，チコが…」と同じ名前をくり返すのはちょっとしつこいですよね。そんなときに使うのが代名詞です。便利ですが，文の中での使われ方によって形が変わるのが代名詞の難しいところです。

1 名詞の代わりをする代名詞

22

he（彼）とshe（彼女）は「男か女か」, I（私）とwe（私たち）は「1人か2人以上か」で使い分けることは勉強しましたね。heやweなどは**代名詞**です。代名詞は, car（車）, girl（少女）のような具体的な**名詞の代**わりに使われます。私たちも生活の中で,「健っていう友達がいて, 彼はサッカー部なんだよ」などといいますよね。話の中で2回目以降に使われるときは, 同じ名詞を何度もくり返さずに代名詞にしているのです。

2 代名詞の4つの形

代名詞は, **文の中での働きによって形が異なります**。例えば, 自分についてのことはいつもI（私は）を使って表すのではなく, 意味によってmy（私の）, me（私を[私に]）, mine（私のもの）のように使い分けます。それぞれの形を下の表にまとめました。

《単数》

	〜は, 〜が	〜の	〜を, 〜に	〜のもの
私	I	my	me	mine
あなた	you	your	you	yours
彼	he	his	him	his
彼女	she	her	her	hers
それ	it	its	it	——
名前(名詞)	Ken	Ken's	Ken	Ken's

《複数》

	〜は, 〜が	〜の	〜を, 〜に	〜のもの
私たち	we	our	us	ours
あなたたち	you	your	you	yours
彼(女)ら,それら	they	their	them	theirs

注意 youは, 単数の「あなた」と複数の「あなたたち」が同じ形です。また, theyには「それら」の意味もあり, 人以外にも使うので注意しましょう。

すべての形が
重要マル

アイ, マイ, ミー,
マインのように
唱えるといいわよ

3 「〜は」「〜が」を表す形（主格）

授業動画は
こちらから ∷∷∷> 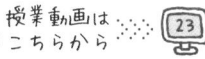 23

23

まずは，「**私は**亜紀です」「**彼は**サッカーをします」のように，文の**主語**として使われる代名詞の使い方を，復習もかねて確認しましょう。文の主語になる代名詞の形は，「**主格**」といいます。

I have a brother.
He goes to high school.
主格（主語の働き）
（私には兄がいます。彼は高校に通っています。）

「彼 (he)」，「彼女 (she)」には「つき合っている相手」の意味はないよ

I （私は）	you （あなたは）	he （彼は）	she （彼女は）	it （それは）	we （私たちは）	you （あなたたちは）	they （彼〔女〕らは それらは）

4 「〜の」を表す形（所有格）

授業動画は
こちらから ∷∷∷> 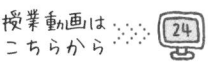 24

24

次に，「**私の**ペン」「**あなたの**名前」のように，「だれだれの」という意味で使われる代名詞を確認しましょう。これらは代名詞の**「所有格」**といい，「私の」「あなたの」を表すときは，**my**や**your**という形を使います。

This is my bike.　（これは私の自転車です。）
Is this her bag?　（これは彼女のかばんですか。）
所有格（名詞の前で所有を表す）

この，「だれだれの」を表す代名詞は，名詞の前でしか使えません。×This is *my*. などという文はありません。**所有格は必ず後ろに名詞がくっつきます。**

my （私の）	your （あなたの）	his （彼の）	her （彼女の）	its （それの）	our （私たちの）	your （あなたたちの）	their （彼〔女〕らの それらの）

注意 「だれだれの」を表す代名詞は，a [an] やthe（→p.31）といっしょには使いません。×my *a* penや×his *the* bookなどとはいいません。

「トムのノート」「父のノート」のように，代名詞ではなく具体的にいうときは，Tom'sやmy father'sと**人名や人を表す名詞のあとに's（アポストロフィー・エス）**をつけます。

This is Tom's notebook.　（これはトムのノートです。）

Check 1

➡ 解説は別冊p.04へ

＿＿に適する代名詞を書きましょう。

(1) 私の自転車 ＿＿＿＿＿ bike (2) 彼のノート ＿＿＿＿＿ notebook

(3) 私たちの家 ＿＿＿＿＿ house (4) 彼らの学校 ＿＿＿＿＿ school

5 「～を」「～に」を表す形（目的格）

授業動画は
こちらから ••••➤

「私は彼を知っている」「彼女は私に話しかけた」のように，「だれだれを」「だれだれに」の意味で使われる代名詞の形を確認しましょう。

me （私を）	you （あなたを）	him （彼を）	her （彼女を）	it （それを）	us （私たちを）	you （あなたたちを）	them 彼〔女〕らを それらを

「だれだれを」「だれだれに」を表す代名詞は，**「目的格」**といいます。この形の代名詞は，動詞の**「目的語」**としての働きをするからです。

This is my friend Kenta. I like him.

目的格（動詞の目的語の働き）

（こちらは私の友達の健太です。私は彼が好きです。）

このとき，×I like *he*.などとするのはまちがいです。動詞のあとに代名詞がくるときは，「だれだれを」の形である目的格にしなければなりません。

🐾前置詞のあとも目的格

また，前置詞のあとでも，代名詞はこの「だれだれを」の形を使います。前置詞とは，Lesson1（→p.14）で勉強したinやonなどのことです。ほかにも，with（～といっしょに），to（～へ），from（～から）などの前置詞がありますが，これらの前置詞の後ろでも代名詞は目的格になるのです。×by *he*や×with *I*などといわないようにしましょう。

Listen to me. （私の言うことを聞きなさい。）
Look at him. （彼を見なさい。）

補足 2・3年生で習う受け身の文でも，by him（彼によって）のように〈by＋代名詞の目的格〉の形が登場します。前置詞のあとは目的格というルールをしっかり覚えておきましょう。

代名詞 **39**

Check 2

解説は別冊p.04へ

_____ に適する代名詞を書きましょう。

(1) I like _____. （私は彼女たちが好きです。）

(2) Do you know _____? （あなたは私たちを知っていますか。）

(3) Please look at _____. （彼を見てください。）

6 「～のもの」を表す代名詞（所有代名詞）

授業動画はこちらから

「この本は私のものです」 のように，「だれだれのもの」という意味を表す代名詞を勉強します。下の表で，形を確認しましょう。

mine （私のもの）	yours （あなたのもの）	his （彼のもの）	hers （彼女のもの）	ours （私たちのもの）	yours （あなたたちのもの）	theirs （彼〔女〕らのもの）

「だれだれのもの」を表す代名詞は，**「所有代名詞」** といいます。

> This eraser is mine. （この消しゴムは私のものです。）
> 　　　　　　　　　所有代名詞（1語で所有を表す）

「だれだれの」の意味を表す代名詞は my eraser（私の消しゴム）のように後ろに名詞がつきますが，**所有代名詞は1語で「私のもの」「彼らのもの」などの意味を表す**ことができます。「トムのもの」は「トムの」と同じく，Tom'sと**人名のあとに's**をつけます。

所有代名詞の書きかえ

所有代名詞は，〈所有格の代名詞+名詞〉の形に書きかえることができます。

> This eraser is mine. （この消しゴムは私のものです。）
> 　　　　　　　　　所有代名詞
> = This is my eraser. （これは私の消しゴムです。）
> 　　　　所有格　名詞

Check 3

解説は別冊p.04へ

次の英文とほぼ同じ意味になるように，_____ に適する代名詞を書きましょう。

(1) This is her book. = This book is _____.

(2) Is that pen yours? = Is that _____ pen?

授業動画は
こちらから

➡ 解説は別冊p.04へ

1 次の表の（　）に適する代名詞を書きましょう。

～は, ～が	～の	～を, ～に	～のもの
I	my	(1)（　）	(2)（　）
you	(3)（　）	you	yours
he	his	(4)（　）	his
she	her	(5)（　）	hers
it	(6)（　）	it	——

we	(7)（　）	us	ours
you	(8)（　）	you	yours
they	(9)（　）	(10)（　）	theirs

2 次の〔　〕内から適する代名詞を選んで○をつけましょう。

(1) I have a sister.　〔He / She / Her〕goes to Minami High School.

(2) Look at that boy.　Do you know〔he / his / him〕?

(3) Where is〔you / your / yours〕bag?

3 次の文を〔　〕内の指示にしたがって書きかえましょう。

(1) Mr. Brown teaches English.〔下線部を代名詞にかえて〕

→

(2) You and Ken are good friends.〔下線部を1語の代名詞にかえて〕

→

(3) I know Kenta and Misaki.〔下線部を1語の代名詞にかえて〕

→

(4) This is her racket.〔This racketを主語にして，ほぼ同じ意味の文に〕

→

Lesson 6 形容詞・副詞

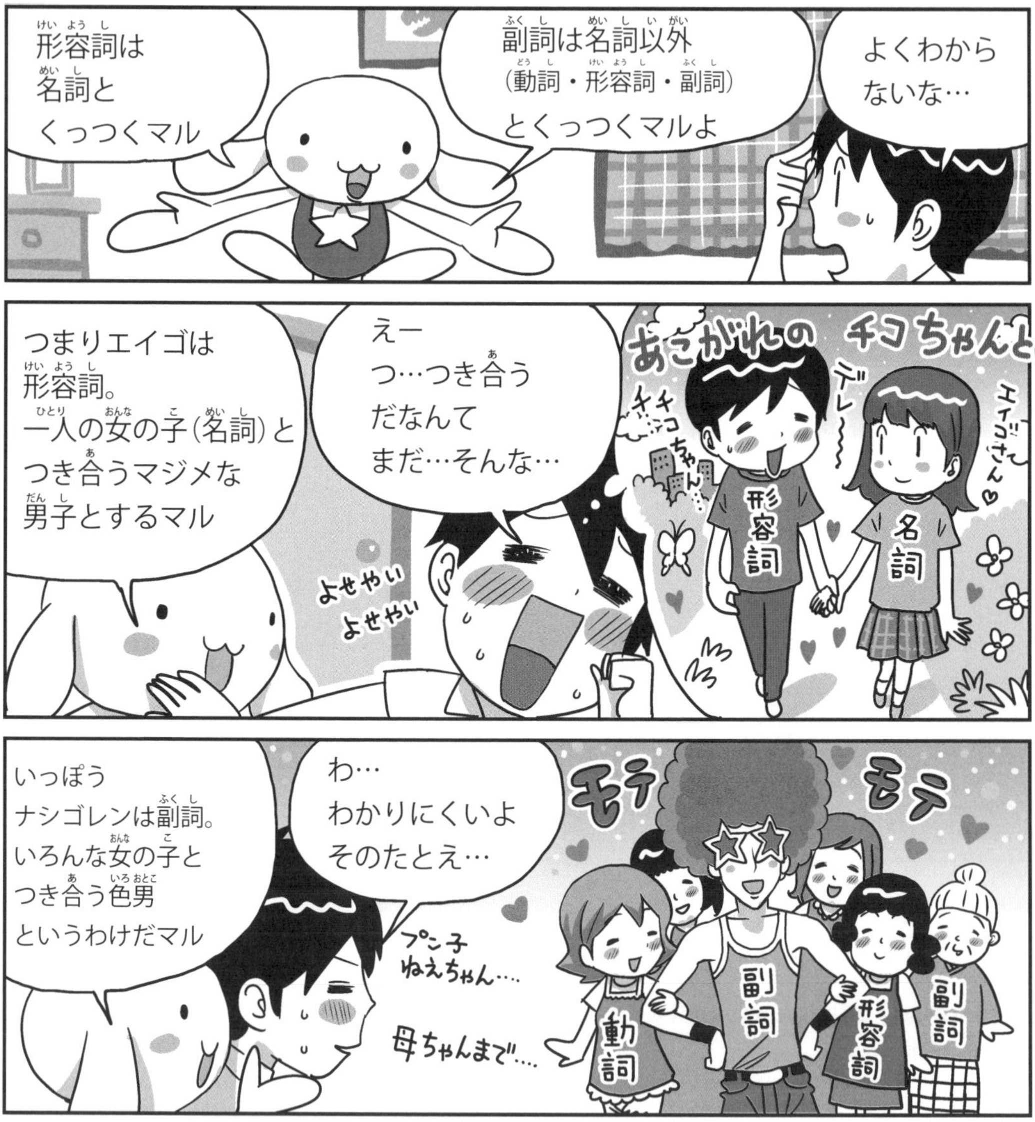

形容詞は
名詞と
くっつくマル

副詞は名詞以外
（動詞・形容詞・副詞）
とくっつくマルよ

よくわから
ないな…

つまりエイゴは
形容詞。
一人の女の子（名詞）と
つき合うマジメな
男子とするマル

えー
っ…つき合う
だなんて
まだ…そんな…

よせやい
よせやい

あこがれの チコちゃんと♥

いっぽう
ナシゴレンは副詞。
いろんな女の子と
つき合う色男
というわけだマル

わ…
わかりにくいよ
そのたとえ…

プン子
ねえちゃん…

母ちゃんまで…

モテ モテ

形容詞・副詞とは？

「先生」より「こわい先生」，「食べる」より「こっそり食べる」と伝えたほうが，イメージがふくらみます。形容詞は名詞を，副詞は名詞以外をくわしく説明することばです。生き生きした英語に，形容詞や副詞は必要不可欠ですね。

1 名詞を説明する形容詞

〔28〕

「私たちは犬を飼っています」はWe have a dog.といいますが，これだけだと「どんな犬を飼っているのか」はわかりません。dog（犬）のような**名詞をくわしく説明する**ためには，**形容詞**ということばを使います。例えば，「かわいい犬」といいたいときは形容詞cute（かわいい）を使って，We have a <u>cute</u> dog.（私たちは<u>かわいい</u>犬を飼っています。）のようにいいます。このレッスンでは，名詞をくわしく説明する**形容詞**から学習していきましょう。

2 形容詞の使い方

名詞をくわしく説明する「形容詞」には，下のようにいろいろなものがあります。

- good （よい）
- kind （親切な）
- old （古い）
- busy （忙しい）
- big （大きい）
- new （新しい）
- favorite （大好きな）
- small （小さい）

名詞の前におく場合

「<u>新しい</u>かばん」のように名詞を説明するときは，a <u>new</u> bagと，**名詞のすぐ前に形容詞を**おきます。**a, anやmy, yourなどは〈形容詞＋名詞〉のかたまりの前に**つきます。×*new a* bagや×*old my* shoesなどとしないように注意しましょう。

a new bag （新しいかばん）
　形容詞 名詞

my old shoes （私の古いくつ）
　　 形容詞 名詞

be動詞のあとにおく場合

形容詞は名詞の前で使われるだけでなく，He is busy.（彼は忙しいです。）のように，be動詞のあとにおいて**主語を説明する場合**もあります。

Ken is tall. （健は背が高いです。）
　　　 形容詞

Ken is a tall boy. （健は背の高い少年です。）
　　　　　 形容詞 名詞

上のように主語を説明する場合，×Ken is *a* tall.のようにaを入れるのはまちがいです。ただし，Ken is a tall boy.のように形容詞のあとに名詞があるときは，a[an] をつけます。

③ 名詞以外を説明する副詞

「美咲は<u>一生懸命に</u>勉強します」の「一生懸命に」は,「勉強する」という動詞を説明していますね。このように**名詞以外のさまざまな語を説明することばが副詞**です。副詞は様子や場所,程度や頻度（ひんど）などいろいろなことを表します。特に,様子や頻度を表す副詞に注意しましょう。

様子	fast（速く）, slowly（ゆっくりと）	時	now（今）, then（そのとき）
場所	here（ここに）, there（そこに）	程度	very（とても）, enough（十分に）
頻度	always（いつも）, often（よく,しばしば）	その他	too（〜もまた）, also（〜もまた）

🔊 様子を表す副詞

「一生懸命に」「上手に」など,動作の様子を説明する副詞は**動詞のあとにおく**のが基本です。ただし,Ken <u>plays the piano</u>.のように動詞playsのあとにthe pianoのような語句が続いている場合は,副詞はplays the pianoのまとまりのあとにおきます。

Mai <u>studies</u> <u>hard</u>. （真末は一生懸命に勉強します。）
　　 動詞　　副詞

文の後ろのほうにつくのだな

Ken <u>plays the piano</u> <u>well</u>. （健は上手にピアノを弾きます。）
　 動詞とそれに続く語句　　副詞

補足 very（とても）のように,形容詞や他の副詞といっしょに使う副詞もあります。veryの場合は,very kind（とても親切な）や very well（とても上手に）のように,形容詞や副詞の前におきます。

🔊 頻度を表す副詞

「いつも」「よく」など,**頻度を表す副詞は一般動詞の前かbe動詞のあと**におくのがふつうです。always, oftenのほかにも,usually（たいてい）, sometimes（ときどき）などがあります。

We <u>often</u> <u>play</u> soccer. （私たちはよくサッカーをします。）
　 副詞　　一般動詞

He <u>is</u> <u>always</u> hungry. （彼はいつもお腹がすいています。）
　be動詞　副詞

Check
➡️解説は別冊p.05へ

___に適する語を書きましょう。

(1) I have a _____ bike. （私は新しい自転車を持っています。）

(2) That building is _____ . （あの建物は古いです。）

(3) We _____ come to this park. （私たちはときどきこの公園に来ます。）

(4) Jim works _____ _____ . （ジムはとても一生懸命に働きます。）

Lesson 6 の力だめし

授業動画は
こちらから →→→ 🖥30

➡解説は別冊p.05へ

1 次の文の [　　] 内から適するものを選んで○をつけましょう。

(1) This tree is [a tall / tall a / tall].

(2) This is [new my / my new / new a] bag.

(3) I have [nice a camera / a camera nice / a nice camera].

(4) Mr. Yamada is [a very kind / very kind / kind very].

(5) Mai [plays tennis well / plays well tennis / well plays tennis].

2 次の日本文に合うように＿＿＿＿に適する語を書きましょう。

(1) 私のチームはとても強いです。

　　My team is ＿＿＿＿＿＿＿＿ strong.

(2) これは私の大好きなユニフォームです。

　　This is ＿＿＿＿＿＿＿ ＿＿＿＿＿＿＿ uniform.

(3) あなたは何かよい本を知っていますか。

　　Do you know any ＿＿＿＿＿＿＿ ＿＿＿＿＿＿＿？

3 次の [　　] 内の語を並べかえて，日本文の意味を表す英文を作りましょう。

(1) [hard, study, math, I]　私は一生懸命に数学を勉強します。

　→ ＿＿＿＿＿＿＿＿＿＿＿＿＿＿＿＿＿＿＿＿＿＿＿＿＿＿

(2) [runs, fast, Ken, very]　健はとても速く走ります。

　→ ＿＿＿＿＿＿＿＿＿＿＿＿＿＿＿＿＿＿＿＿＿＿＿＿＿＿

(3) [plays, my brother, tennis, sometimes]　私の兄はときどきテニスをします。

　→ ＿＿＿＿＿＿＿＿＿＿＿＿＿＿＿＿＿＿＿＿＿＿＿＿＿＿

4 次の英文を [　　] 内の指示にしたがって書きかえましょう。

(1) My mother cooks well. [veryを加えて]

　→ ＿＿＿＿＿＿＿＿＿＿＿＿＿＿＿＿＿＿＿＿＿＿＿＿＿＿

(2) I eat bread for breakfast. [usuallyを加えて]

　→ ＿＿＿＿＿＿＿＿＿＿＿＿＿＿＿＿＿＿＿＿＿＿＿＿＿＿

疑問詞で始まる疑問文

疑問詞で始まる疑問文とは？

具体的な情報がほしいときには、相手に「だれが好き？」「どこで買うの？」のように質問しますね。相手に質問する文を疑問文、「だれ？」や「どこ？」などをたずねる疑問文で使うことばを疑問詞といいます。疑問詞には、8つの代表的なものがあります。

❶ 具体的なことをたずねる疑問文

授業動画はこちらから

これまで学習した疑問文は,「あなたは英語が好きですか」のように,Yes(はい)/No(いいえ)で答えるものでした。このようなYes/Noで答える疑問文だけでなく,相手から「何」「だれ」「いつ」などの具体的な情報を聞き出す疑問文もあります。ここでは,「何」や「だれ」などとたずねる疑問文について勉強しましょう。

❷ whatの使い方

👥「〜は何ですか」

whatは「何」という意味です。「〜は何ですか」は,Whatを文の最初におき,**What is 〜?** でたずねます。What isの代わりに,What'sという短縮形もよく使われます。

What is this? （これは何ですか。）
=What's

What is 〜?とたずねられたときは,**It is[It's] 〜.で答えます**。What is this?やWhat is that?に答えるときも,This is 〜.やThat is 〜.はふつう使わないので注意しましょう。

What is that? （あれは何ですか。）
— It is a restaurant. （レストランです。）
=It's

👥「何を〜しますか」

「何を持っていますか」や「何がほしいですか」などとたずねるときは,一般動詞を使って疑問文を作ります。例えば,「何を持っていますか」と聞くときは,**Whatで文を始めて後ろにdo you have 〜?という一般動詞の疑問文の形**を続ければOKです。

Do you have a camera in your bag?
「何?」とたずねるときは　（あなたはかばんの中にカメラを持っていますか。）
whatを使う
What do you have in your bag?
（あなたはかばんの中に何を持っていますか。）

答えるときはふつう,I have 〜.のように,疑問文で使われた動詞を使います。

♣ 「何の～」

「何の動物が好きですか」のように，「何の～」とたずねるときは〈What＋名詞〉で文を始めて，さっきと同じようにdo you like?という疑問文の形を続ければOKです。

> What animals do you like? （あなたは何の動物が好きですか。）
> ― I like pandas and koalas. （私はパンダとコアラが好きです。）

上の文のanimalsの部分を変えると，What subject（何の教科），What language（何の言語→何語），What color（何の色→何色）など，いろいろなことがたずねられます。Whatのあとの名詞はふつう単数形ですが，2つ以上の答えが予想される場合は複数形も使われます。

3 いろいろな疑問詞

授業動画はこちらから

whatは，「疑問詞」の1つです。whatのほかにも，「だれ」「いつ」など，いろいろな情報をたずねることができる疑問詞があります。下の表で，確かめましょう。

what 何	What is your dream? （あなたの夢は何ですか。）	which どちら	Which is yours? （どちらがあなたのものですか。）
who だれ	Who is that girl? （あの女の子はだれですか。）	whose だれの	Whose pen is this? （これはだれのペンですか。）
when いつ	When do you run? （あなたはいつ走りますか。）	where どこ	Where is Central Park? （セントラルパークはどこですか。）
why なぜ	Why are you busy? （あなたはなぜ忙しいのですか。）	how どう	How is the weather? （天気はどうですか。）

♣ 「～はだれですか」など

いろいろな疑問詞が出てきても，あせることはありません。2で勉強したWhat is this?の文のルールを覚えていれば，簡単です。疑問詞を文の最初においてたずねればOKです。

> Who is Nancy? （ナンシーとはだれですか。）
> ― She's my new friend. （彼女は私の新しい友達です。）

Where ～?は「どこ」と場所をたずねるときに使います。

> Where is your bag? （あなたのかばんはどこにありますか。）
> ― It's under the table. （テーブルの下にあります。）

「～はどうですか」とたずねるときは，**How**で始めます。人やものの様子・状態や天気をたずねるときに使います。あいさつのHow are you?もこの仲間ですね。

How is your grandmother? （あなたのおばあさんはどうですか。）
— She's great. （彼女はとても元気です。）

補足 what'sと同じように，who's（←who is）やhow's（←how is）など，ほかの疑問詞の場合も〈疑問詞＋is〉の短縮形がよく使われます。where's（←where is）やwhen's（←when is）もあります。

「だれの～ですか」

「だれの～」と持ち主を聞きたいときは，〈Whose＋名詞〉で文を始めます。

Whose eraser is this? （これはだれの消しゴムですか。）
— It's Ken's. （健のです。）

答えるときは，mine（私のもの）などの代名詞やKen'sのように名前に's をつけた形を使って，持ち主をいいます。

もっとくわしく

いくつかの選択肢の中から「どの～」「どちらの～」とたずねるときは，〈Which＋名詞〉で始めます。
・Which book is yours? — This one is mine.（どちらの本があなたのですか。―こちらが私のです。）
また，whoseやwhichには，あとに名詞をつけない使い方もあります。
・Whose are these? — They're all mine.（これらはだれのものですか。―すべて私のものです。）
・Which do you want, meat or fish? — I want meat.
（あなたは肉と魚のどちらがほしいですか。―肉がほしいです。）

「いつ～しますか」など

ここでも，**2**で勉強したWhat do you have ～?の文のルールを覚えていれば，心配ありません。例えば，相手に「いつサッカーをしますか」とたずねたい場合，疑問詞When（いつ）を文の最初において，あとにdo you play soccer?と疑問文の形を続ければOKです。ほかの疑問詞でも同様で，いろいろな疑問文を作ることができます。

When do you play soccer? （あなたはいつサッカーをしますか。）
— After school. （放課後です。）
　　　時

疑問詞の
あとの語順に注意するマル

Where do you live? （あなたはどこに住んでいますか。）
— I live in Akita. （私は秋田に住んでいます。）
　　　　　　場所

How do you come to school? （あなたはどうやって学校に来ますか。）
— By bike. （自転車です。）
　　　手段

♣ 「どのくらい～？」

howには**「どのくらい」**という意味もあります。いっしょに使うことばによって，さまざまな意味になるので注意が必要です。例えば，「たくさんの」という意味のmanyが後ろに続くと，「どのくらいたくさんの」→「いくつの」と数をたずねるいい方になります。ほかにも，いろいろなことをたずねる疑問文が作れます。下の表で確認してみましょう。

How many ～?	数	How much ～?	値段，量
How old ～?	年齢，ものの古さ	How long ～?	期間，ものの長さ
How tall ～?	身長，タワーなどの高さ	How often ～?	頻度，回数

How many ～?を使って，数をたずねる場合は，〈How many＋名詞の複数形〉に一般動詞の疑問文の形を続けます。

How many CDs do you have? （あなたはCDを何枚持っていますか。）
　　　　　　名詞の複数形

これまで勉強してきた疑問詞の文と作り方や基本のルールは同じですね。〈How＋○○〉のまとまりを文の最初におき，あとにbe動詞や一般動詞の疑問文の形を続ければ，いろいろなことがたずねられるようになりますよ。

How old are you?　　— I'm 13 years old.
（あなたは何歳ですか。－13歳です。）

Check

➡️解説は別冊p.05へ

＿＿＿に適する語を書きましょう。
（1）＿＿＿＿＿＿ does he practice *kendo*? （彼はいつ剣道の練習をしますか。）
（2）＿＿＿＿＿＿ are you from? （あなたはどこの出身ですか。）
（3）＿＿＿＿＿＿ do you like coffee? （なぜあなたはコーヒーが好きなのですか。）
（4）＿＿＿＿＿＿ ＿＿＿＿＿＿ is that? （あれはだれのいすですか。）
（5）＿＿＿＿＿＿ ＿＿＿＿＿＿ caps do you have? （あなたは帽子をいくつ持っていますか。）

Lesson 7 の 力だめし

授業動画は
こちらから　[34]

➡ 解説は別冊p.06へ

1 次の対話文の＿＿＿＿に適する疑問詞を書きましょう。

(1) ＿＿＿＿＿＿＿ is this? — It's a tennis ball.

(2) ＿＿＿＿＿＿＿ do you come to school? — I walk.

(3) ＿＿＿＿＿＿＿ is your birthday? — It's September 14.

(4) ＿＿＿＿＿＿＿ do you want, pizza or spaghetti? — I want spaghetti.

(5) ＿＿＿＿＿＿＿ teaches English? — Ms. Green does.

(6) ＿＿＿＿＿＿＿ bag is yours? — The small one is.

2 次の [　　] 内の語を並べかえて，日本語の意味を表す英文を作りましょう。

(1) [whose, this, is, T-shirt]?　これはだれのTシャツですか。
→

(2) [science, is, who, teacher, your]?　あなたたちの理科の先生はだれですか。
→

(3) [do, soccer, practice, where, they]?　彼らはどこでサッカーの練習をしますか。
→

(4) [you, have, how, DVDs, many, do]?　あなたはDVDを何枚持っていますか。
→

(5) [subject, what, do, like, you]?　あなたは何の教科が好きですか。
→

3 次の文の下線部をたずねる疑問文を作りましょう。

(1) Mr. Brown wants a new car.
→

(2) The students are in the gym.
→

(3) Amy goes to the library on Sunday.
→

(4) Ken is 13 years old.
→

(5) Your brother has about fifty cards.
→

Lesson 8 時刻・日付・天気

時刻・日付・天気などの表し方は？

「今，7時15分だよ」や「今日は雨だ」など，時刻や日付，天気については
よく話題になりますよね。このとき，英語の場合はitという主語を使います。で
も，このitは「それ」とは訳しません。「それは今7時15分です」ではヘンな文
ですよね。

1 「それ」と訳さないit

授業動画は
こちらから 35
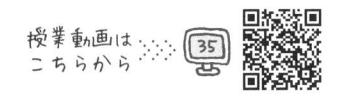

これまでは,itは「それ」という意味で前に出てきたものをさす代名詞だと勉強してきました。
英語の文では時刻や日付,天気などを表すときの主語にもitを使いますが,この場合のitは
何かをさしているわけではないので「それ」とは訳しません。

> It is nine.　○9時です。(×それは9時です。)

ここでは,このようなitの特別な使い方について学習しましょう。

2 時刻のたずね方・答え方

「今,何時ですか」とたずねるときは,**What time is it?**といいます。What(何)に「時間」
という意味のtimeを続けて,What time 〜?で「何時」という意味になります。ほかの疑問
詞の文とルールは同じなので簡単ですね。(→Lesson7 p.48)
時刻についていうときは,**itを主語にします**。「〜時(ちょうど)です」というときは,It is[It's]
〜 o'clock.で表します。ただし,o'clockを省略して数を表す語だけをいってもかまいません。
「〜時…分です」という場合は,It is[It's]のあとに「時」と「分」の数を並べて表します。

> What time is it?　（何時ですか。）
> — It is nine.　（9時です。）
> — It is nine o'clock.　（9時〈ちょうど〉です。）
> — It is nine fifteen.　（9時15分です。）
> 　　　　　時　　分

数の表し方

ここでは,数の表し方を紹介します。まずは1〜12までです。これらは確実に覚えましょう。

- 1　one
- 2　two
- 3　three
- 4　four
- 5　five
- 6　six
- 7　seven
- 8　eight
- 9　nine
- 10　ten
- 11　eleven
- 12　twelve

eightは
つづりに注意だよ

次に，13から1000の表し方です。20までの数も，確実にここで覚えておきましょう。それ以上の数は，ルールを覚えてしまえば簡単です。21以上の数は，twenty-oneのように，十の位を表す語と一の位を表す語を「‐」（ハイフン）でつないで表します。

- 13　thirteen
- 14　fourteen
- 15　fifteen
- 16　sixteen
- 17　seventeen
- 18　eighteen
- 19　nineteen
- 20　twenty
- 21　twenty-one

- 30　thirty
- 40　forty
- 50　fifty
- 60　sixty
- 70　seventy
- 80　eighty
- 90　ninety
- 100　one hundred
- 200　two hundred
- 1000　one thousand

*fourty*とするまちがいが多いので注意です

13〜19と，30〜90は似ていますね。例えば13と30なら，thirteenとthirtyで，teenのところがtyに変わるだけです。14（fourteen）と40（forty）は少しちがうので，まちがえないようにしてくださいね。

♣ 「午前」や「午後」の表し方

「午前8時」のように，「午前〜時（…分）」というときは，時刻のあとにin the morning（午前中の，朝の）やa.m.（午前）をつけます。

> **What time is it in San Francisco?**（サンフランシスコでは今何時ですか。）
> — **It's five in the morning.**（朝の5時です。）
> — **It's 5 a.m.**（午前5時です。）

注意 ×*a.m. 5*のようには書きません。

時刻を表すときに使う語句には，ほかにも次のようなものがあります。

- in the afternoon（午後の）
- a.m.（午前）
- noon（正午）

- in the evening（晩の）
- p.m.（午後）
- midnight（夜の12時，午前0時）

注意 noonとmidnightは時刻のあとにはおきません。×*12 noon*，×*12 midnight*はまちがいです。

💫「…時に～します」の文

「あなたは何時に～しますか」とたずねたいときは，What timeに「～しますか」という疑問文の形do you ～?を続けて，**What time do you ～?**といいます。

「…時に～します」と答えるときは，「～します」の文に〈at＋時刻〉を続けます。

> **What time do you go to bed?**（あなたは何時に寝ますか。）
> **— I go to bed at eleven.**（私は11時に寝ます。）

補足 主語が3人称単数であれば，What time does he ～?のような形になります。

💫毎日の動作を表す語句

ここで，毎日の基本的な動作の表し方を紹介します。

- get up（起きる）
- leave home（家を出る）
- take a bath（ふろに入る）
- have breakfast（朝食を食べる）
- get home（帰宅する）
- go to bed（寝る）

Check 1

🔜 解説は別冊p.07へ

____に適する語を書きましょう。

（1）_____ _____ is it in Sydney?（シドニーでは今何時ですか。）
　　— _____ nine in the _____.（午前9時です。）
（2）What _____ do you _____ breakfast?（朝食は何時に食べますか。）
　　— I _____ breakfast _____ seven.（7時に食べます。）

③ 曜日のたずね方・答え方

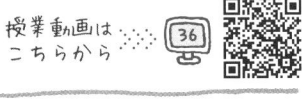

授業動画は
こちらから

「今日は何曜日ですか」は，**What day is it today?**でたずねます。曜日をたずねるときも，itが主語になります。答えるときは，It's[It is] ～.といいます。✕「今日は何日ですか」という意味ではないので，まちがえないように注意しましょう。

> **What day is it today?**（今日は何曜日ですか。）
> **— It's Tuesday.**（火曜日です。）

todayを主語にして
What day is today?
とたずねることもあるマル

🔖 曜日の名前

曜日の表し方を確認しましょう。曜日の名前はいつでも大文字で書き始めます。くり返し書いたり，呪文_{（じゅもん）}のように唱えたりして覚えるといいですよ。

- Sunday（日曜日）
- Monday（月曜日）
- Tuesday（火曜日）
- Wednesday（水曜日）
- Thursday（木曜日）
- Friday（金曜日）
- Saturday（土曜日）

4 日付のたずね方・答え方

 授業動画は こちらから

「**今日は（何月）何日ですか**」は，What's[What is] the date today?でたずねます。「○月○日です」と答えるときは，It's[It is] のあとに，「月の名前」→「日にち」の順番でいいます。**日にちは「序数」**でいいます。「序数」とは，first（1番目），second（2番目）…のような順序を表す語のことです。日にちは，October 14のように数字で書いてあるときでも，October (the) fourteenthのように読みます。

What's the date today? （今日は何日ですか。）
— It's <u>October</u> <u>14</u>. （10月14日です。）
   月 日にち

注意 また，年を表すときは，It's October 14, 2013.（2013年10月14日です。）のようにいいます。2013は two thousand (and) thirteenと発音します。

🔖 月の名前

日本語ではふつう，月の名前は1月，2月…と数字で表しますが，英語ではそれぞれの月に名前がついています。曜日と同じように，**月の名前もいつでも大文字で書き始めます**。

- January（1月）
- February（2月）
- March（3月）
- April（4月）
- May（5月）
- June（6月）
- July（7月）
- August（8月）
- September（9月）
- October（10月）
- November（11月）
- December（12月）

 夏を過ぎると ber がつくね

🎱序数

「序数」とは, **順序を表す語**のことです。野球のベースは, ファースト, セカンド, サード といいますよね。これらは, ここで学習する「序数」からきています。〰〰が引いてある部分は, つづりに注意しましょう。

- 1番目　　first
- 2番目　　second
- 3番目　　third
- 4番目　　fourth
- 5番目　　fifth
- 6番目　　sixth
- 7番目　　seventh
- 8番目　　eighth
- 9番目　　ninth
- 10番目　　tenth

- 11番目　　eleventh
- 12番目　　twelfth
- 13番目　　thirteenth
- 14番目　　fourteenth
- 15番目　　fifteenth
- 16番目　　sixteenth
- 17番目　　seventeenth
- 18番目　　eighteenth
- 19番目　　nineteenth
- 20番目　　twentieth
- 21番目　　twenty-first

ポイント 時刻・曜日・日付のたずね方と答え方

	たずね方	答え方
時刻	What time is it?	It's＋時（＋o'clock）./It's＋時＋分. 〈例〉It's six (o'clock)./It's five thirty.
曜日	What day is it today?	It's＋曜日. 〈例〉It's Monday.
日付	What's the date today?	It's＋月＋日（序数）. 〈例〉It's February 5 [(the) fifth].

Check 2

📖解説は別冊p.07へ

＿＿＿に適する語を書きましょう。

(1) ＿＿＿＿＿ ＿＿＿＿＿ is it today?（今日は何曜日ですか。）
　　 — It's ＿＿＿＿＿＿.（水曜日です。）
(2) ＿＿＿＿＿ the ＿＿＿＿＿ today?（今日は何日ですか。）
　　 — It's ＿＿＿＿＿＿ 21.（2月21日です。）

5 天気のたずね方・答え方

38

「**天気はどうですか**」とたずねるときは，Howを使って**How's the weather?**といいます。
天気についていうときも，時刻や日付と同様に，itを主語にします。

> How's the weather? (天気はどうですか。)
> — It's sunny. (晴れています。)

答えるときは
itを使うね

補足 How'sは，How isを短縮した形です。(→p.49)

🎵天気を表す語

ここで，天気や寒暖を表す形容詞を紹介します。寒暖を表す文でも，itを主語にして
It's cold today.（今日は寒いです。）のようにいいます。

- sunny（晴れている）
- cloudy（曇っている）
- warm（暖かい）
- cold（寒い）

- rainy（雨が降っている）
- snowy（雪が降っている）
- hot（暑い）
- cool（涼しい）

ポイント 天気のたずね方・答え方

天気はHow's[How is] the weather?でたずねる。
〈It's＋天気を表す形容詞.〉の形で答える。

補足 天気が「雨」や「雪」の場合は，次のレッスンで学習する現在進行形の文を使って，It's raining.（雨が降っ
ています。）やIt's snowing.（雪が降っています。）ということもあります。

Check 3　　　　　　　　　　　　　　　　　　🔷 解説は別冊p.07へ

＿＿に適する語を書きましょう。

＿＿＿＿＿ the ＿＿＿＿＿?（天気はどうですか。）
— It's ＿＿＿＿＿.（曇っています。）
— It's ＿＿＿＿＿ and ＿＿＿＿＿.（晴れていて暑いです。）

Lesson 8 の 力だめし

授業動画は
こちらから ▷▷▷ 39

➡️ 解説は別冊p.07へ

1 次の曜日と月を英語で＿＿＿＿に書きましょう。

(1) 土曜日 ＿＿＿＿＿＿＿　　(2) 火曜日 ＿＿＿＿＿＿＿

(3) 水曜日 ＿＿＿＿＿＿＿　　(4) 木曜日 ＿＿＿＿＿＿＿

(5) 3月 ＿＿＿＿＿＿＿　　(6) 11月 ＿＿＿＿＿＿＿

(7) 2月 ＿＿＿＿＿＿＿　　(8) 7月 ＿＿＿＿＿＿＿

2 次の対話文の＿＿＿＿に適する語を書きましょう。

(1) ＿＿＿＿＿ ＿＿＿＿＿ is ＿＿＿＿＿ today?　今日は何曜日ですか。

— ＿＿＿＿＿ Friday.　金曜日です。

(2) ＿＿＿＿＿ the ＿＿＿＿＿ in Tokyo?　東京の天気はどうですか。

— It's ＿＿＿＿＿.　雨が降っています。

(3) What ＿＿＿＿＿ is ＿＿＿＿＿ ＿＿＿＿＿ London?

ロンドンは今何時ですか。

— It's three ＿＿＿＿＿ ＿＿＿＿＿ ＿＿＿＿＿.　午後3時です。

3 次の疑問文に対する答えとして適するものをア〜オから選び、記号を（　）に
書きましょう。

(1) How's the weather?　　　（　　）

(2) What time do you get up?　（　　）

(3) What day is it today?　　（　　）

(4) What time is it?　　　　（　　）

(5) What's the date today?　（　　）

> ア. It's cloudy.
> イ. It's May 27.
> ウ. It's ten forty.
> エ. It's Monday.
> オ. I get up at six thirty.

4 次のようなとき、英語でどのようにいいますか。適する文を書きましょう。

(1) 相手にカナダの現在の時刻をたずねるとき。

→ ＿＿＿＿＿＿＿＿＿＿＿＿＿＿＿＿＿＿＿＿＿＿＿＿

(2) 相手に今日の曜日をたずねるとき。

→ ＿＿＿＿＿＿＿＿＿＿＿＿＿＿＿＿＿＿＿＿＿＿＿＿

(3) 相手に何時に寝るかをたずねるとき。

→ ＿＿＿＿＿＿＿＿＿＿＿＿＿＿＿＿＿＿＿＿＿＿＿＿

Lesson 9 現在進行形

現在進行形とは？

「今，あなたは何をしていますか」と聞かれれば，答えは「英語の勉強をしています」ですよね。「今〜しています」ということを表すのが現在進行形。ここでは，ing形という動詞の新しい形が出現します。お楽しみに。

1 現在形と現在進行形

授業動画は こちらから

Lesson 2で習ったMike speaks English.（マイクは英語を話します。）やI go to junior high school.（私は中学校に通っています。）などの現在形は，ふだん行っている行動を表します。つまり，**今行っているとは限りません。**ここで学習する「現在進行形」とは「進行」ということばからわかるように，「今～しているところです」「今～しています」という**まさに今，その動作をしている最中であることを表す形**です。**現在進行形は〈be動詞＋動詞のing形〉**を使って表します。

> Mike speaks English. （マイクは〈ふだん〉英語を話します。）
> Mai is speaking English. （真未は〈今〉英語を話しています。）

ここでは現在形とのちがいに注意しながら，現在進行形の形と意味，そして動詞のing形の作り方についてしっかり勉強しましょう。

2 現在進行形の形

授業動画は こちらから

現在進行形は，〈be動詞＋動詞のing形〉の形で表します。ing形に気をとられがちですが，現在進行形には**必ずbe動詞が必要**なので忘れないようにしましょう。be動詞は，主語に合わせてam，are，isのどれかを使います。主語がIなら，be動詞はamを使います。

> 【現在形】 I listen to music. （私は〈ふだん〉音楽を聞きます。）
> ↓ be動詞＋動詞のing形
> 【現在進行形】 I am listening to music. （私は〈今〉音楽を聞いています。）

主語がKenやmy sister, heなど3人称単数のときには，be動詞はisを使います。

> 【現在形】 Ken studies science. （健は〈ふだん〉理科を勉強します。）
> ↓ be動詞＋動詞のing形
> 【現在進行形】 Ken is studying science. （健は〈今〉理科を勉強しています。）

補足 have（持っている），like（好きである），know（知っている）など，状態を表す動詞はふつう進行形にしません。ただし，haveを「食べる」「飲む」「過ごす」のように動作を表す意味で使うときは，進行形にすることができます。

ポイント 現在進行形の文

主語	be動詞	動詞の ing 形
I	am	
you や複数	are	speaking 〜. など
3人称単数	is	

主語による
be動詞の使い分けは
英語の基本マル

Check 1

➡️ 解説は別冊p.08へ

____に適する語を書きましょう。

(1) I _____ _____ English. (私は英語を勉強しています。)
(2) They _____ _____ soccer. (彼らはサッカーをしています。)
(3) My father _____ _____ TV. (父はテレビを見ています。)

🔵動詞のing形の作り方

動詞のing形は**動詞の原形にingをつける**のが基本ですが, 動詞によってingのつけ方がちがいます。

①**ingをつけるだけの動詞**

ほとんどの動詞は, あとにingをつけるだけで動詞のing形ができます。

- read (読む) → reading
- watch (〈じっと〉見る) → watching
- study (勉強する) → studying
- play (〈スポーツを〉する) → playing

②**eをとってingをつける動詞**

最後がeで終わる動詞は, eをとってingをつけます。

③は特に注意
しよう

- make (作る) → making
- take (取る) → taking
- come (来る) → coming
- use (使う) → using

③**語尾を重ねてingをつける動詞**

次のような動詞は, 最後の1字を重ねてingをつけます。

- run (走る) → running
- swim (泳ぐ) → swimming
- get (着く) → getting
- sit (すわる) → sitting

Check 2

➡️ 解説は別冊p.08へ

次の動詞のing形を____に書きましょう。

(1) use → _____　　(2) help → _____　　(3) run → _____
(4) study → _____　　(5) make → _____

③ 現在進行形の否定文

授業動画は
こちらから

「(今)〜していません」というときは，**be動詞とing形の間にnot**を入れます。be動詞のあとにnotを続けるのは，be動詞の否定文（→Lesson1）と同じです。**ing形はそのまま**ですよ。

> Misaki is studying now. （美咲は今勉強しています。）
> ↓ be動詞のあとにnotを入れる
> Misaki is not studying now. （美咲は今勉強していません。）
> ing形のまま

④ 現在進行形の疑問文

授業動画は
こちらから

疑問文の形

「(今)〜していますか」とたずねるときは，**be動詞で文を始めます**。疑問文の作り方もbe動詞の文のときと同じなので，だいじょうぶですね。**ing形もそのまま**です。

> They are playing soccer. （彼らはサッカーをしています。）
> be動詞を主語の前に
> Are they playing soccer? （彼らはサッカーをしていますか。）
> ing形のまま

主語が3人称単数のときは，Is 〜?という形の疑問文になります。

> Is Misaki cleaning her room? （美咲は部屋のそうじをしていますか。）

疑問文への答え方

現在進行形の疑問文に対する答え方も，be動詞の文のときと同じです。Yes, I am. / No, I'm not.のように，**be動詞を使って**答えます。

> Is Shota writing an e-mail? （翔太はEメールを書いていますか。）
> ― Yes, he is. / No, he isn't. （はい。 / いいえ。）

注意 現在進行形の否定文や疑問文・答えには，doやdoesは使いません。
×*Does* Shota writing an e-mail?－×Yes, he *does*.などとしないようにしましょう。

ポイント 現在進行形の否定文と疑問文

【否定文】I'm not studying English.
└be動詞のあとにnotを入れる。

【疑問文】Are you studying English? — Yes, I am. / No, I'm not.
└be動詞で文を始める。

ほうら、作り方のルールはbe動詞の文と同じ！

Check 3

➡ 解説は別冊p.08へ

____に適する語を書きましょう。

（1）_____ you _____ a computer now? — Yes, I _____.
（あなたは今コンピューターを使っていますか。―はい，使っています。）

（2）_____ your mother _____? — No, _____ _____.
（あなたのお母さんは料理をしているところですか。―いいえ，ちがいます。）

5 「何をしているのですか」

授業動画はこちらから

「(今) 何をしているのですか」とたずねたいときは，**What are you doing?** とWhatを文の最初におき，現在進行形の疑問文を続けます。このdoingは，**「する」という意味を表す一般動詞のdoのing形**です。

答えるときにも現在進行形を使い，「していること」を具体的にいいます。

> **What are you doing?** （あなたは何をしているのですか。）
> 　　　　　　一般動詞doのing形
> — **I'm doing my homework.** （私は宿題をしています。）

注意 上の疑問文に，×I do my homework.と現在形で答えてはいけません。

What are you doing?のdoingの部分をほかの動詞のing形に変えると，「何をしているのですか」以外にも，いろいろなことをたずねることができます。

> **What are you eating?** （あなたは何を食べているのですか。）
> — **I'm eating natto.** （私は納豆を食べています。）

Lesson 9 の力だめし

授業動画は
こちらから ┄┄> 45

➡️ 解説は別冊p.09へ

1 次の [ ] 内から適する語を選んで○をつけましょう。

(1) They are [study / studying / studies] English.

(2) Ms. Green isn't [use / uses / using] the computer.

(3) [Is / Does / Are] Paul playing basketball?

2 次の [ ] 内の語を適する形にかえて_____に書きましょう。

(1) Miki is _____ her mother. [help]

(2) I am _____ a bath now. [take]

(3) Ken isn't _____ in the park. [run]

3 次の日本文に合うように_____に適する語を書きましょう。

(1) 翔太は今，プールで泳いでいます。

Shota _____ _____ in the pool now.

(2) あなたは友達を待っているのですか。

_____ you _____ for your friend?

4 次の文を [ ] 内の指示にしたがって書きかえましょう。

(1) Students enjoy a soccer game. ［現在進行形の文に］

→ _____

(2) You are watching a movie. ［疑問文に］

→ _____

(3) I'm writing a letter now. ［否定文に］

→ _____

5 次のようなとき，英語でどのようにいいますか。適する文を書きましょう。

(1) 何かをしている相手に，「何をしているのですか」とたずねるとき。

→ _____

(2) 何かを作っている相手に，「何を作っているのですか」とたずねるとき。

→ _____

Lesson 10 can

canとは？

「自分は〜ができる！」と自慢できることがありますか？ 英語では「〜できる」をcanということばを使って表します。canを使いこなせば、いろいろなことを自慢できるようになりますよ。「英語が話せる！」といえるように勉強していきましょう。

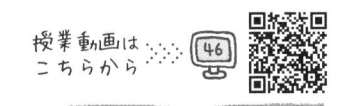
1 助動詞の働き

これまで学習したAmy speaks Japanese.（エイミーは日本語を話します。）などの一般動詞の文は，ふだんの習慣や行動を表す文でした。では，英語で「エイミーは日本語を話せます」のように，「～することが**できる**」といいたいときは，どのように表せばよいでしょうか。それには，canという「**助動詞**」が必要です。

> Amy speaks Japanese. （エイミーは日本語を話します。）
> Amy can speak Japanese. （エイミーは日本語を話すことができます。）

助動詞とは動詞を助ける働きをする語で，動詞にいろいろな意味を付け足します。助動詞にはいろいろあり，Lesson13やLesson14で詳しく勉強します。ここでは，**can（～できる）**について勉強しましょう。

2 canの文

「**～することができる**」というときには，**動詞の前にcan**を入れます。

> I   play the piano.（私はピアノを弾きます。）
>   ↓ 動詞の前にcan
> I can play the piano.（私はピアノを弾くことができます。）

canのあとの**動詞はいつでも原形**です。主語が何であっても，**〈can＋動詞の原形〉の形が変わることはありません**。主語が3人称単数でも，動詞にsはつきません。

> Mr. Brown   speaks Spanish.（ブラウンさんはスペイン語を話します。）
>   動詞の前にcan ↓
> Mr. Brown can speak Spanish.（ブラウンさんはスペイン語を話せます。）
>   canのあとの動詞は原形なのでsはつけない

canにもsは
つかないマル

3 canの否定文

「～することができません」というときは，**動詞の前にcannotまたはcan't**を入れます。否定文でも，**動詞は原形**です。主語が3人称単数のときも，動詞にsはつけません。

Ayaka can　　play the guitar. (彩花はギターを弾くことができます。)
↓canにnotをつけてcannot
Ayaka cannot play the guitar. (彩花はギターを弾くことができません。)
＝can't

注意 can notの形はほとんど使われません。cannotかcan'tを使うようにしましょう。

Check 1
➡ 解説は別冊p.10へ

____に適する語を書きましょう。
(1)　I _____ _____ tennis. (私はテニスをすることができます。)
(2)　Taku _____ _____ English well. (拓は英語を上手に話すことができます。)
(3)　My sister _____ _____. (私の妹は泳ぐことができません。)

4 canの疑問文

「～することができますか」とたずねるときは，**Canで文を始めます**。疑問文でも，**主語にかかわらず動詞は原形**を使います。

You can make potato salad. (あなたはポテトサラダを作れます。)
canを主語の前に
Can you　　make potato salad? (あなたはポテトサラダを作れますか。)

♣疑問文への答え方
Can ～?には，**canを使って答えます**。「はい」ならYes, ～ can.で，「いいえ」なら
No, ～ cannot[can't].になります。

Can Ken use a computer? (健はコンピューターを使うことができますか。)
—Yes, he can. (はい。) / No, he cannot[can't]. (いいえ。)

canの文の形

【ふつうの文】 Ken **can** play the guitar.
└動詞の前にcan。主語が何であっても動詞は原形。

【否定文】 Ken **cannot** play the guitar.
└動詞の前にcannot[can't]。

ぼくは
canの文を
覚えることが
できるっ！

【疑問文】 **Can** Ken play the guitar?
└疑問文はCanで始める。
— Yes, he **can**. / No, he **cannot**[**can't**].

Check 2

➡解説は別冊p.10へ

____に適する語を書きましょう。

（1）_____ you _____ black coffee? — Yes, _____ _____.
（あなたはブラックコーヒーを飲めますか。—はい，飲めます。）

（2）_____ _____ _____ drive a car? — No, _____ _____.
（あなたのお母さんは車の運転ができますか。—いいえ，できません。）

---

5 疑問詞で始まるcanの疑問文

授業動画は
こちらから ⋯⋯ 49

49

whatなどの疑問詞を使ってcanの疑問文を作るときは，疑問詞で文を始めます。疑問詞のあとには，canの疑問文の語順を続けます。

> **Can you draw a lion?** （あなたはライオンを描くことができますか。）
> ↓ 疑問詞は文の最初に
> **What can you draw?** （あなたは何を描くことができますか。）

How can I ～?で，「**(私は) どうすれば～できますか**」と手段・方法をたずねることができます。
「**(私は) どこで～できますか**」と場所をたずねる表現のWhere can I ～?もよく使われます。

> How can I get to the station? （どうすれば駅に行くことができますか。）
> — Go straight along this street. （この道をまっすぐ行ってください。）

> Where can I buy a concert ticket?
> （どこでコンサートのチケットを買うことができますか。）
> — At that ticket shop. （あのチケットショップでです。）

解説は別冊p.10へ

Check 3

____に適する語を書きましょう。

（1）_____ can you cook?（あなたは何を料理することができますか。）

（2）_____ _____ I use this computer?

（どうすればこのコンピューターを使うことができますか。）

6 canを使った会話表現

授業動画は
こちらから

canの疑問文は「〜できますか」とたずねるだけでなく，会話では「**〜してもいいですか**」と許可を求めるときや，「**〜してくれますか**」と相手にお願いをするときにもよく使われます。

許可を求めるCan I 〜?

Can I 〜?は，相手に「**〜してもいいですか**」と 許可を求める ときにも使われます。Can I 〜?に答えるときは，Yes, you can.などではなく，ふつうは下のようにいいます。

> **Can I borrow your camera?**（あなたのカメラを借りてもいいですか。）
> — **Sure.**（もちろん。）／ **OK.**（いいですよ。）／ **All right.**（いいですよ。）
> — **Sorry, I'm using it now.**（ごめん，今使っています。）

断るときは，ふつうI'm sorry.やSorry.とあやまってから，できない理由を述べます。

依頼するCan you 〜?

Can you 〜?は，相手に「**〜してくれますか**」と 依頼する ときにも使われます。「〜できますか」とたずねる文なのか依頼の文なのかは，その場の状況から判断します。答えるときは，Yes, I can.などではなく，ふつうは下のようにいいます。

> **Can you close the door, please?**（ドアを開めてくれますか。）
> — **Sure.**（もちろん。）／ **OK.**（いいですよ。）／ **All right.**（いいですよ。）
> — **Sorry, I'm busy now.**（ごめん，今忙しいです。）

補足 pleaseをつけると，ていねいないい方になります。Can you 〜?は気軽なお願いをする表現なので，親しい人によく使います。よりていねいに言う場合はCould you 〜?を使います。Could you 〜?はLesson 30（→p.195）で勉強します。

1 次の［　］から適する語を選んで○をつけましょう。

(1) My brother can ［ ride / rides / riding ］ a bicycle.

(2) Momoko can't ［ plays / playing / play ］ the piano.

(3) ［ Are / Is / Can ］ your parents drive a car?

2 次の文を「～できる」という意味を表す文に書きかえましょう。

(1) You cook spaghetti.

→ _____

(2) Kazuki swims very fast.

→ _____

(3) Students use this room on Tuesdays.

→ _____

3 次の文を［　］内の指示にしたがって書きかえましょう。

(1) I can eat *natto*. ［否定文に］

→ _____

(2) Asuka can write a letter in English. ［疑問文に］

→ _____

(3) Emi can make <u>cookies</u>. ［下線部をたずねる疑問文に］

→ _____

(4) They can play baseball <u>in the park</u>. ［下線部をたずねる疑問文に］

→ _____

4 次のようなとき，英語でどのようにいいますか。canを使って適する文を書きましょう。

(1) 友達に「あなたの辞書を使ってもいいですか」と許可を求めるとき。

→ _____

(2) 友達に「手伝ってくれますか」と依頼をするとき。

→ _____

Lesson 11 過去の文(1)

過去の文とは？

過去のことをいうとき，日本語でも「給食を食べる」→「給食を食べた」と，ちがういい方をしますね。英語でも過去のことをいうときは，当然ながら現在形とはちがった形を使います。覚えることが多いので，気合を入れていきましょう！

① 一般動詞の過去形

授業動画は
こちらから 52

今まではI watch TV every day.（私は毎日テレビを見ます。）といった現在のことを表す文を勉強してきましたが、「私は昨日テレビを見ました」のように過去のことをいうときはどうすればよいのでしょうか。日本語は「見ます」→「見ました」のように変わりますが、英語で過去のことを表すには、次のように**動詞の過去形**を使います。

【現在形】I watch TV every day.（私は毎日テレビを見ます。）

【過去形】I watched TV yesterday.（私は昨日テレビを見ました。）
   watchの過去形

このレッスンでは、一般動詞の過去形の作り方を覚えるとともに、過去を表す文についての理解を深めましょう。

② 過去の文

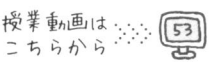 

授業動画は
こちらから 53

一般動詞の多くは、原形にedをつけると**過去形**になります。一般動詞の過去形は、**主語によって形が変わることはありません**。主語が３人称単数でも、過去形にはsはつけません。

I played soccer yesterday.（私は昨日サッカーをしました。）

Ken played soccer with me last week.

（健は先週私といっしょにサッカーをしました。）

👥過去を表す語句

過去の文にはよくいっしょに次のような過去を表す語句が使われます。

- yesterday（昨日）　・ yesterday afternoon（昨日の午後）
- then（そのとき）
- last 〜（この前の〜）

（例）last night（昨夜）, last Friday（この前の金曜日）,
  last week（先週）, last month（先月）,
  last year（去年）

- 〜 ago（〈今から〉〜前に）

（例）ten minutes ago（10分前に）, an hour ago（1時間前に）,
  three days ago（3日前に）, five years ago（5年前に）

Check 1

解説は別冊p.11へ

＿＿＿に適する語を書きましょう。

（1） I ＿＿＿＿＿＿＿＿ TV yesterday.（私は昨日テレビを見ました。）

（2） Mai ＿＿＿＿＿＿＿ her mother last night.（真衣は昨夜お母さんを手伝いました。）

（3） My brother ＿＿＿＿＿＿＿ his room a week ago.（兄は1週間前に部屋を掃除しました。）

3 過去形の作り方

授業動画は
こちらから・・・・・ 54

多くの一般動詞は原形の最後に**ed**をつけることで過去形になりますが，つけ方のパターンがいくつかあります。下のつけ方をしっかり覚えましょう。過去形の最後が**ed**の形になる動詞を，「規則動詞」といいます。

① edをつける動詞

- play（〈スポーツを〉する）→ played
- call（呼ぶ，電話する）→ called
- help（助ける，手伝う）→ helped
- want（ほしい）→ wanted

- enjoy（楽しむ）→ enjoyed
- watch（見る）→ watched
- ask（たずねる）→ asked
- need（必要とする）→ needed

② dだけをつける動詞

- like（好きだ）→ liked
- live（住む）→ lived
- close（閉じる）→ closed

- use（使う）→ used
- practice（練習する）→ practiced
- arrive（到着する）→ arrived

③ 最後のyをiに変えてedをつける動詞

- study（勉強する）→ studied
- cry（泣く）→ cried

- try（試す）→ tried
- carry（運ぶ）→ carried

④ 最後の文字を重ねてedをつける動詞

- stop（止める）→ stopped

studiedやtriedは
まちがえやすいから
要注意！

🧩不規則動詞

左ページのような規則動詞に加え，過去形が〜edではない形に変化する「**不規則動詞**」も
あります。edがつくわけではないので，これらは暗記しないといけません。

- have（持っている）→ had
- go（行く）→ went
- get（手に入れる）→ got
- say（言う）→ said
- give（与える）→ gave
- buy（買う）→ bought
- stand（立つ）→ stood
- find（見つける）→ found
- read（読む）→ read

- do（する）→ did
- come（来る）→ came
- see（見る，会う）→ saw
- make（作る）→ made
- write（書く）→ wrote
- take（取る）→ took
- eat（食べる）→ ate
- sit（すわる）→ sat
- teach（教える）→ taught

注意 readは原形と過去形が同じ形ですが，原形は［リード］，過去形は［レッド］と発音します。

Check 2

📢解説は別冊p.11へ

［　　　］内の動詞を適する形にして，____に書きましょう。

(1) My family _____ in Okinawa last month. [stay]

(2) I _____ math yesterday evening. [study]

(3) Kenta _____ an e-mail last night. [write]

4 過去の否定文

授業動画は
こちらから　　　55

「**〜しませんでした**」というときは，**動詞の前にdid not**を入れます。did notの短縮形は
didn'tです。主語に関係なくdid not［didn't］を使うので，do not［don't］やdoes not［doesn't］
を使い分ける現在形の否定文よりは簡単ですね。

また，**did not［didn't］のあとの動詞は原形**を使います。規則動詞も不規則動詞も原形にし
ます。×I did not *walked* 〜.などとはいわないので注意しましょう。

I 　　　　 walked in the park.（私は公園の中を歩きました。）
　↓ 動詞の前にdid not
I did not walk 　 in the park.（私は公園の中を歩きませんでした。）
　＝didn't　　動詞は原形

5 過去の疑問文

授業動画は こちらから 56

「〜しましたか」とたずねるときは，**Didで文を始めます**。主語に関係なく，Didを文の最初におき，**動詞は原形**を使います。

> Mai made breakfast yesterday. （真末は昨日朝食を作りました。）
> ↓ Didを文の最初に ↓ 動詞は原形にもどす
> Did Mai make breakfast yesterday?
> （真末は昨日朝食を作りましたか。）

もっとくわしく

「何を〜しましたか」や「いつ〜しましたか」のようにたずねるときは，疑問詞を文の最初におき，あとにdid you 〜?などの一般動詞の過去の疑問文の形を続けます。
What did you do last Sunday?（あなたはこの前の日曜日に何をしましたか。）
— I played baseball with friends.（友達と野球をしました。）

疑問文への答え方

過去形の疑問文に答えるときは，「**はい**」ならYes, 〜 did.で，「**いいえ**」ならNo, 〜 did not [didn't].のように，**didを使って**答えます。

> Did you read the book? （あなたはその本を読みましたか。）
> — Yes, I did. （はい，読みました。）
> — No, I did not[didn't]. （いいえ，読みませんでした。）

ポイント 過去の否定文・疑問文

【否定文】Jim didn't watch TV yesterday.
└動詞の前にdidn't[did not] を入れる。動詞は原形。
【疑問文】Did you watch TV yesterday? — Yes, I did. / No, I didn't.
└Didで文を始める。動詞は原形。

Check 3

解説は別冊p.11へ

____に適する語を書きましょう。

(1) I _____ _____ call him yesterday. （私は昨日彼に電話しませんでした。）
(2) Kenta _____ _____ to the library. （健太は図書館に行きませんでした。）
(3) _____ Moe _____ the dishes? （萌はお皿を洗いましたか。）
  — No, she _____. （いいえ，洗いませんでした。）

授業動画は
こちらから >>> 57

解説は別冊p.11へ

1 次の動詞の過去形を_____に書きましょう。

(1) learn → _____ (2) find → _____

(3) take → _____ (4) use → _____

(5) sit → _____ (6) visit → _____

(7) read → _____ (8) come → _____

(9) stop → _____ (10) try → _____

2 次の [　] 内から適する語を選んで○をつけましょう。

(1) I [make / making / made] lunch yesterday.

(2) My mother [cleans / clean / cleaned] the kitchen last Sunday.

(3) My brother didn't [buys / bought / buy] a train ticket.

(4) [Do / Does / Did] Misaki call you last night?

3 次の日本文に合うように_____に適する語を書きましょう。

(1) 彼らは昨日学校に来ませんでした。

They _____ _____ to school yesterday.

(2) あなたは昨日ピアノの練習をしましたか。

_____ you practice the piano yesterday?

(3) いいえ, しませんでした。((2)の答え)

No, I _____.

4 次の文を [　] 内の指示にしたがって書きかえましょう。

(1) My father buys a newspaper <u>every day</u>. [下線部をyesterdayにかえて]

→ _____

(2) Jim went to Kyoto last spring. [疑問文に]

→ _____

(3) We saw Ms. Green at the bus stop. [否定文に]

→ _____

(4) Kumi played tennis <u>after school</u>. [下線部をたずねる疑問文に]

→ _____

Lesson 12 過去の文(2)

もう１つの過去の文とは？

前のレッスンでは，過去に「〜した」といういい方を勉強しましたね。「〜した」という以外にも過去のいい方があるんです。ここでは，「〜でした」「〜していました」のような過去のいい方について勉強していきましょう！

1 be動詞の過去形・過去進行形

授業動画は
こちらから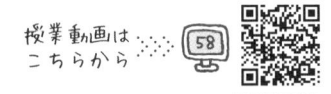

be動詞を用いる文には，I am tired.（私は疲れています。）のようなLesson 1 のパターンと，
They are watching TV.（彼らはテレビを見ています。）のようなLesson 9 の現在進行形のパ
ターンがありましたね。では,「**私は昨日疲れていました**」や「**私は昨夜テレビを見ていました**」
は，どのようにいえばよいのでしょうか。これらは，**be動詞を過去形（was, were）に**す
ることで過去のいい方に変えることができます。このレッスンでは，**be動詞の過去形**と**過
去進行形**について学習しましょう。

2 be動詞の過去の文

be動詞の現在形は，主語によってam，are，isを使い分けましたね。amとisの過去形は
was，areの過去形は**were**です。「**〜でした**」，「**〜にいました**」の意味になります。

【現在の文】 I am hungry now. （私は今お腹がすいています。）
↓ amをwas（過去形）に
【過去の文】 I was hungry this morning. （私は今朝お腹がすいていました。）

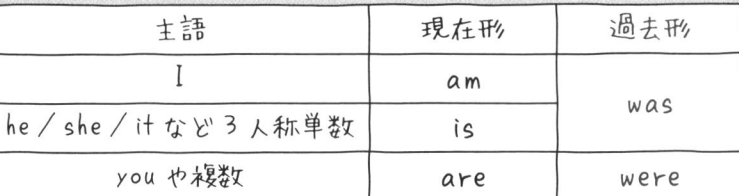

ポイント be動詞の現在形と過去形

主語	現在形	過去形
I	am	was
he / she / it など3人称単数	is	
you や複数	are	were

am, isはwas,
areはwere
になるよ

3 be動詞の過去の否定文

授業動画は
こちらから

「**〜ではありませんでした**」，「**〜にはいませんでした**」というときは，**wasやwereのあとに
not**を入れます。否定文の作り方は，**be動詞の現在形の否定文のときと同じ**なので簡単です
ね。**wasn't / weren't**という短縮形もよく使われます。

It was   sunny yesterday. （昨日は晴れでした。）
↓ wasのあとにnotを入れる
It was not sunny yesterday. （昨日は晴れではありませんでした。）
=wasn't

4 be動詞の過去の疑問文

「～でしたか」，「～にいましたか」とたずねるときは，**WasかWereで文を始めます**。be動詞の現在形の疑問文のときも，同じくbe動詞で始めましたね。それと同じ作り方です。

You were sleepy. （あなたは眠かったです。）
　　　　　　　　　wereを主語の前に
Were you　　　　sleepy? （あなたは眠かったですか。）

疑問文への答え方

Was ～?やWere ～?の疑問文に答えるときは，wasかwereを使います。**wasとwereのどちらを使うかは，答えの文の主語に合わせます**。

Were you tired? （あなたは疲れていましたか。）
— Yes, I was. （はい，疲れていました。）
— No, I wasn't. （いいえ，疲れていませんでした。）

Check 1

➡ 解説は別冊p.12へ

＿＿に適する語を書きましょう。

（1）　I ＿＿＿＿＿＿ very busy yesterday. （私は昨日とても忙しかったです。）
（2）　My room ＿＿＿＿＿＿ clean last week. （私の部屋は先週きれいではありませんでした。）
（3）　＿＿＿＿＿＿ you at home? （あなたは家にいましたか。）
　　　— No, I ＿＿＿＿＿＿. （いいえ，いませんでした。）

5 疑問詞を使ったbe動詞の疑問文

What was ～?（～は何でしたか。），**Where was ～?**（～はどこにいましたか。）のように具体的に情報をたずねるときは，**疑問詞で始めてwas，wereの疑問文の形を続けます**。

What was today's lunch? （今日のランチは何でしたか。）
— It was tomato spaghetti. （トマトスパゲティーでした。）

Where were you after school? （あなたは放課後どこにいたのですか。）
— I was in the library. （図書館にいました。）

How was ～?（～はどうでしたか。）は，相手に体験したことなどの感想や印象をたずねるときに使われる表現です。

How was your trip? （旅行はどうでしたか。）
— It was fun. / I enjoyed it. （楽しかったです。）

 **be動詞の過去の文**

【ふつうの文】 Jim was sleepy this morning.
  └be動詞の過去形（was / were）

【否定文】 Jim was not[wasn't] sleepy this morning.
  └was / wereのあとにnot。

【疑問文】 Was Jim sleepy this morning?
  └Was / Wereで文を始める。
— Yes, he was. / No, he was not[wasn't].

否定文・疑問文の作り方は現在の文と同じだね

６ 過去進行形の文

授業動画はこちらから 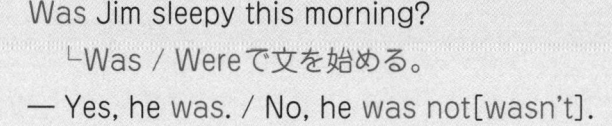 62

62

Lesson9では「(今)～しています」という現在進行形について学習しましたが，「(そのとき)～していました」というように**過去のある時点で進行中だった動作**を表すときは，過去進行形を使います。現在進行形も過去進行形も〈be動詞＋動詞のing形〉で表しますが，過去進行形の場合はbe動詞は**was**と**were**の２つしかありません。少し楽ですね。

【現在進行形の文】 We are playing soccer. （私たちはサッカーをしています。）
  ↓ be動詞を過去形に
【過去進行形の文】 We were playing soccer. （私たちはサッカーをしていました。）

補足 ing形の作り方は，現在進行形（→Lesson9 p.62）と同じです。

７ 過去進行形の否定文・疑問文

授業動画はこちらから  63

63

「～していませんでした」というときは，**was, wereのあとにnot**を入れて表します。現在進行形の否定文のときと同じ作り方なので簡単ですね。ing形はそのままです。

I was not sleeping then. （私はそのとき眠っていませんでした。）
  ＝wasn't

疑問文の作り方も現在進行形と同じです。「〜していましたか」とたずねるときは，**WasまたはWereで文を始めます。ing形はそのまま**ですよ。過去進行形の疑問文に答えるときは，wasかwereを主語に合わせて使います。

Was it raining last night? （昨夜は雨が降っていましたか。）
— Yes, it was. / No, it wasn't. （はい。/ いいえ。）

Check 2

解説は別冊p.12へ

___に適する語を書きましょう。

（1） My father _____ _____ a car. （私の父は車を運転していました。）
（2） I _____ _____ running in the park. （私は公園を走っていませんでした。）
（3） We _____ watching TV then. （私たちはそのときテレビを見ていませんでした。）
（4） _____ you _____ English? （あなたは英語の勉強をしていましたか。）
　　 —No, I _____. （いいえ，していませんでした。）

8 「何をしていましたか」

授業動画はこちらから 64

「何をしていましたか」とたずねるときは，Whatで始めて**What were you doing?**といいます。答えるときには，「していたこと」を過去進行形の文でいいます。

What were you doing this afternoon? （あなたは今日の午後何をしていましたか。）
— I was practicing tennis. （テニスの練習をしていました。）

doingの部分を別の動詞のing形にかえると，What were you <u>making</u>?（何を<u>作っていました</u>か。）のように，いろいろなことをたずねることができます。

ポイント 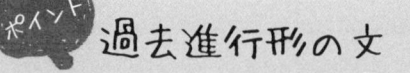 過去進行形の文

【ふつうの文】Ken was using the computer last night.
　　　　　　└〈be動詞の過去形＋動詞のing形〉

【否定文】　　Ken was not[wasn't] using the computer last night.
　　　　　　　　└was / wereのあとにnot。

【疑問文】　　Was Ken using the computer last night?
　　　　　　　└Was / Wereで文を始める。

　　　　　　— Yes, he was. / No, he was not[wasn't].

➡ 解説は別冊p.13へ

1 次の〔　　　〕内から適する語を選んで○をつけましょう。

(1) We 〔 was / were / are 〕 busy last Sunday.

(2) It 〔 is / was / were 〕 very hot yesterday.

(3) My mother 〔 wasn't / isn't / weren't 〕 washing the dishes then.

(4) 〔 Was / Did / Were 〕 they playing in the park?

2 次の日本文に合うように＿＿＿に適する語を書きましょう。

(1) 萌は今朝病院にいました。

Moe ＿＿＿＿＿＿＿＿ at the hospital this morning.

(2) 私の父は昨日家にいませんでした。

My father ＿＿＿＿＿＿＿＿ at home yesterday.

(3) 私たちはそのときプールで泳いでいました。

We ＿＿＿＿＿＿＿＿ ＿＿＿＿＿＿＿＿ in the pool then.

(4) 彼らは数学の勉強をしていたのですか。

＿＿＿＿＿＿＿＿ they ＿＿＿＿＿＿＿＿ math?

(5) いいえ，していませんでした。((4)の答え)

No, ＿＿＿＿＿＿＿＿ ＿＿＿＿＿＿＿＿.

3 次の文を〔　　　〕内の指示にしたがって書きかえましょう。

(1) My mother and I were making a salad. 〔否定文に〕

→ ＿＿＿＿＿＿＿＿＿＿＿＿＿＿＿＿＿＿＿＿＿

(2) Where are they now? 〔nowをyesterdayにかえて〕

→ ＿＿＿＿＿＿＿＿＿＿＿＿＿＿＿＿＿＿＿＿＿

(3) He was eating a sandwich. 〔下線部をたずねる疑問文に〕

→ ＿＿＿＿＿＿＿＿＿＿＿＿＿＿＿＿＿＿＿＿＿

4 次のようなとき，英語でどのようにいいますか。適する文を書きましょう。

(1) 相手に「昨日の夜何をしていたのか」とたずねるとき。

→ ＿＿＿＿＿＿＿＿＿＿＿＿＿＿＿＿＿＿＿＿＿

(2) 相手に「映画はどうだったか」と感想をたずねるとき。

→ ＿＿＿＿＿＿＿＿＿＿＿＿＿＿＿＿＿＿＿＿＿

Lesson 13 未来の文

未来のいい方は？

ここでは「未来」に目を向けましょう。「明日は雨でしょう」「日曜に髪を切るつもり」などのように未来のことを表すときは，willかbe going toを使います。過去の文とちがって，動詞の形は変わらないので楽勝！…なはずですよ。

1 未来の文

授業動画は
こちらから

これまでは，I take the bus every day.（私は毎日バスに乗ります。）のような「現在」のことや，I took the bus yesterday.（私は昨日バスに乗りました。）のような「過去」のことを表す文について勉強してきました。では，「私は明日バスに乗るつもりです」と「未来」のことを表す文は，英語ではどのようにいうのでしょうか。

「過去」は過去形という形を使うので，動詞の形を覚えるのに苦労しましたよね。でも，「未来」を表すときは毎回動詞の形が変わることはないので，「過去」よりも「未来」は簡単といえるかもしれません。それでは，ここから未来のことを表す文について学習していきましょう。

2 be going to 〜の文

「〜するつもりです」「〜する予定です」と未来のことや予定を表すときは，〈be going to＋動詞の原形〉を使います。beはbe動詞のことで，主語に合わせてam，are，isを使い分けますが，**主語が何であってもtoに続く動詞は原形**です。

【現在の文】 Aya eats bread every morning.
↓ be going toを入れる （彩は毎朝パンを食べます。）
【未来の文】 Aya is going to eat bread tomorrow morning.
動詞を原形に （彩は明日の朝パンを食べるつもりです。）

補足 このgoingはgoのing形ですが，「行く」という意味ではありません。

🔖未来を表す語句
未来のことを表す文ではよくいっしょに次のような語句が使われます。

- tomorrow（明日）
- tomorrow morning（明日の朝）
- next 〜（次の〜）

(例) next Saturday（今度の土曜日），next week（来週），

next month（来月），next year（来年）

3 be going to 〜の否定文

授業動画は
こちらから

「〜するつもりはありません」「〜する予定はありません」という否定文は，be動詞の文と同じで，**be動詞（am，are，is）のあとにnotを入れる**だけです。そのあとのgoing to 〜の部分の形は，否定文でも変わりません。

I'm not going to visit Kyoto. （私は京都を訪れる予定はありません。）

↑ be動詞のあとにnot

4 be going to 〜の疑問文

授業動画は
こちらから ⋯⋯

「〜**するつもりですか**」「〜**する予定ですか**」とたずねるときは，be動詞で文を始めます。主語がyouならAre you going to 〜?に，主語がheならIs he going to 〜?となります。疑問文でも，going to 〜の部分の形はやはり変わりません。

She is going to make dinner tomorrow.

be動詞を主語の前に

（彼女は明日夕食を作るつもりです。）

Is she　 going to make dinner tomorrow?

（彼女は明日夕食を作るつもりですか。）

🫧疑問文への答え方

be going to 〜の疑問文には，be動詞を使ってYes（はい）/ No（いいえ）で答えます。be動詞の文のときと答え方は同じですよ。

Are you going to watch TV tonight?

（あなたは今夜テレビを見るつもりですか。）

— Yes, I am. （はい，見るつもりです。）

— No, I'm not. （いいえ，見るつもりではありません。）

be動詞が
あるから，
be動詞の文と
同じルール！

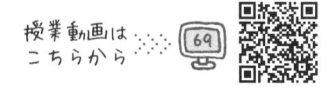

5 「何をするつもりですか」

授業動画は
こちらから ⋯⋯ 69

「**何をするつもりですか**」とたずねるときは，疑問詞のあとにbe going to 〜の疑問文を続け，What are you going to do?とします。答えるときも，be going to 〜を使います。

What are you going to do this weekend?

（あなたは今週末，何をするつもりですか。）

— I'm going to go shopping. （私は買い物に行くつもりです。）

ポイント be going to〜の文の形

【ふつうの文】 I am going to see my uncle tomorrow.
└be動詞は主語によってam, are, isを使い分ける。

【否定文】 I am not going to see my uncle tomorrow.
└be動詞のあとにnot。

【疑問文】 Are you going to see your uncle tomorrow?
└be動詞で文を始める。
— Yes, I am. / No, I'm not.

Check 1

解説は別冊p.13へ

____に適する語を書きましょう。

(1) I'm _____ _____ go shopping next Sunday.
（私は次の日曜日に買い物に行くつもりです。）

(2) Miyu is _____ _____ to _____ the book.
（美優はその本を読むつもりはありません。）

(3) _____ you _____ to join the party?
（あなたはパーティーに参加するつもりですか。）
— Yes, _____ _____.（はい，参加するつもりです。）

6 willの文

授業動画は
こちらから

未来のことを表すにはbe going to〜のほかに，**will**を使うこともあります。be going to〜と似ていますが, willはふつう**「〜でしょう」という予想や「〜します」という意思**を表します。willは助動詞なので，**使い方のルールはcanと同じ**（→p.66）です。willも主語によって形が変わることなく，あとには**必ず動詞の原形が続きます**。

【現在の文】Mai　plays the piano on Sundays.
↓ 動詞の前にwillを入れる　　　　　（真末は毎週日曜日にピアノを弾きます。）

【未来の文】Mai will play the piano next Sunday.
動詞を原形に
（真末は今度の日曜日にピアノを弾きます。）

補足 〈主語（代名詞）＋will〉は，しばしばI'llのように短縮形が用いられます。
I will→I'll　you will→you'll　we will→we'll　he will→he'll　she will→she'll　it will→it'll　they will→they'll

もっとくわしく willとbe going to〜のちがい
willとbe going to〜はどちらも未来を表しますが，be going to〜はすでに決めている予定，willはその場で決めたことについていうときによく使われます。

❼ willの否定文

71

willのあとにnotを入れることで，「〜しないでしょう」「〜しません」という意味を表す否定文になります。will notの代わりに，しばしば**won't**という短縮形が使われます。×*willn't*とはならないので注意が必要ですよ。

> I <u>won't</u> do my homework tomorrow. （私は明日は宿題をしません。）
> = will not

❽ willの疑問文

willの疑問文は，Willで文を始めます。「〜するでしょうか」「〜しますか」という意味を表します。主語がyouなら，**Will you 〜?**となります。

> Ken will call Jim later. （健はあとでジムに電話します。）
> willを主語の前に
> Will Ken call Jim later? （健はあとでジムに電話しますか。）

補足 Will you 〜?は「〜してくれませんか」の意味で依頼するときの表現（→Lesson 30）としても使われます。

🔵疑問文への答え方

willの疑問文には，willを使って答えます。「**はい**」なら**Yes, 〜 will.**の形，「**いいえ**」なら**No, 〜 will not [won't].**の形になります。

> Will the restaurant open next week? （レストランは来週開店しますか。）
> — Yes, it will. （はい，開店します。）
> — No, it will not [won't]. （いいえ，開店しません。）

Check 2

📖 解説は別冊p.14へ

____に適する語を書きましょう。

(1) Ken _____ be fourteen next week. （健は来週14歳になります。）

(2) I _____ read comic books tonight. （私は今夜マンガを読みません。）

(3) _____ it rain this afternoon? （今日の午後は雨が降るでしょうか。）
　　　— No, it _____ . （いいえ，降らないでしょう。）

授業動画は
こちらから >>> 72

➡ 解説は別冊p.14へ

1 次の〔　〕から適する語を選んで○をつけましょう。

(1) Rina is going to 〔 visits / visit / visiting 〕 her uncle this summer.

(2) 〔 Are / Is / Do 〕 your parents going to come to school tomorrow?

(3) Mr. Jackson will 〔 teaching / teach / teaches 〕 English.

(4) 〔 Do / Are / Will 〕 you be twelve years old next month?

2 次の日本文に合うように＿＿＿＿に適する語を書きましょう。

(1) 美咲はこの夏にオーストラリアを訪れる予定です。

　　Misaki ＿＿＿＿＿＿＿＿ ＿＿＿＿＿＿＿＿ to visit Australia this summer.

(2) 健と真衣は来週テニスをする予定です。

　　Ken and Mai ＿＿＿＿＿＿＿ going ＿＿＿＿＿＿＿ play tennis next week.

(3) 私は今夜テレビを見るつもりはありません。

　　I'm ＿＿＿＿＿＿＿ ＿＿＿＿＿＿＿ ＿＿＿＿＿＿＿ watch TV tonight.

3 次の対話文の＿＿＿＿に適する語を書きましょう。

(1) ＿＿＿＿＿＿＿ you be ＿＿＿＿＿＿＿ this weekend?

　　あなたは今週末, 忙しいですか。

　　— No, I ＿＿＿＿＿＿＿. いいえ, 忙しくありません。

(2) ＿＿＿＿＿＿＿ ＿＿＿＿＿＿＿ you going to do at the hall?

　　あなたはホールで何をするつもりですか。

　　— I'm ＿＿＿＿＿＿＿ ＿＿＿＿＿＿＿ see a play. 演劇を見るつもりです。

(3) ＿＿＿＿＿＿＿ ＿＿＿＿＿＿＿ the concert start?

　　コンサートはいつ始まりますか。

　　— It ＿＿＿＿＿＿＿ start soon. すぐに始まります。

4 次の〔　〕内の語 (句) を並べかえて, 日本文の意味を表す英文を作りましょう。

(1) 〔 are, what, to, going, in Australia, you, do 〕?

　　あなたはオーストラリアで何をするつもりですか。

　　→ ＿＿＿＿＿＿＿＿＿＿＿＿＿＿＿＿＿＿＿＿＿＿＿＿＿＿＿＿＿＿＿

(2) 〔 it, will, be, tomorrow, sunny 〕?　明日は晴れるでしょうか。

　　→ ＿＿＿＿＿＿＿＿＿＿＿＿＿＿＿＿＿＿＿＿＿＿＿＿＿＿＿＿＿＿＿

Lesson 14 いろいろな助動詞

助動詞とは？

助動詞とは動詞を助ける役目のことばでしたね。can（〜できる）を覚えていますか。Lesson13ではwillも勉強しましたね。ここでは，have to（〜しなければならない）とmust（〜しなければならない），should（〜すべきである）という助動詞の3つの仲間を紹介していきます。

1 いろいろな助動詞

授業動画は こちらから 73

これまでに，can（〜できる）とwill（〜でしょう）という2つの「**助動詞**」を勉強しました。助動詞とは，動詞を助けて意味を加えることばで，後ろには動詞の原形を続けることがポイントでした。覚えているでしょうか。（→Lesson10 p.67）

canやwill以外の助動詞には，次のようなものもあります。

> canの過去形couldや許可を表す助動詞mayは，Lesson 30で勉強するよ

・must（**〜しなければならない**）

・should（**〜すべきである，〜したほうがいい**）

そして，助動詞ではありませんが，mustと同じような意味を表して助動詞と似た働きをする，**have to（〜しなければならない）** という表現もあります。ここでは，これらの意味や使い方をくわしく見ていきましょう。

2 mustの文

授業動画は こちらから 74

「**〜しなければならない**」というときには，助動詞のmustを使って表します。助動詞のあとに続く動詞はいつでも原形でしたね。主語が3人称単数のときも，動詞は原形です。文の作り方はcanやwillのときと同じルールです。

> 動詞の前にmust
> Yuko must read this book.（優子はこの本を読まなければなりません。）
> 動詞は原形

🦠 mustの否定文

否定文は，**mustのあとにnot**を入れます。「**〜してはいけない**」という禁止の意味を表します。must notの短縮形mustn't［マスント］もよく使われます。

> You must not walk on the grass.（あなたは芝生の上を歩いてはいけません。）
> ＝mustn't

🦠 mustの疑問文と答え方

mustの疑問文は，**mustで文を始めて〈Must＋主語＋動詞の原形〜?〉の形**になります。「**〜しなければなりませんか**」という意味です。「**しなくてもよいです**」「**その必要はありません**」と答える場合は，**No, you don't have to.** のように，次のページで勉強する**have to**を使います。No, you must not.だと，「してはいけません」という意味になってしまいます。

> Must we clean the room?（私たちはその部屋をそうじしなければなりませんか。）
> — Yes, you must.（はい，しなければなりません。）
> — No, you don't have to.（いいえ，しなくてもよいです。）

Check 1

解説は別冊p.14へ

_____ に適する語を書きましょう。

（1） You _____ _____ quiet here. （あなたたちはここでは静かにしなければなりません。）

（2） Students _____ use the computer. （生徒たちはそのコンピューターを使ってはいけません。）

（3） _____ I bring the book? （私はその本を持ってこなければなりませんか。）
　　　 — Yes, you _____. （はい，しなければなりません。）

3 have to 〜の文

授業動画は
こちらから

have toは，1つのまとまりで**「〜しなければならない」**という意味を表します。haveの形は主語によって変わり，**主語が3人称単数のときはhas**になります。助動詞と同じように，have toやhas toのあとには必ず**動詞の原形**が続きます。

I have to **practice** the piano after school.
　　　　　　動詞は原形

（私は放課後ピアノの練習をしなければなりません。）

My mother **has to** **go** to the hospital.
　3人称単数　　　　　動詞は原形

（母は病院に行かなければなりません。）

もっとくわしく mustとhave toのちがい

mustもhave toも同じような意味を表しますが，mustが「しなければ」という話し手自身の気持ちを表すときによく使われるのに対して，have toは何か事情があって「しないわけにはいかない」というときによく使われます。

have to 〜の否定文

have to 〜の否定文は**「〜する必要はない」「〜しなくてもよい」**という意味になり，**have toの前にdon't[do not]**を入れて作ります。**主語が3人称単数の場合は，doesn't [does not]**を使います。否定文のときは，主語に関係なく必ずhave toになります。×doesn't _has_ to 〜としてはいけません。

I don't have to get up early. （私は早起きする必要はありません。）
Ken doesn't have to go to school on Saturdays.
　3人称単数　　　has toとしない

（健は毎週土曜日には学校に行く必要はありません。）

92　中学1・2年

have toとmustはほぼ同じ意味ですが，否定文は意味が異なるので注意しましょう。

ポイント **have to と must の否定文の意味のちがい**

否定文だと
全然ちがう
意味になるんだね

・don't have to ～　　　「～しなくてもよい」…不必要
・must not ～　　　　　「～してはいけない」…禁止

 ♣have to ～の疑問文と答え方

「～しなければなりませんか」とたずねるhave to ～の疑問文は，**Doで文を始めます。主語が3人称単数のときは，Does**を使います。一般動詞の疑問文と同じ作り方です。疑問文ではいつもhave toを使い，toのあとの動詞は必ず原形になります。

Shota has to practice tennis today.

（翔太は今日テニスを練習しなければなりません。）

↓ Doesを文の最初におく

Does Shota have to practice tennis today?
　　　　　　　has toとしない

（翔太は今日テニスを練習しなければなりませんか。）

have to ～の疑問文には，一般動詞の疑問文と同じようにdoやdoesを使って答えます。**No の答えは，「その必要はありません」「しなくてもよいです」**という意味になります。**「～してはいけません」という意味ではない**ので注意しましょう。

Does Jim have to finish his homework today?

（ジムは今日宿題を終わらせなければなりませんか。）

— Yes, he does. （はい，終わらせなければなりません。）
— No, he doesn't (have to). （いいえ，その必要はありません。）

Check 2

➡ 解説は別冊p.15へ

____に適する語を書きましょう。
（1）I _____ _____ finish my homework today.（私は今日宿題を終わらせなければなりません。）
（2）My father _____ to _____ on Saturdays.（私の父は毎週土曜日に働かなければなりません。）
（3）Nanami _____ _____ to help her mother.（七海は母を手伝う必要はありません。）
（4）_____ we _____ _____ speak English here?
（私たちはここでは英語を話さなければなりませんか。）
— No, you _____.（いいえ，その必要はありません。）

4 shouldの文

78

shouldは、「〜したほうがいい」「〜すべきである」という意味を表す助動詞です。can, will, mustと同じく、**あとには動詞の原形**が続きます。否定文や疑問文の作り方のルールも、ほかの助動詞と同じなので簡単です。

> You should eat a lot of vegetables. （あなたは野菜をたくさん食べるべきです。）

shouldの否定文・疑問文

「〜しないほうがよい」というときは、**shouldのあとにnot**を入れます。ここでも、**動詞は必ず原形**です。should notの短縮形**shouldn't**もよく使われます。

> You should not help him with his homework.
> ＝shouldn't
> （あなたは彼の宿題を手伝わないほうがよいです。）

「私は〜したほうがいいですか」とたずねるときには、Should I〜?といいます。ここでも、**動詞は必ず原形**です。答えるときも、shouldを使います。

> Should I take the bus? （私はバスに乗ったほうがいいですか。）
> — Yes, you should. （はい。） / No, you shouldn't. （いいえ。）

Check 3

📣解説は別冊p.15へ

____に適する語を書きましょう。

（1） You _____ read this book. （あなたはこの本を読むべきです。）

（2） Ken _____ watch TV tonight. （健は今夜テレビを見るべきではありません。）

（3） _____ I take an umbrella? （かさを持って行ったほうがいいですか。）
　　　 — Yes, you _____. （はい。）

Lesson 14 の 力だめし

1 次の [　　] 内から適する語を選んで○をつけましょう。

(1) My sister [have / has / must] to study English hard.

(2) Ryota should [see / sees / seeing] a doctor.

(3) [Must / Do / Are] you have to practice soccer every day?

2 次の日本文に合うように＿＿＿＿に適する語を書きましょう。

(1) あなたは机の上にすわってはいけません。

You ＿＿＿＿＿＿＿＿ sit on the desk.

(2) 私たちは図書館まで歩いていかなければなりませんか。

＿＿＿＿＿＿＿＿ we ＿＿＿＿＿＿＿＿ to walk to the library?

(3) いいえ，その必要はありません。((2)の答え)

No, you ＿＿＿＿＿＿＿＿.

3 次の文を [　　] 内の指示にしたがって書きかえましょう。

(1) You must buy a ticket. [「〜する必要はない」という意味の否定文に]

→ ＿＿＿＿＿＿＿＿＿＿＿＿＿＿＿＿＿＿＿＿＿＿＿＿＿＿＿＿

(2) Riko should use the computer. [否定文に]

→ ＿＿＿＿＿＿＿＿＿＿＿＿＿＿＿＿＿＿＿＿＿＿＿＿＿＿＿＿

(3) Daiki has to help his father. [疑問文に]

→ ＿＿＿＿＿＿＿＿＿＿＿＿＿＿＿＿＿＿＿＿＿＿＿＿＿＿＿＿

(4) Mr. Beck visits the city every year. [mustを入れた文に]

→ ＿＿＿＿＿＿＿＿＿＿＿＿＿＿＿＿＿＿＿＿＿＿＿＿＿＿＿＿

4 次の [　　] 内の語を並べかえて，日本文の意味を表す英文を作りましょう。

(1) [I, have, do, to, go, now, home]? 私は今，家に帰らなければなりませんか。

→ ＿＿＿＿＿＿＿＿＿＿＿＿＿＿＿＿＿＿＿＿＿＿＿＿＿＿＿＿

(2) [not, tomorrow, you, late, must, be]. あなたは明日は遅れてはいけません。

→ ＿＿＿＿＿＿＿＿＿＿＿＿＿＿＿＿＿＿＿＿＿＿＿＿＿＿＿＿

(3) [here, for, I, wait, him, should]? 私はここで彼を待ったほうがいいですか。

→ ＿＿＿＿＿＿＿＿＿＿＿＿＿＿＿＿＿＿＿＿＿＿＿＿＿＿＿＿

Lesson 15 接続詞

接続詞とは？

「接続」は「くっつける」という意味ですが，接続詞は文と文などをくっつける接着剤のようなものです。例えば，「宿題をしたので疲れた」の「ので」は，「宿題をした」という文と「疲れた」という文をくっつけていますね。ここでは，接続詞という接着剤の使い方を覚えましょう。

1 接続詞の２つの働き

これまでは，現在，過去，進行形など，いろいろな英文の作り方を学んできました。ここでは，語と語，語句と語句，文と文をつなぐ役目を持つ接続詞について学習しましょう。長い文には接続詞が使われている場合が多いので，意味と使い方を知っておくことが大事です。

接続詞は大きく分けて，and（～と…，そして），but（しかし），or（～または…，それとも），so（それで，だから）のように前後の語，語句，文を対等の関係で**つなぐ接続詞**と，that（～ということ），when（～のとき），if（もし～ならば），because（～なので，～だから）のように「接続詞＋文」の**カタマリを作ってつなぐ接続詞**があります。

2 つなぐ接続詞and，but，or，so

まずは，つなぐ接続詞and（～と…，そして），but（しかし），or（～または…，それとも），so（それで，だから）から学習しましょう。つなぐ接続詞を使うと，a pen and a pencil（ペンと鉛筆）のように語と語，語句と語句，文と文を対等の関係でつなげて１つにすることができます。

Kenta went home and watched TV.
　　　文　　　　　「そして」　文（主語のhe＝Kentaが省略されている）
　　　　　　　　　　　　　　　（健太は家に帰って，テレビを見ました。）

Misaki doesn't like vegetables, but she can eat carrots.
　　　　　　　　文　　　　　　　　「しかし」　　　文（前と反対の内容）
　　　　　（美咲は野菜は好きではありませんが，にんじんは食べることができます。）

Do you like rice or bread?
　　　　　　　語　「または」　語
　　　　　　（あなたはご飯が好きですか，それともパンが好きですか。）

I was sick, so I didn't go to school.
　　　文　　　　「それで」　　　文（前の文の結果）
　　　　　　　　（私は病気だったので，学校に行きませんでした。）

もっとくわしく 命令文のあとのand，but
命令文（Lesson3）のあとにandを続けると「～しなさい，そうすれば…」，orを続けると「～しなさい，そうしないと…」という意味になります。

Hurry up, and you can catch the bus.（急ぎなさい，そうすればバスに間に合いますよ。）
　　　　　　andのあとにくるのは「よいこと」が多い
Hurry up, or you will be late for school.（急ぎなさい，そうしないと学校に遅刻しますよ。）
　　　　　　orのあとにくるのは「よくないこと」が多い

ポイント！ つなぐ接続詞

- **and**…語と語，語句と語句，文と文を対等または順番につなげる。
- **but**…おもに文と文をつなげる。前の文と反対の内容をいうときに使う。
- **or** …おもに２つの語（句）をつなぎ，その中から選択させるときに使う。
- **so** …おもに文と文をつなげる。前の文の結果を表す文を続ける。

Check 1

👉 解説は別冊p.16へ

＿＿に適する語を書きましょう。

（1） Does your brother use the bus ＿＿＿＿＿＿ the train?
（あなたのお兄さんはバスを使いますか，それとも電車を使いますか。）

（2） I ate a lot, ＿＿＿＿＿＿ I'm not hungry.（私はたくさん食べたので，お腹はすいていません。）

（3） Hurry up, ＿＿＿＿＿＿ you will miss the bus.
（急ぎなさい，そうしないとバスに乗り遅れますよ。）

３ カタマリを作る接続詞

授業動画はこちらから 〔81〕 〔82〕 〔83〕

「私はアレックスを知っています」は，I know Alex.と表せます。簡単ですね。では，「私はアレックスが野球選手だと知っています」は，どう表せばよいのでしょうか。こんなときは，カタマリを作る接続詞を使って文と文をつなげばいいのです。

that（〜ということ）

thatは，あとに続く〈主語＋動詞〉とともに「**〜ということ**」という意味のカタマリを作ります。

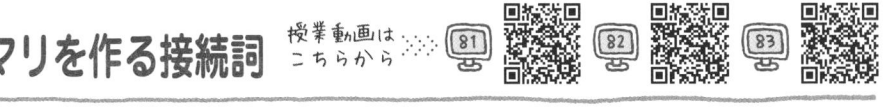

I know Alex . （私は アレックス を知っています。）
I know that Alex is a baseball player .
　　　　「〜ということ」の意味のカタマリ
　　　　（私は アレックスが野球選手だということ を知っています。）

接続詞thatを使うと，Alex is a baseball player.という文が「アレックスが野球選手だということ」というカタマリになり，I knowの文とつなぐことができます。

ですが，この**thatは省略することができます**。省略しても意味は同じです。I know he is a baseball player.のように，knowのあとにいきなり〈主語＋動詞〜〉がきた場合，**thatが省略されている**と考えましょう。

I think (that) 〜.（私は〜だと思う。），I hope (that) 〜.（私は〜だといいなと思う。）などでもthatが使われますが，どの場合も特に会話ではよく省略されます。

🎵 when（〜のとき）

whenは，あとに続く〈主語＋動詞〉といっしょに**「〜するとき」**という意味のカタマリを作ります。when 〜のカタマリは，文の後ろにも前にもおくことができます。文の前におく場合は，区切りにコンマ（，）を入れます。

My mother was cooking then .

（そのとき 母は料理していました。）

My mother was cooking when I came home .

「〜するとき」の意味のカタマリ

（私が帰宅したとき，母は料理していました。）

＝ When I came home , my mother was cooking.

↑コンマをつける

コンマを忘れないでね

接続詞whenを使うと，I came home.という文が「私が帰宅したとき」というカタマリになり，別の文とつながって時を表します。

🎵 if（もし〜ならば）

ifは，あとに続く〈主語＋動詞〉といっしょに**「もし〜ならば」**という意味のカタマリを作ります。if 〜のカタマリも，when 〜と同様に文の後ろにも前にもおくことができます。

Please watch the movie if you have time .

「もし〜ならば」の意味のカタマリ

（もし時間があるならば，その映画を見てください。）

＝ If you have time , please watch the movie.

↑コンマを忘れない

接続詞ifを使うと，you have timeという文が「もし時間があるならば」というカタマリになり，別の文とつながって条件を表します。

もっとくわしく 未来のことでも現在形

whenやifのあとの内容が未来のことを表すときでも，whenやifに続くカタマリの中の動詞は現在形を使います。

It will be dark when I come home.（私が家に帰るときには，暗くなっているでしょう。）

↑現在形を使う。

I won't go out if it rains tomorrow.（もし明日雨が降ったら，私は外出しません。）

↑現在形を使う。

（注意）×I *will come* や×it *will rain* とはしません。

🎵because（〜なので，〜だから）

becauseは，あとに続く〈主語＋動詞〉といっしょに「〜なので，〜だから」という意味のカタマリを作り，別の文とつながって理由を表します。because 〜のカタマリは文の前におかれることもありますが，ふつうは後ろにおきます。

I didn't play soccer | because I was tired |.
　　　　　　　　　　　　　　「〜なので」の意味のカタマリ
　　　　　　　　　　　　　（私は疲れていたので，サッカーをしませんでした。）

becauseは，Why 〜?（なぜ〜か。）の疑問文に対して理由を答えるときにも使われます。

Why do you like Amy?（あなたはなぜエイミーが好きなのですか。）
— Because she's kind.（なぜなら彼女は親切だからです。）
　↑文の最初にI like her（＝Amy）が省略されている

ポイント！ when, if, because の位置

〈文＋ 接続詞 ＋主語＋動詞〜 .〉，または〈 接続詞 ＋主語＋動詞〜, ＋文.〉の２つの表し方がある。接続詞のカタマリが前にあるときは，**コンマ**が必要。

もっとくわしく 接続詞before, after

カタマリをつくる接続詞にはほかに，before（〜する前に），after（〜したあとで）などがあります。これらは，前置詞としても使われます。
・Wash your hands before you eat.（食べる前に手を洗いなさい。）
・I studied after I called Grandma.（私はおばあちゃんに電話したあとで勉強しました。）

- -

Check 2

➡️解説は別冊p.16へ

____に適する語を書きましょう。

（1） My mother knows _____ I like cookies.
　　　（私の母は，私がクッキーが好きだということを知っています。）

（2） You can take that book _____ you are interested.
　　　（興味があれば，あなたはその本を持っていっていいですよ。）

（3） I stayed in bed _____ I was sick.
　　　（私は病気だったので，ベッドで寝ていました。）

（4） Why are you late?（なぜあなたは遅刻したのですか。）
　　　— _____ the bus was late.（バスが遅れたからです。）

Lesson 15 の 力だめし

授業動画は
こちらから

➡ 解説は別冊p.16へ

1 次の [ ] 内から適する語を選んで○をつけましょう。

(1) What was Paul doing [when / if / because] you visited him?

(2) Study hard, [and / but / or] you will get a good score.

(3) [If / But / Because] it doesn't rain tomorrow, let's play soccer.

(4) Kate went to bed [and / if / after] she took a bath.

2 次の日本文に合うように＿＿＿に適する語を書きましょう。

(1) 私のおじいさんは80歳ですが，本当に健康です。

My grandfather is 80 years old, ＿＿＿＿＿＿＿ he is really well.

(2) 私はあなたは歌が上手だと思います。

I think ＿＿＿＿＿＿＿ you are a good singer.

(3) 兄は電話に出なかったので，私は彼にEメールを送りました。

My brother didn't answer the phone, ＿＿＿＿＿＿＿ I sent him an e-mail.

3 次の [ ] 内の語（句）を並べかえて，日本文の意味を表す英文を作りましょう。

(1) I [have, see, a cold, because, I, will, a doctor].

かぜをひいているので私は医者にみてもらうつもりです。

→ ＿＿＿＿＿＿＿＿＿＿＿＿＿＿＿＿＿＿＿＿＿＿＿＿

(2) [sunny, tomorrow, it, be, hope, I, will].　明日は晴れればいいなと思います。

→ ＿＿＿＿＿＿＿＿＿＿＿＿＿＿＿＿＿＿＿＿＿＿＿＿

(3) [was, came home, watching, my mother, when, I] TV.

母が帰ってきたとき，私はテレビを見ていました。

→ ＿＿＿＿＿＿＿＿＿＿＿＿＿＿＿＿＿＿＿＿＿＿＿＿

4 次の日本文を英語に直しましょう。

(1) 私はあなたが沖縄出身だと知りませんでした。

→ ＿＿＿＿＿＿＿＿＿＿＿＿＿＿＿＿＿＿＿＿＿＿＿＿

(2) もし時間があるなら，この部屋を掃除してください。

→ ＿＿＿＿＿＿＿＿＿＿＿＿＿＿＿＿＿＿＿＿＿＿＿＿

Lesson 16 There is ～.

There is ～. の文とは？

「机の上に本がある」「部屋の中にネコがいる」など，「ある」「いる」を使って話すこともありますよね。英語ではThereで始めて，ちょっと変わったいい方をするんです。でも，難しくないのでだいじょうぶですよ。

1 「〜がある」「〜がいる」のいい方

授業動画は
こちらから

「机の上に本があります」,「部屋の中にネコがいます」のようないい方を, これから勉強します。「…に〜があります」「…に〜がいます」は, There is 〜.の文で表すことができます。

There is 〜.の文では, **主語がThere isの後ろにくる**のが大きな特徴です。**Thereは文の最初にありますが, 主語ではありません**。There isのあとの名詞が主語なので注意しましょう。Thereには特に意味はなく, 日本語には訳しません。また, 文の最後に「どこどこに」と場所を表す語句がよくきます。

There is a book on the desk. （机の上に本が〈1冊〉あります。）
　　　　主語　　　　　　場所を表す語句

上は主語が単数で現在の文ですが, 主語が複数の場合や「〜がいました」「〜がありました」という過去の文もThereで始めて表すことができます。では, 順番に見ていきましょう。

2 There is 〜.の文

まずは, 「〜があります, 〜がいます」, 「〜がありました, 〜がいました」という意味を表す文から学習しましょう。There is 〜.の文では, **主語の数（単数・複数）や現在か過去か**によって, **be動詞の形 (is, are, was, were) が変わる**のがポイントです。

「〜があります」「〜がいます」（現在）

「…に〜が（1つ）あります」「…に〜が（1人・1匹）います」は, 〈There is＋主語（単数名詞）＋場所を表す語句.〉で表します。There isの短縮形**There's**もよく使われます。

There is a cat in the room. （部屋の中に1匹のネコがいます。）
＝There's　主語（単数）　場所を表す語句

「2つのコップ」や「たくさんの絵」のように主語が複数のときは, **There are**を使います。〈There are＋主語（複数名詞）＋場所を表す語句.〉の形になります。後ろにくる主語によって, be動詞がisかareかに決まります。使い分けに注意しましょう。

There are a lot of pictures on the wall.
　　　　　主語（複数）　　　　場所を表す語句
　　　　　　　　　　　　　（壁にはたくさんの絵がかかっています。）

There is[are] 〜.の文は，主語がa bookやsome pensなど不特定のもののときに使います。主語がmy book（私の本）など特定のもののときは，〈主語＋be動詞＋場所を表す語句.〉で表します。

There is a book on the desk.（机の上に本があります。）…不特定の「本」
My book is on the desk.（私の本は机の上にあります。）…特定の「本」

♣「〜がありました」「〜がいました」（過去）

「…に〜がありました」「…に〜がいました」という過去のことを表すときは，主語が単数であればThere was 〜. を，複数であればThere were 〜.の文を使います。be動詞を過去形にするだけですね。

> There was <u>a dog</u> under the table ten minutes ago.
> 　　　　　主語（単数）
>
> （10分前にはテーブルの下に犬がいました。）
>
> There were <u>three students</u> by the window.
> 　　　　　主語（複数）
>
> （窓のそばに3人の生徒がいました。）

さてここで，よく使われる前置詞と場所を表す語句を確認しておきましょう。

ポイント 場所を表す語句

〈前置詞＋名詞〉の形になっていることに注意しましょう。

- in（〜の中に）　in the classroom（教室の中に），in my bag（私のかばんの中に）
- on（〜の上に，〜に接触して）　on the desk（机の上に），on the wall（壁に）
- under（〜の下に）　under the tree（木の下に），under the chair（いすの下に）
- by（〜のそばに）　by the window（窓のそばに），by the bed（ベッドのそばに）
- near（〜の近くに）near the station（駅の近くに），near here（この近くに）

Check 1

➡ 解説は別冊p.17へ

＿＿に適する語を書きましょう。

(1) ＿＿＿＿ ＿＿＿＿ a sofa in the living room.（居間にはソファーがあります。）
(2) ＿＿＿＿ ＿＿＿＿ some books on the desk.（机の上に何冊か本があります。）
(3) ＿＿＿＿ a tall tree in the park.（公園に高い木があります。）
(4) There ＿＿＿＿ a lot of flowers in the garden.（庭にはたくさんの花がありました。）
(5) ＿＿＿＿ ＿＿＿＿ a bag under the table yesterday.
　　（昨日，テーブルの下にかばんがありました。）

3 There is 〜.の否定文

次は，否定文です。「…に〜がありません」「…に〜がいません」を表すときは，**There isか There areのあとにnotを入れます**。ふつうのbe動詞の文と作り方は同じですね。
「…に〜がありませんでした」「…に〜がいませんでした」と過去のことをいう場合は，be動詞の過去形のwas，wereのあとにnotを入れればOKです。isn't，aren't，wasn't，weren'tという短縮形も使われます。

There is　　a clock in the classroom. （教室には時計があります。）

↓ be動詞のあとにnot

There is not a clock in the classroom. （教室には時計がありません。）
= There isn't / There's not

👥 「1つもありません」「1人もいません」

否定文では，しばしば**not any 〜**や**no 〜**が使われます。「1つも〔まったく〕ありません」「1人も〔まったく〕いません」という意味になります。noは「0個の」という意味だと考えるとわかりやすいでしょう。not anyのあとが**数えられる名詞**の場合はふつう**複数形**にします。1つもないという場合でも，複数形にするので注意しましょう。

There aren't any balls in the basket.
　　　　　　　　複数形
　　　　　　　　　　　　　（かごの中にはボールが1つもありません。）

There is no water in the bottle. （びんの中には水はまったくありません。）

Check 2
📢 解説は別冊p.17へ

＿＿に適する語を書きましょう。

（1） There ＿＿＿＿＿ a restaurant in my town.（私の町にはレストランはありません。）

（2） There ＿＿＿＿ ＿＿＿＿ a convenience store near my house a year ago.
（1年前は私の家の近くにコンビニはありませんでした。）

（3） There ＿＿＿＿＿ no CDs in this case.
（このケースの中にCDは1枚もありません。）

（4） There ＿＿＿＿＿ many children in the park yesterday.
（昨日，公園には子どもはたくさんはいませんでした。）

4 There is 〜.の疑問文

授業動画は
こちらから

最後は，疑問文について学びましょう。**「…に〜がありますか」「…に〜がいますか」**も，ふつうのbe動詞の疑問文と同じくbe動詞で文を始めます。現在のときは，主語が単数であればIs there 〜?で，複数であればAre there 〜?になります。過去のことをたずねる場合は，be動詞の過去形のWasかWereで始めればOKです。

There were many people in the amusement park.

be動詞をthereの前に　　　　　　　　　　　（遊園地にはたくさんの人がいました。）

Were there　　　　many people in the amusement park?

（遊園地にはたくさんの人がいましたか。）

疑問文への答え方

Is there 〜?などの疑問文には，thereを使って答えます。「はい」なら〈Yes, there＋be動詞.〉で，「いいえ」なら〈No, there＋be動詞＋not.〉になります。

Is there a restroom in this building? （この建物の中にトイレはありますか。）
— Yes, there is. （はい。） / No, there isn't. （いいえ。）

> **もっとくわしく** 「いくつありますか」とたずねる文
> 〈How many + 名詞の複数形 + are there + 場所を表す語句?〉の形で，「…にはいくつの〜がありますか〔何人の〜がいますか〕」という数をたずねる疑問文になります。
>
> How many students are there in your school? （あなたの学校には何人の生徒がいますか。）
> —There are about two hundred students. （約200人の生徒がいます。）

- -

Check 3

解説は別冊p.17へ

＿＿に適する語を書きましょう。

(1) ＿＿＿＿＿ there a post office near here? （この近くに郵便局はありますか。）
　　—Yes, ＿＿＿＿＿ ＿＿＿＿＿ . （はい，あります。）

(2) ＿＿＿＿＿ there any students in the classroom? （教室に生徒はいましたか。）
　　—No, ＿＿＿＿＿ ＿＿＿＿＿ . （いいえ，いませんでした。）

Lesson 16 の 力だめし

授業動画は
こちらから ···· 88

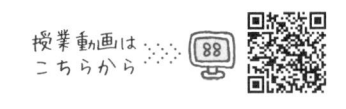

➡ 解説は別冊p.17へ

1 次の［　　］内から適する語を選んで○をつけましょう。

(1) There ［ is / am / are ］ a cup on the table.

(2) There ［ was / is / are ］ not any bicycles by the building.

(3) ［ Are / Were / Was ］ there many baby monkeys at the zoo last year?

(4) There ［ is / are / were ］ some people in the gym 20 minutes ago.

(5) There are ［ no / aren't / any ］ pens in this box.

2 次の日本文に合うように_____に適する語を書きましょう。

(1) 私の部屋にはコンピューターが1台あります。

_____ _____ computer in my room.

(2) この通りには昔，1軒の書店がありました。

_____ _____ a bookstore on this street a long time ago.

(3) 駅の近くにはたくさんの人がいましたか。

_____ _____ many people _____ the station?

(4) いいえ，いませんでした。((3)の答え)

No, _____ _____.

3 次の文を［　　］内の指示にしたがって書きかえましょう。

(1) There is a picture on the wall. ［ a を a lot of にかえて］

There _____ a lot of _____ on the wall.

(2) There is a stadium in this town. ［否定文に］

There _____ _____ a stadium in this town.

(3) There were no students in the gym. ［ほぼ同じ内容を表す文に］

There _____ _____ students in the gym.

4 次の［　　］内の語（句）を並べかえて，日本文の意味を表す英文を作りましょう。

(1) ［ Kyoto, there, temples, many, in, are ］. 京都にはたくさんのお寺があります。

→ _____

(2) ［ the airport, planes, were, any, there, at ］?

空港には飛行機がありましたか。

→ _____

Lesson 17 〈to＋動詞の原形〉(1)

〈to＋動詞の原形〉とは？

「to＋動詞の原形」ってどういう意味？…と聞かれると答えるのは難しいのですが、入試によく出るのでこの形はしっかり覚えておきましょう。「to＋動詞の原形」は、1つのカタマリで名詞や形容詞，副詞と同じ働きをします。不思議ですね。

1 〈to＋動詞の原形〉の基本的な用法

授業動画は
こちらから 89

動詞は「〜する」や「〜である」など，動作や状態を表すものですね。その動詞にちょっと
つけ足して，「〜すること」や「〜するための」などの意味を表せるのが，今回学ぶ〈to＋
動詞の原形〉です。〈to＋動詞の原形〉の基本的な3つの用法と4つの意味をまとめました。

〈to＋動詞の原形〉の3つの用法と4つの意味

> Lesson25でも
> 〈to＋動詞の原形〉
> を勉強するけど，
> この3つの用法が
> 基本になるマル

用法①： 「〜すること」 （例）歌うことが好きです。

用法②： 「〜するための」「〜するべき」 （例）電車で読むための本が欲しい。

用法③
- 「〜するために」 （例）サッカーをするために公園に行きます。
- 「〜して」 （例）その話を聞いて驚きました。

補足 〈to＋動詞の原形〉は不定詞または，to不定詞とも呼ばれます。

主語や現在・過去に関係なく，**toのあとの動詞は必ず原形**にします。
意味は，「〜すること」「〜するための」「〜するために」「〜して」の4つです。それぞれ，文
中での使われ方によって意味が異なります。これから1つずつちゃんと説明しますが，自分
で「どの意味で使われているか？」というのを見分けられるようになりましょう。

2 「〜すること」の意味を表す用法

授業動画は
こちらから 90

まずは，「〜すること」という意味の〈to＋動詞の原形〉です。名詞と同じような働きをする
ので，**名詞的用法**とも呼ばれます。**like to 〜（〜することが好きだ）**を例に見てみましょう。

Jim likes pictures. （ジムは 写真 が好きです。）
名詞「写真」

Jim likes to take pictures. （ジムは 写真を撮ること が好きです。）
〈to＋動詞の原形〉「写真を撮ること」

wantは「ほしい，望む」の意味なので，**wantのあとに〈to＋動詞の原形〉を続けると**，「〜
することがほしい」→「〜したい」という意味になります。

Jim wants to take pictures. （ジムは 写真を撮り たいと思っています。）
〈to＋動詞の原形〉「写真を撮ること」

「(将来)～になりたい」というときは，be動詞の原形を使って**want to be ～**と表します。このbeは，「(～に)なる」という意味です。

Jim wants |to be a photographer|.
〈to＋動詞の原形〉「写真家になること」

（ジムは|写真家になり|たいと思っています。）

 〈to＋動詞の原形〉があとに続く動詞

want, like以外に〈to＋動詞の原形〉があとに続く動詞には，次のようなものがあります。訳し方にも注意しましょう。

- start to ～（～し始める）　・begin to ～（～し始める）
- need to ～（～する必要がある）　・try to ～（～しようとする）

もっとくわしく be動詞のあとにくる〈to＋動詞の原形〉

名詞と同じ働きをする〈to＋動詞の原形〉は，be動詞のあとにくることもあります。ただし，主語として文の最初にくることはあまりありません。

My dream is to live in Canada.（私の夢はカナダに住むことです。）

Check 1

解説は別冊p.18へ

____に適する語を書きましょう。

(1) I _____ _____ eat a hamburger.（私はハンバーガーが食べたい。）
(2) Yumi _____ _____ _____.（由美は料理をすることが好きです。）
(3) He _____ _____ _____ new shoes.（彼は新しいくつを買う必要がありました。）

---

3 「～するための」の意味を表す用法

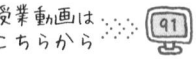

次に，「～するための」の意味の〈to＋動詞の原形〉です。「電車で<u>読むための本</u>」や「冬に<u>着るためのコート</u>」など，名詞に動作を伴う説明を加えるための〈to＋動詞の原形〉です。名詞に説明を加えるものを形容詞といいましたね（→p.42）。この〈to＋動詞の原形〉は，形容詞と同じような働きをするので**形容詞的用法**とも呼ばれます。形容詞と見比べてみましょう。

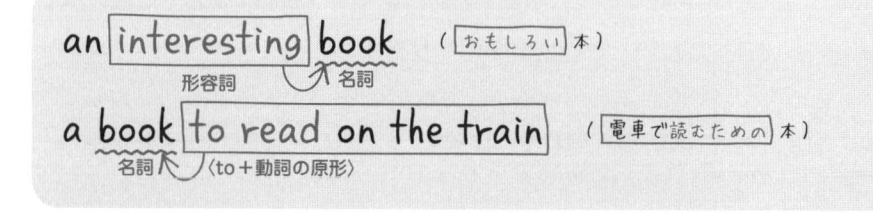

前のページのように，形容詞は名詞の前にきますが，〈to＋動詞の原形〉は名詞のすぐ後ろにきて，名詞に説明を加えます。では，英文で見てみましょう。

Amy has a lot of homework to do .
名詞「宿題」　〈to＋動詞の原形〉「するべき」
（エイミーには するべき 宿題がたくさんあります。）

Amy didn't have time to watch TV .
名詞　〈to＋動詞の原形〉「テレビを見るための」
（エイミーには テレビを見る 時間がありませんでした。）

2文とも，〈to＋動詞の原形〉が名詞に後ろから説明を加えています。「～するための」と訳しにくいときは，「～すべき」や「～する」など，英文に応じて自然な日本語に訳しましょう。

Check 2

解説は別冊p.19へ

＿＿に適する語を書きましょう。
（1）　We had a lot of time ＿＿＿＿＿ ＿＿＿＿＿ the game.
　　　（私たちはそのゲームをする時間がたくさんありました。）
（2）　It's time ＿＿＿＿＿ ＿＿＿＿＿ to bed, Jim.（ジム，寝る時間ですよ。）
（3）　We bought some magazines ＿＿＿＿＿ ＿＿＿＿＿ on the train.
　　　（私たちは電車で読むための雑誌を買いました。）

「何か～するもの」

授業動画はこちらから 92

「～するための」という意味を表す〈to＋動詞の原形〉は，something（何か）などthingのつく代名詞とよくいっしょに使われます。something to ～で，「～するための何か」→「何か～するもの」という意味になります。次の表現をそのまま覚えてしまいましょう。

something to drink （飲むための何か→何か飲むもの）
「何か」　〈to＋動詞の原形〉「飲むための」

上の表現は，ひとつのカタマリとして，文の中でふつうの名詞と同じように使うことができます。下の文では，一般動詞wantの目的語として使われています。

I want something to drink. （私は何か飲むものがほしいです。）

次に「何もすることがない」や「何かすることがありますか」のような否定文や疑問文の表し方を見てみましょう。否定文や疑問文では，ふつうsomethingではなく**anything**を使います。Lesson 4（p.34）で勉強したsomeとanyの使い方と同じルールです。覚えていますか。

【否定文】 I don't have anything to do.

（私は何もすることがありません。）

【疑問文】 Do you have anything to do?

（あなたは何かすることがありますか。）

補足 相手に飲みものなどをすすめるときは，疑問文でもふつうsomethingを使います。
Would you like something to drink?（何か飲みものはいかがですか。）

「何もすることがない」のような文は，**nothing**（何も～ない）を使って表すこともできます。
nothingは「0個のもの」というような意味なので，I don't have anything to do.は下のように書きかえられます。

I have nothing to do. （私は何もすることがありません。）

もっとくわしく somethingを形容詞といっしょに使うとき
「何か冷たいもの」のように，somethingについて説明したいとき，something coldのように説明する形容詞は後ろにくるというルールがあります。さらに，「何か冷たい飲みもの」といいたいときは，something cold to drinkと〈something ＋ 形容詞〉の後ろに〈to＋動詞の原形〉をおきます。anythingやnothingを使う場合も，同じ語順になります。

I want something cold to drink.（何か冷たい飲み物がほしいです。）
形容詞〈to＋動詞の原形〉

Check 3

解説は別冊p.19へ

____に適する語を書きましょう。

（1） This dog needs _____ _____ _____.
（この犬は何か食べるものが必要です。）

（2） I don't have _____ _____ _____ this afternoon.
（私は今日の午後，何もすることがありません。）

（3） There is _____ _____ _____ in the refrigerator.
（冷蔵庫には何も飲むものがありません。）

4 「～するために」,「～して」を表す用法

最後に,「～するために」,「～して」を表す〈to＋動詞の原形〉について学習しましょう。

「～するために」（動作の目的）

「図書館に行った」という文に,「本を借りるために」というような**行動（動作）の目的をつけ加える**ときには,〈to＋動詞の原形〉を使って表すことができます。

Mai went to the library. （真衣は図書館に行きました。）

Mai went to the library to borrow the book .
〈to＋動詞の原形〉（行動の目的）

（真衣は その本を借りるために 図書館に行きました。）

Mai went to the library to study history .
〈to＋動詞の原形〉（行動の目的）

（真衣は 歴史を勉強するために 図書館に行きました。）

このようなある行動や動作に,「何のためにするのか」という情報をつけ足して説明する〈to＋動詞の原形〉を**副詞的用法**といいます。

Why ～?に答える〈to＋動詞の原形〉

Why did you go to the library?（あなたはなぜ図書館に行ったのですか。）などのWhy ～?の疑問文に**目的を答える**とき, To study.（勉強するためです。）のように〈to＋動詞の原形〉を使っていうことができます。つまり, Why ～?に答えるときは, 接続詞becauseを使う場合（p.100）と〈to＋動詞の原形〉を使う場合があります。

Why does he get up early? （なぜ彼は早起きするのですか。）

— To make breakfast. （朝食を作るためです。）

— Because he makes breakfast. （彼は朝食を作るからです。）

↑どちらの文もHe gets up earlyが省略されている。

Check 4

解説は別冊p.19へ

　　　____に適する語を書きましょう。

（1）　He went to the U.S. _____ _____ English.

　　　（彼は英語を学ぶためにアメリカに行きました。）

（2）　I get up early _____ _____ every morning.

　　　（私は毎朝，走るために早起きします。）

（3）　Jim visited Kyoto _____ _____ a friend.

　　　（ジムは友達に会うために京都を訪れました。）

🎱「～して」（感情の原因）

「私は幸せです」という文に「あなたといっしょにいて」というような感情の原因をつけ加えるときにも，〈to＋動詞の原形〉を使って表します。感情を表す形容詞のあとに〈to＋動詞の原形〉があれば，「～して」という意味になります。

I'm happy.（私は幸せです。）

I'm happy to be with you.（私はあなたといっしょにいて幸せです。）

感情を表す形容詞　〈to＋動詞の原形〉（感情の原因）

🎱〈感情を表す形容詞＋to＋動詞の原形〉

感情を表す形容詞と〈to＋動詞の原形〉を組み合わせた表現には，次のようなものがあります。

セットにして覚えておきましょう。

- be happy to～（～して幸せだ）
- be sorry to～（～して残念だ）
- be glad to～（～してうれしい）
- be sad to～（～して悲しい）
- be surprised to～（～して驚く）
- be excited to～（～して興奮した）

Check 5

解説は別冊p.19へ

　　　____に適する語を書きましょう。

（1）　I'm happy _____ _____ here.（私はここに来られて幸せです。）

（2）　We were sorry _____ _____ the news.（私たちはその知らせを聞いて残念でした。）

（3）　She was surprised _____ _____ a lion.（彼女はライオンを見て驚きました。）

Lesson 17 の 力だめし

授業動画は
こちらから ▶▶▶ 95

▶ 解説は別冊p.19へ

1 次の日本文に合うように＿＿＿＿＿に適する語を書きましょう。

(1) ケビンはこの夏ハワイを訪れたいと思っています。

Kevin wants ＿＿＿＿＿＿＿＿ ＿＿＿＿＿＿＿ Hawaii this summer.

(2) 私は今日テニスをしに公園へ行きました。

I went to the park ＿＿＿＿＿＿＿ ＿＿＿＿＿＿＿ tennis today.

(3) 私たちは今することが何もありません。

We have ＿＿＿＿＿＿＿ ＿＿＿＿＿＿＿ ＿＿＿＿＿＿＿ now.

2 次の英文の意味を完成させましょう。

(1) My mother likes to cook.

私の母は（ 　　　　　　　　　　　　　）。

(2) Amy has a lot of books to read.

エイミーには（ 　　　　　　　　　　　　）あります。

(3) My grandfather went to the hospital to see a doctor.

私の祖父は（ 　　　　　　　　　　　　　）病院へ行きました。

3 次の［　　］内の語(句)を並べかえて，日本文の意味を表す英文を作りましょう。

(1) It ［ rain, to, hard, began ］. 雨が激しく降り始めました。

→ ＿＿＿＿＿＿＿＿＿＿＿＿＿＿＿＿＿＿＿＿＿＿＿＿＿

(2) We ［ the story, hear, were, to, sad ］ yesterday.

私たちは昨日その話を聞いて悲しかった。

→ ＿＿＿＿＿＿＿＿＿＿＿＿＿＿＿＿＿＿＿＿＿＿＿＿＿

(3) Do you have ［ to, interesting, read, anything ］?

何かおもしろい読むものはありますか。

→ ＿＿＿＿＿＿＿＿＿＿＿＿＿＿＿＿＿＿＿＿＿＿＿＿＿

4 次の日本文を英語に直しましょう。

(1) 私にはテレビを見る時間がありません。

→ ＿＿＿＿＿＿＿＿＿＿＿＿＿＿＿＿＿＿＿＿＿＿＿＿＿

(2) 私は将来教師になりたいです。　　　　　　　　　　将来：in the future

→ ＿＿＿＿＿＿＿＿＿＿＿＿＿＿＿＿＿＿＿＿＿＿＿＿＿

〈to＋動詞の原形〉(1) **115**

Lesson 18 動名詞

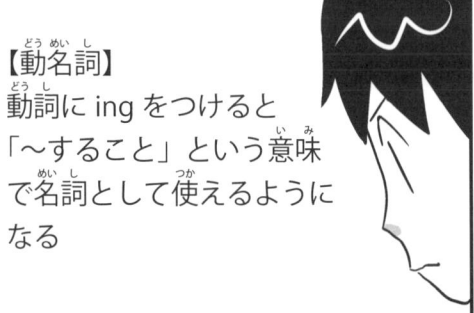

【動名詞】
動詞に ing をつけると
「〜すること」という意味
で名詞として使えるように
なる

【我が家のカラアゲ】
ちくわに衣をつけて
揚げるとジューシーで
アツアツのカラアゲ
として食べられる
ようになる

カラアゲよー♡

役割が変化することも
あるってことだよ…
そうだろう…

ふっ

カラアゲ
おいしいかい？

もぐもぐ

うん…

もぐ

エイゴは
ちくわをずっと
本物のトリのカ
ラアゲだと思っ
てたマルね

動名詞を
体で理解したマルね

動名詞とは？

「写真を撮る」の「写真」は名詞，「撮る」は動詞（これはだいじょうぶですね）
です。では，「写真を撮ることが好き」の「撮ること」は動詞ですか，それとも
名詞ですか？…正解は「動名詞」。ここでは，動詞・名詞の両刀使いの動名
詞について勉強しましょう。

① 動詞が名詞化した動名詞

「〜すること」を表す動詞のing形は、「動名詞」と呼ばれます。この呼び方からわかるように、**動名詞とは動詞が名詞化したもの**です。ingのつけ方は進行形 (p.62) のときと同じです。

動名詞はよく一般動詞のあとにきますが、主語になったり、be動詞のあとにきたりすることもあります。ここでは、名詞的用法の〈to＋動詞の原形〉とのちがいにも注目しながら、動名詞について学習しましょう！

② 動名詞の働き

授業動画は
こちらから

🎯 一般動詞のあとにくるとき（動詞の目的語になるとき）

「〜することが好きです」は、〈to＋動詞の原形〉を使って、I like to run.のように表しましたね。これとほぼ同じ内容を、動詞のing形を使って表すことができます。

> I like to run. （私は走ることが好きです。）
> 　　　〈to＋動詞の原形〉
> I like running. （私は走ることが好きです。）
> 　　　動名詞

likeのほかにも、動名詞とよくいっしょに使われる動詞には次のようなものがあります。

- start［begin］〜ing（〜することを始める→〜し始める）
- enjoy 〜ing（〜することを楽しむ→楽しんで〜する）
  ×enjoy to 〜とはいいません。
- finish 〜ing（〜することを終える→〜し終える）
  ×finish to 〜とはいいません。
- stop 〜ing（〜することをやめる）　×stop to 〜

like, start, beginは動名詞も〈to＋動詞の原形〉もあとに続けることができますが、enjoy, finish, stopは**動名詞しか目的語にとれません**。反対に、wantやhopeなどは〈to＋動詞の原形〉しか目的語にとれないので、注意しましょう。

- want to〜（〜したい）　×want 〜ing
- hope to〜（〜することを望む）　×hope 〜ing

🎣主語になるとき

動名詞は，文の最初にきて「〜することは」という主語になることもあります。下の文では，Taking picturesという1つのカタマリが主語になっています。主語になる動名詞は**単数扱い**なので，be動詞は**is**や**was**を使います。

Taking pictures is fun. (写真を撮ること は楽しい。)

↑picturesにつられて×areとしない。

もっとくわしく　be動詞のあとにくる動名詞

名詞的用法の〈to＋動詞の原形〉と同じように，動名詞はbe動詞のあとにくることもあります。be動詞のあとに動名詞があるときは，見た目は進行形と同じになってしまいます。主語に注目して見分けられるようにしましょう。

My hobby is collecting postcards . (私の趣味は 絵はがきを集めること です。)

🎣前置詞のあとにくるとき

inやatなどの前置詞は，名詞や代名詞の前に置いて意味を加えるものでしたね。**前置詞のあとには動名詞**も続けられます。〈to＋動詞の原形〉は続けられません。

Don't go to school without having breakfast.

前置詞「〜しないで」　　　↑haveの動名詞
（朝食を食べないで学校に行ってはいけません。）

そのほか〈前置詞＋動名詞〉の組み合わせには，次のようなものがあります。

- be good at 〜ing（〜するのが得意だ）
- be interested in 〜ing（〜することに興味がある）
- How about 〜ing?（〜するのはどうですか。）
- Thank you for 〜ing.（〜してくれてありがとう。）
- look forward to 〜ing（〜するのを楽しみに待つ）

- -

Check

解説は別冊p.20へ

____に適する語を書きましょう。

(1) My mother finished _____ spaghetti. (母はスパゲティーを料理し終えました。)

(2) _____ English songs _____ fun. (英語の歌を歌うことは楽しいです。)

(3) Rick's hobby is _____ Japanese. (リックの趣味は日本語を学ぶことです。)

授業動画は
こちらから　99

➡ 解説は別冊p.20へ

1 次の〔　　〕内から適する語を選んで○をつけましょう。

(1) We often enjoy 〔 play / playing / to play 〕 video games.

(2) Helping your parents 〔 is / are / be 〕 important.

(3) Bill finished 〔 to read / reads / reading 〕 the book.

(4) I'm good at 〔 make / making / to make 〕 cookies.

2 次の日本文に合うように＿＿＿に適する語を書きましょう。

(1) 話すのをやめて聞いてください。

　　Please ＿＿＿＿＿＿＿＿ ＿＿＿＿＿＿＿＿ and listen to me.

(2) 私の姉は海外ドラマを見ることが好きです。

　　My sister likes ＿＿＿＿＿＿＿＿ foreign dramas.

(3) 私はキーボードを見ないで文字を打ち込むことができます。

　　I can type without ＿＿＿＿＿＿＿＿ at the keyboard.

3 次の〔　　〕内の語(句)を並べかえて，日本文の意味を表す英文を作りましょう。

(1) 〔 cleaning, Mai, room, her, finished 〕．　真衣は部屋を掃除し終えました。

　　→

(2) 〔 in the park, you, walking, did, enjoy 〕 yesterday?
　　あなたは昨日公園で散歩を楽しみましたか。

　　→

(3) 〔 did, practicing, you, when, the piano, start 〕．
　　あなたはいつピアノの練習を始めましたか。

　　→

4 次の英文を日本語に直しましょう。

(1) My job is teaching English to children.

　　→

(2) Tom left without saying goodbye.

　　→

(3) How about playing tennis together next week?

　　→

Lesson 19 比較(1)

英語の比較表現

「このスカートのほうが大きいよ」「彼がいちばん速く走れるな」…ものや人を比べることって多いですよね。英語で比較する文を作るときは，「大きい」や「速く」のような形容詞や副詞の形を変える必要があります。どんなふうに変わるのでしょうか。

1 比較級の文と最上級の文

授業動画は こちらから

日本語でも，いろいろなものや人を比べるときがありますよね。もちろん，英語にも比べる（比較する）表現があります。英語では，「大きい」のような**様子・状態を表すことば（形容詞）**や「速く」のような**動詞に情報をプラスすることば（副詞）**の形が変化します。

2つ［2人］を比べて「**AはBよりも～だ**」というときは形容詞・副詞の形を**比較級**に，3つ［3人］以上を比べて「**Aが…の中でいちばん～だ**」というときは**最上級**にします。ちなみに，もとの形は**原級**といいます。

【比較級の文】 **I am taller than Jim.**
tallの比較級「より背が高い」 （ぼくのほうがジムよりも背が高い。）

【最上級の文】 **I am the tallest of the three.**
tallの最上級「いちばん背が高い」
（ぼくは3人の中でいちばん背が高い。）

比較級の文では形容詞tall（背が高い）がtaller，最上級ではtallestの形に変わっているのがわかりますね。このレッスンでは，形容詞や副詞の形の変化と，比較級と最上級を使うときのルールについて学習します。

2 …よりも～だ（比較級の文）

授業動画は こちらから

2つ［2人］を比べて一方が「…よりも～だ」というときは，tallerのように，**もとの形にer をつけた比較級**を使います。「…よりも」と比べる相手・対象は**than …**で表し，比較級のすぐあとにおきます。形容詞でも副詞でも，〈**比較級＋than …**〉のセットで使うことを覚えておきましょう。

【ふつうの文】 **This shirt is large.** （このシャツは大きい。）

【比較級の文】 **This shirt is larger than that one.**
形容詞の比較級 └「…よりも」
（このシャツはあのシャツよりも大きい。）

【ふつうの文】 **Ken can run fast.** （健は速く走ることができます。）

【比較級の文】 **Ken can run faster than Jim.**
副詞の比較級 └「…よりも」
（健はジムよりも速く走ることができます。）

3 …の中でいちばん〜だ（最上級の文）

授業動画は
こちらから　102

102

3つ[3人]以上のもの[人]を比較して「…の中でいちばん〜だ」というときは，tallestのように，**もとの形にestをつけた最上級**を使います。最上級の前には，ふつうtheをつけます。また，最上級の文で「…の中で」は，ofやinを使って表します。of all（すべての中で），of the four（4人の中で）など「（複数のものや人）の中で」はofを，in my family（家族の中で），in Japan（日本で）など「（範囲や場所）の中で」はinを用います。

【ふつうの文】 This computer is old.（このコンピューターは古い。）

【最上級の文】 This computer is the oldest of the three.
　　　　　　　　　　　　　　　　　　　最上級　　　　　　複数を表す
　　　　　　　　　　　　　　（このコンピューターは3台の中でいちばん古い。）

【最上級の文】 Ken runs the fastest in his class.
　　　　　　　　　　　　　最上級　　　　　範囲を表す
　　　　　　　　　　　　　（健はクラスの中でいちばん速く走ります。）

ポイント 「…よりも〜だ」「…の中でいちばん〜だ」

・2つを比べて「…よりも〜だ」→〈比較級（〜erの形）＋than …〉
・3つ以上を比べて「…の中でいちばん〜だ」
　→〈the＋最上級（〜estの形）＋of[in] …〉
　「…の中で」 { 〈of＋複数を表す語句〉
　　　　　　　　〈in＋場所や範囲を表す語句〉

4 比較級・最上級の作り方①

授業動画は
こちらから　103
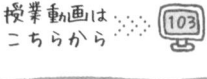

103

比較級はer，最上級はestで終わるのが基本ですが（①〜④），このルールがあてはまらない⑤のような語もあります。正確に覚えましょう。

① 基本の作り方（er, estをつけるもの）

ほとんどの語は，もとの形の語尾にerをつければ比較級，estをつければ最上級になります。

原級	比較級	最上級
long（長い）	longer	longest
small（小さい）	smaller	smallest

② rまたはstだけをつける語

最後がeで終わる語は, 比較級はr, 最上級はstだけをつけます。

原級	比較級	最上級
large (大きい)	larger	largest
nice (すてきな)	nicer	nicest

③ 最後の1文字を重ねてer, estをつける語

bigやhotは, 最後の1文字 (gやt) を重ねてからer, estをつけます。

原級	比較級	最上級
big (大きい)	bigger	biggest
hot (熱い, 暑い)	hotter	hottest

③はこの2つを覚えておけばOKだよ。

④ 最後のyをiに変えてerをつける語

最後がyで終わる語は, yをiに変えてer, estをつけます。

原級	比較級	最上級
easy (簡単な)	easier	easiest
busy (忙しい)	busier	busiest
early (早く)	earlier	earliest

happy (幸せな) や pretty (きれいな) も同じ仲間だよ。

⑤ 不規則に変化する語

数は少ないですが, erやestをつけないで不規則に変化する語もあります。次の4つを覚えましょう。

原級	比較級	最上級
good (よい) well (上手に)	better	best
many (多数の) much (多量の)	more	most

Check 1

➡ 解説は別冊p.21へ

____に適する語を書きましょう。

（1） This pencil is _____ _____ mine.（この鉛筆は私のよりも長い。）

（2） Your bag is _____ _____ of all.（あなたのかばんがすべての中でいちばん大きい。）

（3） My mother is the _____ _____ my family.（私の母は家族の中でいちばん忙しい。）

5 比較級・最上級の作り方②

授業動画は
こちらから ・・・・ 104

比較級・最上級には，erやestをつけるほかに，もう1つパターンがあります。beautiful（美しい）やpopular（人気がある）など，つづりが長めの語にはerやestをつける代わりに，moreやmostをつけ加えます。more popular, most popularのように，原級（もとの形）の前におきます。×*popularer*などとするのはまちがいです。

【ふつうの文】	Soccer is popular.（サッカーは人気があります。）
【比較級の文】	Soccer is <u>more popular</u> than baseball in my class.
	比較級　　　　「…よりも」
	（私のクラスではサッカーは野球よりも人気があります。）
【最上級の文】	Soccer is the <u>most popular</u> in my class.
	最上級
	（サッカーは私のクラスではいちばん人気があります。）

今までと同じように，「～よりも」のthan ～や，最上級の前につけるtheを忘れないようにしましょう。

注意 er/estとmore/mostはどちらかしか使いません。×*more taller*や×*most tallest*などとしないように。

more や most を使う語

beautifulやpopularのほかにも，moreやmostをつける語があります。下にまとめたものは全部覚えてしまいましょう。

- useful（役に立つ）
- important（重要な）
- expensive（高価な）
- exciting（わくわくさせる）
- slowly（[副詞]ゆっくりと）
- quickly（[副詞]すばやく）

- famous（有名な）
- difficult（難しい）
- interesting（おもしろい）

- carefully（[副詞]注意深く）

Check 2

解説は別冊p.22へ

____に適する語を書きましょう。

(1) I think Japanese is _____ _____ than English.
（私は，日本語は英語よりも難しいと思います。）

(2) She's _____ _____ famous singer in that country.
（彼女はその国で最も有名な歌手です。）

Lesson 19 の 力だめし

➡ 解説は別冊p.22へ

🖥105

1 次の表の（　）に適する語を書きましょう。

原級	比較級	最上級
large	(1) （　　　　）	largest
big	bigger	(2) （　　　　）
high	higher	(3) （　　　　）
busy	(4) （　　　　）	busiest
good	(5) （　　　　）	(6) （　　　　）
famous	(7) （　　　　） famous	(8) （　　　　） famous

2 次の日本文に合うように＿＿＿＿に適する語を書きましょう。

(1) この問題は次の問題よりも簡単です。

This question is ＿＿＿＿＿＿＿＿ ＿＿＿＿＿＿＿＿ the next one.

(2) このカードは10枚の中でいちばん高価です。

This card is ＿＿＿＿＿＿＿ ＿＿＿＿＿＿＿ expensive ＿＿＿＿＿＿＿ the ten.

(3) 私の父は家族の中でいちばん早く起きます。

My father gets up the ＿＿＿＿＿＿＿＿＿ ＿＿＿＿＿＿＿＿ my family.

3 次の文を [　　] 内の指示にしたがって書きかえましょう。

(1) Love is important. [than money を加えて比較級の文に]

→ ＿＿＿＿＿＿＿＿＿＿＿＿＿＿＿＿＿＿＿＿＿＿＿＿＿＿＿＿＿＿＿＿

(2) This movie is interesting. [of all movies を加えて最上級の文に]

→ ＿＿＿＿＿＿＿＿＿＿＿＿＿＿＿＿＿＿＿＿＿＿＿＿＿＿＿＿＿＿＿＿

4 次の英文を日本語に直しましょう。

(1) Amy can play tennis better than Kate.

→ ＿＿＿＿＿＿＿＿＿＿＿＿＿＿＿＿＿＿＿＿＿＿＿＿＿＿＿＿＿＿＿＿

(2) Mt. Fuji is the highest mountain in Japan.

→ ＿＿＿＿＿＿＿＿＿＿＿＿＿＿＿＿＿＿＿＿＿＿＿＿＿＿＿＿＿＿＿＿

Lesson 20 比較(2)

そのほかの比較表現

ここでは、「この犬はうちの犬と同じくらい大きい」のように、比べた結果、「2つが同じくらい」というときのいい方をチェックしましょう。また、「どちらのほうが〜ですか」のようにたずねるときもありますよね。そんな表現も勉強しましょう。

① いろいろな比較表現

授業動画は
こちらから ⟶ 106

前のレッスンでは,「AはBよりも〜だ」や「Aがいちばん〜だ」といった比較の文について学習しました。このレッスンでは,これらの比較の文をもとに,**「どちらのほうが大きいですか」**や**「どれがいちばん好きですか」**など,いろいろなたずね方について学習します。難しそうですか? 実は,前のレッスンで勉強した文に少し新しい表現をつけ足しただけなので簡単です。ほかにも,2つ[2人]を比較して,**「…と同じくらい〜だ」**という文も見てみましょう。

② 「どちらのほうが〜か」「どれがいちばん〜か」

「AとBではどちらのほうが〜ですか」と2つを比べてたずねるときは,「どちら」という意味の疑問詞which (p.48)を使います。〈**Which is＋比較級**〉で文を始めて,最後に**A or B?**をつけます。答えるときは,**A is.** や **B is.** のようにいいます。人を比べるときは,whichをwhoにかえて,〈Who is＋比較級〉で文を始めます。

> **Which is older, this building or that building?**
> oldの比較級　　　　　　　　　　　　↑andとしない
> **— That one is.** (この建物とあの建物ではどちらのほうが古いですか。一あの建物です。)

「どれ[どの○○]がいちばん〜ですか」

決められた選択肢の中で「どれ[どの○○]がいちばん〜ですか」とたずねるときは,〈**Which（＋名詞）is＋the＋最上級…?**〉の形になります。

> **Which lake is the largest in Japan? — Lake Biwa is.**
> largeの最上級
> (日本ではどの湖がいちばん大きいですか。一琵琶湖です。)

補足 「何[どんな○○]がいちばん〜ですか」とたずねるときは,whatを使うこともあります。決められた選択肢が特にない場合は,whichの代わりにwhatが使われます。
What sport is the most popular in your class? — Basketball is.
(あなたのクラスではどんなスポーツがいちばん人気がありますか。一バスケットボールです。)

Check 1
➡ 解説は別冊p.22へ

____に適する語を書きましょう。
(1) _____ is _____, Mai or Amy?(真衣とエイミーではどちらが年上ですか。)
(2) Which _____ is the _____ in Japan?(日本ではどの山がいちばん高いですか。)
    — Mt. Fuji _____. (富士山です。)

3 「〜のほうが好きだ」「〜がいちばん好きだ」

授業動画は
こちらから

2つを比べて「BよりもAのほうが好きだ」というときは，比較級betterを使って like A better than B で表します。betterを入れ忘れないように注意しましょう。

> I like pork better than beef.　(私は牛肉よりも豚肉のほうが好きです。)

「牛肉よりも豚肉のほうが好き」は，つまり「豚肉が好き」ということですよね。**好きなのは豚肉のほうなので，likeのあとにくるのはpork**と考えれば簡単ですよ。

「〜がいちばん好きだ」

3つ以上の中から「〜がいちばん好きだ」というときは，最上級bestを使って like 〜 the best で表します。the bestのtheは省略されることもあります。

> Amy likes strawberries the best of all fruits.
> (エイミーはすべての果物の中でイチゴがいちばん好きです。)

「どちらのほうが好きですか」

「あなたはAとBではどちらのほうが好きですか」は，Which do you like better, A or B? でたずねます。この問いには，ふつう I like A[またはB] better. (私はA[またはB]のほうが好きです。)で答えます。

> Which do you like better, rice or bread?
> (あなたはご飯とパンでは，どちらのほうが好きですか。)
> — I like bread better.
> (私はパンのほうが好きです。)

「どれ[どの○○]がいちばん好きですか」

「あなたはどれ[どの○○]がいちばん好きですか」とたずねるときは，Which(＋名詞) do you like the best? を使います。これには，ふつう I like 〜 the best. (私は〜がいちばん好きです。)で答えます。決められた選択肢がないときは，whichの代わりにwhatを使います。

> Which season do you like the best?
> (あなたはどの季節がいちばん好きですか。)
> — I like summer the best.
> (私は夏がいちばん好きです。)

Check 2
解説は別冊p.23へ

___に適する語を書きましょう。

（1） My sister likes skating _____ _____ skiing.

（私の姉はスキーよりもスケートのほうが好きです。）

（2） What music do you _____ the _____ ?

（あなたはどんな音楽がいちばん好きですか。）

― I like J-pop the _____. （私はJポップがいちばん好きです。）

4 as ～ as …

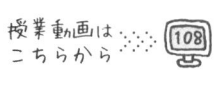
授業動画は
こちらから 108

これまで比べるいい方を勉強してきましたが，「…と同じくらい〜」と程度が同じであるときは何というのでしょうか。「Aと同じくらいの背の高さだ」というときは，**as tall as A**の形を使います。asとasの間には，tallなどの様子・状態を表す形容詞やwell（上手に）などの動作を説明する副詞が入ります。形容詞や副詞は，**もとの形（原級）を使います**。

Ken is as <u>tall</u> as his brother. （健はお兄さんと同じくらいの背の高さです。）
　　　　　形容詞のもとの形
Mai can play the piano as <u>well</u> as her sister.
　　　　　　　　　　　　副詞のもとの形
（真衣はお姉さんと同じくらい上手にピアノを弾けます。）

as ～ as …の否定文

not as tall as Aのように，**as ～ as …の前にnot**を入れると否定文になり，「**Aほど背が高くない**」という意味になります。「Aと同じくらいの背の高さではない」という意味ではないので注意しましょう。

Volleyball is not as <u>popular</u> as soccer in my school.
　　　　　　　　　　形容詞のもとの形
（私の学校ではバレーボールはサッカーほど人気がありません。）

 **as ～ as … と not as ～ as …**

as ～ as … → 「…と同じくらい〜だ」
not as ～ as … → 「…ほど〜ではない」
× 「…と<u>同じくらい〜ではない</u>」という意味ではないので注意。

もっとくわしく not as ~ as A（Aほど~ではない）の書きかえ

B is not as tall as A.（BはAほど背が高くない。）は，つまり，A is taller than B.（AはBよりも背が高い。）という意味です。したがって，次の文も下のように書きかえることができます。

Volleyball is not as popular as soccer.（バレーボールはサッカーほど人気がありません。）

＝Soccer is more popular than volleyball.（サッカーはバレーボールより人気があります。）

5 注意すべき比較表現

授業動画は
こちらから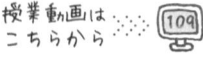

「…よりもずっと~」

「…よりもずっとおもしろい」のように，比較級の意味を強めるときは，比較級の前にmuchをおきます。muchが程度の差を強調するのです。比較級の意味を強めるとき，very は使いません。

This movie is more interesting than that one.
（この映画はあの映画よりもおもしろい。）
↓
This movie is much more interesting than that one.
比較級の前に
（この映画はあの映画よりもずっとおもしろい。）

「最も~な○○の1つ[1人]」

one of ~（~の1つ[1人]）を使って，「最も~な○○の1つ[1人]」といういい方ができます。one of のあとに，the longest rivers（最も長い川）のような〈the＋形容詞の最上級＋名詞の複数形〉を続けます。最上級のあとにくる名詞が複数形になることに注意しましょう。

The Amazon is one of the longest rivers in the world.
複数形
（アマゾン川は世界で最も長い川の1つです。）

最上級とthan any other …

「…の中でいちばん~」という最上級の文は，「ほかのどの…よりも~」という意味を表す〈比較級＋than any other＋単数名詞〉を使った比較級の文を使っても表すことができます。

Ken is the tallest student in his class.
（健はクラスの中でいちばん背の高い生徒です。）

Ken is taller than any other student in his class.
単数形
（健はクラスの中のどの生徒よりも背が高いです。）

Lesson 20 の 力だめし

➡ 解説は別冊p.23へ

[110]

1 次の日本文に合うように_____に適する語を書きましょう。

(1) あなたの学校では剣道と柔道ではどちらが人気がありますか。

_____ is _____ popular in your school, *kendo* or *judo*?

(2) 剣道です。((1)の答え)

Kendo _____.

(3) あなたは春と秋では，どちらのほうが好きですか。

_____ do you like _____, spring _____ fall?

(4) 私は秋のほうが好きです。((3)の答え)

I like fall _____.

(5) ブラウン先生と私の父は同じくらいの年です。

Mr. Brown is _____ old _____ my father.

2 次の [   ] 内の語(句)を並べかえて，日本文の意味を表す英文を作りましょう。

(1) I like [the best, drinks, all, grape juice, of] .

私はすべての飲み物の中でグレープジュースがいちばん好きです。

→ _____

(2) Curry and rice is [most, of, popular, the, dishes, one] in Japan.

カレーライスは日本で最も人気がある料理の1つです。

→ _____

(3) This library [as, not, as, large, the library, is] in my town.

この図書館は私の町の図書館ほど大きくありません。

→ _____

3 次の文を [   ] 内の指示にしたがって書きかえましょう。

(1) I can't run fast.　[「健(Ken)ほど速くは走れません」という意味の文に]

→ _____

(2) He is the most famous musician in this country.

[than any otherを使ってほぼ同じ内容を表す比較級の文に]

→ _____

Lesson 21 look, give, makeなど

いろいろな文型を作る動詞

文型とは文の形のことです。これまでbe動詞や一般動詞を使ったいろいろな文の形について勉強してきましたね。でも,lookやgiveなど,一般動詞の中にはちょっと変わった文型を作るものもあります。そういう動詞には要注意!

1 look, becomeなど

授業動画は
こちらから ‥‥▷ 111 112

Lesson1で勉強したように，be動詞は前の語句（主語）とあとの語句を**イコールで結ぶ働き**をしましたね。一般動詞の中にも，このbe動詞と同じような働きをするものがあります。

look（〜に見える）

look at 〜で「〜を見る」という意味を表しますが，lookは**「〜に見える」**というときにも使います。lookのあとにhappy（幸せな，うれしい）やtired（疲れた）など**状態を表すことば（形容詞）**を続けると，この意味になります。主語と形容詞がイコールの関係になります。

Jim looks happy. （ジムはうれしそうに見えます。）
ジム ＝ うれしい

もっとくわしく 〈look like＋名詞〉
「（まるで）俳優のように見える」のように人やものにたとえて「（まるで）〜のように見える」というときは，〈look like＋名詞〉の形になります。このlikeは「〜が好きだ」（動詞）ではなく，「〜のように」（前置詞）の意味です。
Our new teacher looks like an actor. （私たちの新任の先生は俳優のように見えます。）
　　　　　　　　　　　　　　　名詞

sound（〜に聞こえる），get（〜になる）

lookのほかに，soundやgetもあとに形容詞を続けると，それぞれ「〜に聞こえる」「〜（の状態）になる」という意味で，主語と形容詞をイコールで結ぶ働きをします。

That sounds great. （それはすばらしいですね。）
それ ＝ すばらしい
Maki got angry. （真紀は怒りました。）
真紀 ＝ 怒った

become（〜になる）

becomeは，A become(s) B.の形で**「AがBになる」**という意味を表します。Bには形容詞か名詞がきます。ここでも，**A＝B**の関係になることに注目しましょう。この文型では，becomeの過去形becameや，未来のwill becomeがよく使われます。

The soccer player became famous.
そのサッカー選手 ＝ 有名な（形容詞）
（そのサッカー選手は有名になりました。）

My son will become a singer. （私の息子は歌手になるでしょう。）
私の息子 ＝ 歌手（名詞）

解説は別冊p.23へ

Check 1

____に適する語を書きましょう。

（1） Amy _____ happy.（エイミーはうれしそうに見えます。）

（2） That _____ nice.（[聞いたことに対して]それはいいですね。）

（3） The restaurant _____ popular.（そのレストランは人気が出ました。）

② give, showなど

授業動画は
こちらから

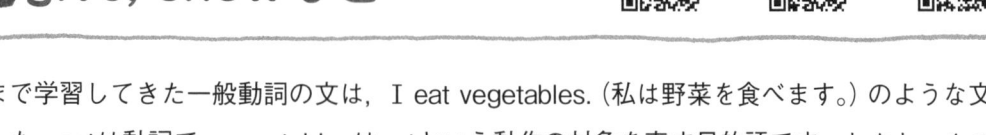

今まで学習してきた一般動詞の文は，I eat vegetables.（私は野菜を食べます。）のような文でした。eatは動詞で，vegetablesはeatという動作の対象を表す目的語です。しかし，1つの動詞に目的語が1つだけとは限りません。例えば，give（あげる）という動作をイメージすると，「あげる」動作には 「あげる相手（人）」と「あげるもの」の両方が必要 なことがわかりますよね。ここでは，あとに「人」と「もの」の2つの目的語がうしろに続く動詞について学習します。

👥give（…に～をあげる）

「A（人）にB（もの）をあげる」というときは，give Ａ Ｂという順番で並べます。「彼にペンをあげる」であれば，give him a pen になります。Ａに入るのは，人の名前や，me（私に）やhim（彼に）などの人を表す代名詞の**目的格**であることに注意しましょう。

I'm going to give her a present.
　　　　　　　　　　　 A　　 B
（私は彼女にプレゼントをあげるつもりです。）
　　　　 A　　　 B

👥show（…に～を見せる）

giveと同じく，show（見せる）も2つの目的語をとる動詞です。show Ａ Ｂの形で「Ａ（人）にB（もの）を見せる」という意味を表します。

Please show me your picture.（私にあなたの写真を見せてください。）
　　　　　　 A　　 B　　　　　 A　　　　 B

tell（…に〜を伝える）

tell（伝える）も，あとに「人」と「もの」の2つの目的語を続けることができます。tell A B の形で，「A（人）にB（もの）を伝える」という意味を表します。

My sister told [me] a funny story.
         A   B

（私の姉は[私]に[おもしろい話]をしてくれました。）
         A   B

あとに「人」と「もの」の2つを続けられる動詞には，ほかにも次のようなものがあります。

- make（…に〜を作ってあげる）
- teach（…に〜を教える）
- buy（…に〜を買ってあげる）
- send（…に〜を送る）
- ask（…に〜をたずねる）
- cook（…に〜を料理してあげる）

もっとくわしく give, show, makeなどを使った文の書きかえ

give, show, makeなどの文の2つの目的語A Bは，toかforを使って，give B to A，show B to A，make B for Aのように入れかえることができます。giveやshowなどはtoを使い，make，buy，cookはforを使います。

I gave Ken a pen.＝I gave a pen to Ken.（私は健にペンをあげました。）
My mother bought me a skirt.＝My mother bought a skirt for me.
（私の母は私にスカートを買ってくれました。）

ポイント あとに「人」と「もの」を続けられる動詞と文の形

give, show, makeの文の形を，もう1度確認しましょう。

主語	動詞	人	もの	意味
I	gave	him	a pen.	私は彼にペンをあげました。
	showed		the picture.	私は彼にその写真を見せました。
	made		some cookies.	私は彼にクッキーを作ってあげました。

Check 2

解説は別冊p.24へ

____に適する語を書きましょう。

（1） I'll _____ _____ some chocolate.（あなたにチョコレートをあげましょう。）
（2） My brother _____ _____ a new ball.
    （私の兄は私に新しいボールを見せてくれました。）
（3） Jane _____ _____ an interesting story yesterday.
    （ジェーンは昨日ぼくたちにおもしろい話をしてくれました。）

🎧 tell（…に〜ということを伝える）

 tell A BのBが「〜が…ということ」という内容になるときは，Bが〈that＋主語＋動詞〜〉の形になります。

showとteachも，あとにA（人）とB（内容）の2つを続けられる動詞です。

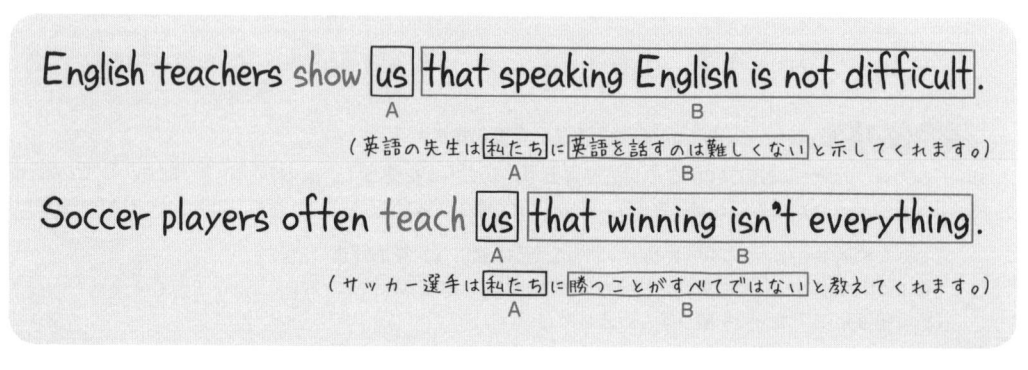

3 call，makeなど

 授業動画はこちらから

 最後は，「AをBと呼ぶ」「AをBにする」といういい方を勉強しましょう。「AをBと呼ぶ」というときにはcall A B，「AをBにする」はmake A Bで表します。この文型でも，A B という順番がポイントです。

🎧 call（〜を…と呼ぶ）

callは「電話をする」というときに使いますが，「AをBと呼ぶ」という意味を表すときは，call A Bの形になります。AとBはイコールの関係になります。

My mother calls me Mai-chan. （私の母は私を真衣ちゃんと呼びます。）
 A ＝ B A ＝ B

もっとくわしく name（〜を…と名づける）の文
nameは「名前」という名詞ですが，動詞として使われることもあります。call A Bと同じように，name A Bで「AをBと名づける」という意味になります。A＝Bの関係が成り立ちます。

My father named our dog Rick. (私の父は私たちの犬をリックと名づけました。)
A ＝ B   A ＝ B

🟤make（〜を…にする）

makeには，「AをBにする」の意味もあります。このときも，make A BのようにAとBの２つが必要になります。Bには名詞もきますが，**感情や状態を表す形容詞**がよくきます。また，「この映画は私を幸せにした」「この歌は私を幸せにする」など，文の主語が人ではなく，ものであることが多いのも，このmakeを使った文の特徴です。p.135のmake A Bとは意味がちがいます。A＝Bの関係が成り立つかどうかを見きわめて訳しましょう。

The movie made me happy. (その映画は私を幸せにしました。)
A ＝ B   A ＝ B

補足 より日本語らしく「私はその映画を見て幸せな気分になりました」と訳してもよいでしょう。

Check 3

➡️解説は別冊p.24へ

＿＿に適する語を書きましょう。

（1）We ＿＿＿＿＿ ＿＿＿＿＿ Bob.（私たちは彼をボブと呼びます。）

（2）I ＿＿＿＿＿ the goldfish Kintaro.（私はその金魚を金太郎と名づけました。）

（3）The news ＿＿＿＿＿ ＿＿＿＿＿ sad.（そのニュースは彼女を悲しくさせました。）

makeにはいろいろな
意味があるマルね

Lesson 21 の 力だめし

授業動画は
こちらから

➡ 解説は別冊p.24へ

1 次の日本文に合うように_____に適する語を書きましょう。

(1) この料理はおいしそうに見えます。

This dish _____ delicious.

(2) 私たちにあなたの新しいバッグを見せてくれませんか。

Can you _____ _____ your new bag?

(3) 私の両親は私を健ちゃんと呼びます。

My parents _____ _____ Ken-chan.

(4) [聞いたことに対して] それはわくわくしますね。

That _____ exciting.

2 次の [　　] 内の語(句)を並べかえて，日本文の意味を表す英文を作りましょう。

(1) [became, my sister, a nurse] last year.

私の姉は昨年，看護師になりました。

→ _____

(2) [some money, my father, me, gave] yesterday.

私の父は昨日，私にお小遣いをくれました。

→ _____

(3) Judy [English, sometimes, us, teaches].

ジュディーはときどき私たちに英語を教えてくれます。

→ _____

(4) [this flower, call, you, what, do] in English?

この花を英語で何と呼びますか。

→ _____

3 次の英文を日本語に直しましょう。

(1) Kevin looked very tired last night.

→ _____

(2) Her music always makes us happy.

→ _____

(3) Our teacher told us that we should wash our hands more carefully.

→ _____

「理科＋人＋その」の
理科をもっと
好きになろう！

Lesson 22 受け身

受け身とは？

受け身とは「動作を受ける」ことです。例えば，「桃子は部屋を掃除する」を「部屋」の気持ち（があるとして）になって考えると，「部屋は桃子によって掃除される」といえますよね。この文では，過去分詞という新しい動詞の形が初登場しますよ。

1 「～される」「～された」の文

授業動画は こちらから 118

今まで勉強してきた文は,「健はこの机を使います」のような「主語が何かをする」という文でしたね。意識していなかったと思いますが,この文は「動作をする側」の「健」から見た文です。反対に「動作をされる側」の「机」に視点を置くと,「この机は健によって使われます」という受け身の文で表すことができます。

このように,動作を受ける側を主語にして「…は～されます」「…は～されました」という文を,受け身の文といいます。次のように〈be動詞＋過去分詞〉を用いて表します。

【ふつうの文】 Ken uses this desk. （健はこの机を使います。）

【受け身の文】 This desk is used by Ken. （この机は健によって使われます。）
　　　　　　　　　　　be動詞 過去分詞

補足 「～される」「～された」という受け身の文は,「受動態」とも呼ばれます。これに対して,「～する」「～した」のようなふつうの文は,「能動態」といいます。

2 受け身の文の作り方

「…は～されます[～されています]」という現在の受け身の文は,be動詞の現在形のあとに過去分詞を続けて表します。過去分詞とは動詞が変化した形の1つで,p.142でくわしく説明します。ここではまず,受け身の文の基本的な作り方をおさえましょう。**受け身の文のルールはbe動詞の文と同じ**なので簡単です。**be動詞は主語に合わせてam,are,isのどれか**を使います。

【ふつうの文】 Many people watch the TV show.
（多くの人々がそのテレビ番組を見ます。）

【受け身の文】 The TV show is watched by many people.
　　　　　　　　主語　　　〈be動詞＋過去分詞〉　（そのテレビ番組は多くの人々に見られます。）

ポイント 受け身の文の形

be動詞は主語によって使い分けます。過去分詞は変わりません。

主語	be動詞（現在形）	一般動詞
I	am	
youやすべての複数	are	過去分詞（→ 3 ）
he, she, itなど3人称単数	is	

be動詞の使い分けを思い出すマル

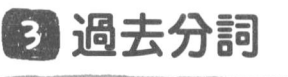

3 過去分詞

授業動画は
こちらから····· 119

受け身の文で初めて学習する動詞の形である，過去分詞について見ていきましょう。過去分詞は，過去形やing形などと同じく**動詞が変化した形の1つ**です。今勉強している受け身の文，そして次のレッスンで勉強する現在完了形の文でも使うので，過去分詞は必ず覚えましょう。**規則動詞の過去分詞は過去形とまったく同じ形**ですが，**不規則動詞の中には過去形と過去分詞の形が異なるもの**もあります。

① **規則動詞**…過去形と同じで，原形に (e)dをつけた形。

原形	過去形	過去分詞
visit（〜を訪問する）	visited	visited
use（〜を使う）	used	used
carry（〜を運ぶ）	carried	carried
stop（〜を止める）	stopped	stopped

p.74の過去形
の作りかたを
復習マル

② **不規則動詞**…過去分詞と過去形が同じもの。

原形	過去形	過去分詞
build（〜を建てる）	built	built
find（〜を見つける）	found	found
make（〜を作る）	made	made
cut（〜を切る）	cut	cut
put（〜を置く）	put	put
read（〜を読む）	read	read

これは
覚えやすくて
いいね

注意 readの過去形・過去分詞は [red レッド] と発音します。

③ **不規則動詞**…過去分詞が過去形と異なるもの。

原形	過去形	過去分詞
break（〜をこわす）	broke	broken
give（〜を与える）	gave	given
speak（〜を話す）	spoke	spoken
take（〜を取る）	took	taken
see（〜を見る）	saw	seen
do（〜する）	did	done
write（〜を書く）	wrote	written
know（〜を知っている）	knew	known

左にまとめた
ものは全部
覚えてしまおう！

4 by ～をつける受け身の文

「健によって使われます」のように，「だれだれによって」という**動作をする人**をはっきりさせたいときは，受け身の文にby ～(～によって)をつけます。

The kitchen is cleaned by my sister. (台所は私の姉によって掃除されます。)
　　　　　　　　　　　　　　～によって　動作をする人

byのあとに代名詞が続くときは，**目的格**(me, him, themなど)にします。×by *he* などとはしないので注意しましょう。

補足 動作をする人が一般の人々の場合や，文の中で特に重要でない場合は，by ～は省略されます。なので，大部分の受け身の文ではby ～はほとんど使われていません。
English is used in many countries. (英語は多くの国で使われています。)
└by people(人々によって)などは必要ない。

Check 1
➡解説は別冊p.25へ

＿＿＿に適する語を書きましょう。
（1）This classroom ＿＿＿＿ ＿＿＿＿ every day. (この教室は毎日使われています。)
（2）Kyoto is ＿＿＿＿ ＿＿＿＿ many people. (京都は多くの人々に訪問されています。)
（3）These books ＿＿＿＿ ＿＿＿＿ in English. (これらの本は英語で書かれています。)

もっとくわしく by以外の前置詞を使う熟語

受け身の形をした熟語で「～に(よって)，～で」というとき，by以外の前置詞を使うこともあります。
・This book is known to many students. (この本は多くの学生に知られています。)
・Mt. Fuji is covered with snow. (富士山は雪でおおわれています。)

また，「～から作られる，～でできている」という場合はmadeを使いますが，完成品を見ても材料がわからないものにはfromを，わかるものにはofを使います。
・Cheese is made from milk. (チーズは牛乳から作られます。)
・This desk is made of wood. (この机は木でできています。)

5 過去の受け身の文

「**～された [～されていた]**」という過去のことを表す受け身の文は，be動詞を過去形にしてwas, wereにするだけです。**過去分詞の部分は過去の文になっても形は変わらない**ので，現在の受け身の文とはbe動詞がちがうだけです。簡単ですね。

My house was built three years ago. (私の家は3年前に建てられました。)
　　　　be動詞isの過去形↑　　　↑buildの過去分詞

6 受け身の否定文

「~され（てい）ません」「~され（てい）ませんでした」という受け身の否定文を作るときは，be動詞のあとにnotを入れます。過去分詞はそのままです。短縮形のisn't, aren't, wasn't, weren'tもよく使われます。

These pictures were　taken by Meg.
be動詞のあとにnot↓　takeの過去分詞
（これらの写真はメグによって撮られました。）

These pictures were not taken by Meg.
=weren't　過去分詞のまま
（これらの写真はメグによって撮られたのではありません。）

7 受け身の疑問文と答え方

「~され（てい）ますか」「~され（てい）ましたか」とたずねる受け身の疑問文は，be動詞で文を始めます。答えるときもbe動詞を使って，Yes, it is.やNo, they weren't.などのようにいいます。

French is spoken there. （そこではフランス語が話されています。）
speakの過去分詞

Is French　spoken there? （そこではフランス語が話されていますか。）
過去分詞のまま

— Yes, it is. （はい，話されています。） / No, it isn't. （いいえ，話されていません。）

ポイント 受け身の否定文・疑問文

・否定文　：be動詞のあとにnotを入れる。
・疑問文　：be動詞で文を始める。

ふつうのbe動詞の文と同じ作り方だね。do, does, didは使わないよ。

Check 2

🔖 解説は別冊p.25へ

____に適する語を書きましょう。

（1）This car _____ _____ yesterday. （この車は昨日洗われました。）

（2）Rugby _____ _____ at our school. （私たちの学校ではラグビーはされていません。）

（3）_____ this book _____ by Soseki? （この本は漱石によって書かれましたか。）

Lesson 22 の力だめし

➡ 解説は別冊p.26へ

1 次の表の（　　）に適する過去分詞を書きましょう。

原形	過去分詞	原形	過去分詞
play	(1) (　　　　　　)	do	(2) (　　　　　　)
give	(3) (　　　　　　)	take	(4) (　　　　　　)
carry	(5) (　　　　　　)	put	(6) (　　　　　　)
read	(7) (　　　　　　)	break	(8) (　　　　　　)
write	(9) (　　　　　　)	find	(10) (　　　　　　)

2 次の日本文に合うように＿＿＿に適する語を書きましょう。

(1) この映画は多くの若者によって見られています。

This movie ＿＿＿＿＿＿ ＿＿＿＿＿＿ ＿＿＿＿＿＿ many young people.

(2) あなたたちは昨晩パーティーに招待されましたか。

＿＿＿＿＿＿ you ＿＿＿＿＿＿ to the party yesterday evening?

(3) はい，されました。（(2)の答え）　Yes, ＿＿＿＿＿＿ ＿＿＿＿＿＿.

3 次の[　　]内の語を並べかえて，日本文の意味を表す英文を作りましょう。

(1) [is, made, car, this, in, not, Japan].　この車は日本製ではありません。
→ ＿＿＿＿＿＿＿＿＿＿＿＿＿＿＿＿＿＿＿＿＿

(2) [many, languages, how, Canada, in, spoken, are]?
カナダではいくつの言語が話されていますか。
→ ＿＿＿＿＿＿＿＿＿＿＿＿＿＿＿＿＿＿＿＿＿

(3) [Japanese, what, this, in, called, flower, is]?
この花は日本語で何と呼ばれていますか。
→ ＿＿＿＿＿＿＿＿＿＿＿＿＿＿＿＿＿＿＿＿＿

4 次の日本文を英語に直しましょう。

(1) あの建物は3年前に建てられました。
→ ＿＿＿＿＿＿＿＿＿＿＿＿＿＿＿＿＿＿＿＿＿

(2) この歌手は世界中で知られています。　　　　世界中で：all over the world
→ ＿＿＿＿＿＿＿＿＿＿＿＿＿＿＿＿＿＿＿＿＿

現在完了形(1)・現在完了進行形

※1 Eigo has been in love with Chiko.　※2 Punko has always been angry since three.
※3 Father has doubted that Mimimaru is an alien.

現在完了形とは？

現在完了形とは，過去と現在をまとめて表す形です。例えば，朝すごく眠くて，午後になった今でも眠いのなら，「朝からずっと眠い」とまとめていえますよね。現在完了形はとても便利な表現です。形はちょっと難しいのですが…。

1 過去と現在を結ぶ現在完了形

授業動画はこちらから 124

The singer became popular.（その歌手は人気が出ました。）のような過去の文は過去の事実を表すだけで，**現在の状態については表していません。**つまり，**「今はもう人気がない」**のか**「今も人気がある」**のかは**過去の文だけではわからない**のです。ここで勉強する現在完了形の文は，「（過去から）ずっと～している」や「（今までに）～したことがある」など，**過去からつながっている今の状態を表すことができる**たいへん便利ないい方です。

2 現在完了形の形と意味

現在完了形は，〈have＋過去分詞〉という少し変わった形をしています。このときのhaveには「持っている」という意味はなく，〈have＋過去分詞〉の形で現在完了の意味を表すことを覚えておきましょう。過去分詞の形は，Lesson22 p.142 で確認しましょう。

> I have lived in Japan for three years.
> └I, you, 複数が主語→〈have＋過去分詞〉　　　　　　　　（私は3年間日本に住んでいます。）

> **補足** 〈主語（代名詞）＋have〉は，短縮形を用いることもあります。
> I have→I've　we have→we've　you have→you've　they have→they've

主語が3人称単数のときは，haveの代わりに**has**を使います。

> Ken has lived in Japan for three years.
> └3人称単数が主語→〈has＋過去分詞〉　　　　　　　　（健は3年間日本に住んでいます。）

♣現在完了形の3つの意味
現在完了形には，次のような3つの意味があります。

> ① 「（今まで）ずっと～している」…継続
> ② 「（今までに）～したことがある」…経験
> ③ 「（ちょうど）～したところだ」「もう～してしまった」…完了

このレッスンではまず，**「ずっと～している」**という**「継続」**の意味を表す文を学習しましょう。

③ 「継続」の意味を表す現在完了形

授業動画は
こちらから ⟫⟫⟫ 125

「ずっと〜している」という「継続」の現在完了形は, 過去のある時期に始まった状態が現在も続いていることを表します。

[過去形] 過去のある時期にあったこと

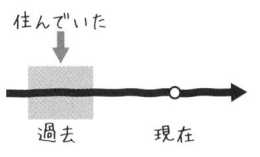

I lived in Japan for three years.
(私は日本に3年間住んでいました。)

```
    住んでいた
  ┌──────┐
──┤      ├──○──────▶
  過去     現在
```

[現在完了形] 過去から現在までの継続

I have lived in Japan for three years.
(私は日本に3年間住んでいます。)

```
        住んでいる
  ┌──────────┐
●─┤          ├──○──────▶
  3年前       現在
```

過去の文は, 「過去に住んでいた」といっているだけです。一方, 現在完了形の文は, 「今も住んでいる」という現在の状況も表しています。上の現在完了形の文は, I started to live in Japan three years ago. (私は3年前に日本に住み始めました。) と I still live in Japan. (私は今でも日本に住んでいます。) という2つの文の内容を1つの文で表したものだということができます。

また, 「ずっと〜である」「ずっと〜にいる」といいたいときは, be動詞の過去分詞beenを使います。

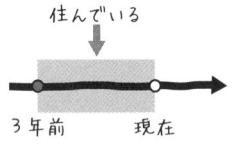

It became cold yesterday. And it's still cold.
(昨日, 寒くなりました。そして, 今もまだ寒いです。)
= It has been cold since yesterday.
〈has＋過去分詞〉→現在完了形
(昨日からずっと寒いです。)

🐾 for と since

上の文にもありますが, 「継続」を表す現在完了形の文では, for (〜の間) やsince (〜以来) がよく使われます。forは〈for＋期間〉で, その状態が続いている期間の長さを示すことができます。sinceは〈since＋始まった時期〉で, その状態が始まった時期がいつなのかを表します。sinceのあとには, 過去の文がくることもあります。

He has taught English here for three years.
〈has＋過去分詞〉 _____期間_____
（彼は3年間ここで英語を教えています。）

He has taught English here since 2011.
（彼は2011年からここで英語を教えています。） ____開始時____

He has taught English here since he was twenty-five.
（彼は25歳のときからここで英語を教えています。） _____過去の文_____

Check 1

➡解説は別冊p.26へ

___に適する語を書きましょう。

（1）I _____ _____ Ken since this spring.（私はこの春から健を知っています。）

（2）My father _____ _____ busy _____ a week.（私の父は1週間ずっと忙しい。）

（3）Mai _____ lived in Tokyo _____ she _____ seven years old.

（真衣は7歳のときから東京に住んでいます。）

④「継続」の否定文

授業動画は
こちらから

現在完了形の否定文は，**haveやhasのあとにnot**を入れます。〈**主語＋have[has] not＋過去分詞～.**〉の形になります。短縮形の**haven't**や**hasn't**もよく使われます。don't, doesn't, didn'tは使いません。

Jim has not slept for 24 hours.（ジムは24時間寝ていません。）
＝hasn't sleepの過去分詞

⑤「継続」の疑問文

現在完了形の疑問文は**HaveかHas**で文を始めて，〈**Have[Has]＋主語＋過去分詞～?**〉の形になります。Do, Does, Didは使いません。

Mr. Brown has worked here for a long time.
haveやhasを主語の前に（ブラウン先生は長い間ここで働いています。）

Has Mr. Brown worked here for a long time?
過去分詞のまま（ブラウン先生は長い間ここで働いていますか。）

♣ 疑問文への答え方

現在完了形の疑問文には, have や has を使って答えます。「はい」なら Yes, I have. や Yes, he has. などで, 「いいえ」なら No, I haven't. や No, he hasn't. のように答えます。

> Has she played tennis since she was a child?
> （彼女は子どものときからテニスをしていますか。）
> — Yes, she has. / No, she hasn't.
> （はい, しています。）　（いいえ, していません。）

♣ 「期間」をたずねる文

「どのくらいの間〜していますか」と継続している期間をたずねるときは, 現在完了形の疑問文の前に How long をつけます。答えるときは, **since**（〜以来）や **for**（〜の間）を使って期間をいいます。

> How long have you been friends?
> （あなたたちはどのくらいの間, 友達なのですか。）
> — We've been friends for nine years. （私たちは 9 年間友達です。）
> — We've been friends since we were six.
> （私たちは 6 歳のときから友達です。）

「継続」のキーワード

- 〈since ＋始まった時期〉→「〜以来」　　since last year（昨年以来）
- 〈for ＋期間〉→「〜の間」　　for two years（2 年間）
- How long have you 〜?（どのくらいの間 [いつから] 〜していますか。）

Check 2

📖 解説は別冊 p.27 へ

____に適する語を書きましょう。

(1) I _____ _____ Bob for a long time. （私は長い間ボブに会っていません。）

(2) _____ your brother _____ in Osaka for a year?　— Yes, _____ _____.
（あなたのお兄さんは大阪に 1 年間住んでいるのですか。— はい, そうです。）

(3) _____ _____ have you _____ sick?
（あなたはどのくらいの間ずっと病気なのですか。）
— I've _____ sick _____ a week. （私は 1 週間ずっと病気です。）

授業動画は
こちらから

6 動作の継続を表す現在完了進行形

現在完了進行形は，**過去のある時期に始まった動作や行為が今も続いている**ことを表します。その名前からわかるように，**「継続」を表す現在完了形**に**現在進行形**（p.60）を足した形と意味を持っています。

7 現在完了進行形の形と意味

現在完了進行形は，〈have [has] been＋動詞のing形〉を使います。beenはbe動詞の過去分詞です。難しそうですが，「現在完了形」〈have[has]＋過去分詞〉に「現在進行形」〈be動詞＋動詞のing形〉がくっついた形と覚えておきましょう。

I have been practicing soccer since this morning.
└I, you, 複数が主語→〈have been＋動詞のing形〉　　（ぼくは今朝からサッカーの練習をしています。）

補足 現在完了形（p.147）と同じく，〈主語（代名詞）＋have〉は，短縮形を用いることもあります。

主語が 3 人称単数のときは，haveはhasになりますが，beenは同じです。

Aya has been playing the piano for two hours.
└3 人称単数が主語→〈has been＋動詞のing形〉　　（彩は 2 時間ピアノを弾いています。）

8 現在完了形と現在完了進行形

「継続」を表す現在完了形と現在完了進行形は，意味がとても似ています。どちらも過去から現在に続いていることを表しますが，**現在完了形は「状態」の継続**，**現在完了進行形は「動作」の継続**に使います。また，現在完了進行形は「少し前」と「今の瞬間」に重点が置かれ，「少しあと」も含まれるイメージがあります。

[現在完了形]	[現在完了進行形]
過去から現在までの状態の継続	過去から今までの動作の継続

I have lived in this town for five years.

（私は5年間この町に住んでいます。）

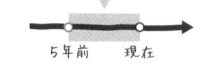

住んでいる
（ときどきとなり町に出かけるけど）

5年前　現在

I have been watching videos for two hours.

（私は動画を2時間見続けています。）

動画を見ている
（少し前からずっと見ているし，もうちょっと見るかも）

2時間前　今

現在完了形は**状態を表す動詞**，現在完了進行形は**動作を表す動詞**といっしょに使われます。
ただし，習慣的な動作を表す場合は，現在完了形をよく使います。

状態 ←		→ 動作
現在完了形 とよくいっしょに使う動詞	どちらの形でも よく使う動詞	現在完了進行形 とよくいっしょに使う動詞
・be 動詞	・study（勉強する）	・watch（見る）
・live（住んでいる）	・stay（滞在する）	・read（読む）
・know（知っている）	・use（使う）	・write（書く）
・want（ほしい）	・work（働く）	・walk（歩く）
・need（必要とする）	・play（〈スポーツを〉する）	・eat（食べる）
・like（好きだ）	・learn（習う）	・run（走る）
・love（大好きだ）	・wait（待つ）	・swim（泳ぐ）
・have（持っている）	・practice（練習する）	・sing（歌う）
・hope（望む）	・rain（雨が降る）	・cook（料理する）

授業動画は
こちらから 128

9 現在完了進行形の否定文

現在完了進行形の否定文は，**haveやhasのあとにnot**を入れます。〈**主語＋have[has] not been＋動詞のing形～.**〉の形になります。短縮形の**haven't**や**hasn't**がよく使われるのも，現在完了形と同じです。

Shota <u>has not been cleaning</u> his room for a month.
=hasn't 〈been＋動詞のing形〉のまま

（翔太は1か月部屋を掃除していません。）

なお，否定文の場合は，**動作動詞でも現在完了形で表す**ことができます。上の文は，Shota has not[hasn't] cleaned his room for a month.としてもほぼ同じ意味になります。

10 現在完了進行形の疑問文

現在完了進行形の疑問文は**HaveかHasで文を始めて**，〈**Have[Has]＋主語＋been＋動詞のing形～？**〉の形になります。

Ken has been sleeping all day long. （健は一日中ずっと寝ています。）

HaveやHasを主語の前に

Has Ken been sleeping all day long?
〈been＋動詞のing形〉のまま

（健は一日中ずっと寝ているのですか。）

疑問文への答え方

現在完了形と同じく，現在完了進行形の疑問文には，「はい」なら**Yes, I have.**や**Yes, he has.**などで，「いいえ」なら**No, I haven't.**や**No, he hasn't.**のように答えます。

Have you been doing your summer homework since noon?

（お昼からずっと夏休みの宿題をしているのですか。）

— Yes, I have. / No, I haven't.
（はい，しています。）（いいえ，していません。）

♣ 「期間」をたずねる文

現在完了形と同じく、「どのくらいの間〜していますか」と動作を継続している期間をたずねるときは、疑問文の前にHow longをつけます。since（〜以来）やfor（〜の間）を使って答えるのも同じです。

How long has your father been driving?

（お父さんはどれくらいの間、車の運転をしているのですか。）

— He has been driving for two hours.

（お父さんは2時間ずっと運転しています。）

— He has been driving since this morning.

（お父さんは今朝からずっと運転しています。）

現在完了進行形

・意味は現在完了形（継続）とほぼ同じ
・現在完了形は状態、現在完了進行形は動作の継続を表す
・否定文や疑問文の作り方・答え方は現在完了形と同じ

Check 3

➡ 解説は別冊p.27へ

＿＿に適する語を書きましょう。

(1) I ＿＿＿＿＿ ＿＿＿＿＿ ＿＿＿＿＿ for 40 minutes.（私は40分間ずっと走っています。）

(2) ＿＿＿＿＿ your sister ＿＿＿＿＿ ＿＿＿＿＿ your bike? — Yes, ＿＿＿＿＿ ＿＿＿＿＿.
（お姉さんはあなたの自転車にずっと乗っているのですか。─はい、そうです。）

(3) ＿＿＿＿＿ ＿＿＿＿＿ have you ＿＿＿＿＿ ＿＿＿＿＿ for the bus?
（あなたはどのくらいの間、バスを待っているのですか。）
— I've ＿＿＿＿＿ ＿＿＿＿＿ for it for an hour.（私は1時間ずっと待っています。）

Lesson 23 の 力だめし

授業動画は
こちらから・・・・・ 📺 129

解説は別冊p.27へ

1 次の_____に（　　　）内の語を適する形にかえて書きましょう。

(1) I've _____ this man since last month. (know)

私は先月からこの男性を知っています。

(2) She has _____ this camera for a long time. (use)

彼女は長い間このカメラを使っています。

(3) My brother has _____ very hungry since this morning. (be)

私の兄は今朝からとてもお腹がすいています。

2 次の日本文に合うように_____に適する語を書きましょう。

(1) 私は子どものころからこのピアノがほしかったのです。

I've _____ this piano _____ I was a child.

(2) 叶太はしばらくの間漫画を読んでいます。

Kanata has _____ _____ comic books for a while.

(3) あなたは先月から日本に滞在しているのですか。— いいえ，ちがいます。

_____ you stayed in Japan since last month? — No, I _____.

3 次の[　　　]内の語(句)を並べかえて，日本文の意味を表す英文を作りましょう。

(1) [weeks, busy, for, have, two, been, the teachers].

先生がたは2週間ずっと忙しいのです。

→ _____

(2) [April, your, has, since, sister, this, worked, here]?

あなたのお姉さんはこの4月からここで働いているのですか。

→ _____

(3) [been, long, today, how, he, swimming, has]?

彼は今日，どれくらいの間泳いでいるのですか。

→ _____

4 次の日本文を英語に直しましょう。

(1) 私たちは3年間，英語を勉強しています。

→ _____

(2) 私の兄は昨日から家にいません。

→ _____

Lesson 24 現在完了形(2)

「経験」や「完了」を表す現在完了形

過去と現在をまとめて表す現在完了形を使えば，「今までに銭湯へ行ったことがある」という経験や，「ちょうどお風呂を出たところだ」という完了の意味を表すこともできます。「今までに」や「ちょうど」といったことばにも注目しましょう。

① 現在完了形は〈have＋過去分詞〉

授業動画は
こちらから 〔130〕

現在完了形は，過去からつながっている「今の状態」を表す表現でした。前のLesson23では「ずっと〜している」という「継続」の意味を表す文について学びましたね。

今回は，「(今までに) 〜したことがある」(経験) という文と，「〜したところだ」(完了) という文について学習します。どの意味の場合も，〈have＋過去分詞〉の形を使います。

② 「経験」を表す現在完了形

「(今までに)〜 したことがある」と経験をいうときも，現在完了形〈have＋過去分詞〉を使って表すことができます。「〜した」という意味を表す過去形の文と比べてみましょう。

[過去形]　過去のある時期にあったこと　　　[現在完了形]　過去から現在までの経験

I saw this movie last year.
(私は去年この映画を見ました。)

I have seen this movie three times.
(私はこの映画を3回見たことがあります。)

過去に見た

過去　　現在

今までに見た

現在

過去の文では「(過去に) この映画を見た」という事実を表しているのに対し，現在完了形は，「(過去から現在までに) この映画を見たことがある」という「経験」を表しています。

🔹 「経験」でいっしょに使われる語句

「経験」を表す現在完了形の文では，回数や頻度を表す語句がよく使われます。

Aki has visited Nara many times. (亜紀は何度も奈良を訪れたことがあります。)
〈has＋過去分詞〉　　　　　回数 (何度も)

ふつうは文の最後におく	• once (1回)　　• twice (2回)　　• three times (3回)… • many times (何度も)　　• before (以前に)
ふつうは過去分詞のすぐ前におく	• often (よく)　　• sometimes (ときどき) (例) I've often used this library. (私はよくこの図書館を利用したことがあります。)

♣ have been to ～

「～へ行く」はgo to ～ですが、「～へ行ったことがある」はbeの過去分詞beenを使って
have been to ～あるいはhas been to ～という形にします。

> We have been to Nara once. （私たちは一度奈良に行ったことがあります。）

3 「経験」の否定文

授業動画は
こちらから

現在完了形の否定文はhaveかhasのあとにnotを入れて作りますが、「（今までに）～したこ
とがない」と経験がないことをいうときはnever（一度も～ない）がよく使われます。〈主語
＋have[has]＋never＋過去分詞～.〉の形になります。

> I've never eaten Thai food. （私は一度もタイ料理を食べたことがありません。）

4 「経験」の疑問文と答え方

「（今までに）～したことはありますか」とたずねるときも、HaveかHasで文を始めます。「今
までに」という意味のeverもよく使います。〈Have[Has]＋主語＋ever＋過去分詞～?〉
の形になります。答えるときは、haveやhasを使います。

> Have you ever been to Okinawa?
> ↑everがよく使われる
> （あなたは今までに沖縄に行ったことがありますか。）
> — Yes, I have. / No, I haven't. （はい。/いいえ。）

♣ 「回数」をたずねる文と答え方

「何回～したことがありますか」と経験の回数をたずねるときは、現在完了形の疑問文の前に
How many timesをおきます。How many times ～?の質問には、回数を答えます。

> How many times have you played tennis?
> （あなたは何回テニスをしたことがありますか。）
> — I have played it twice. （私は2回したことがあります。）
> — I have never played it. （私は一度もありません。）

ポイント **「経験」のキーワード**

- once（1回）, twice（2回）, three times（3回）…, many times（何度も）,
  before（以前に）, often（よく）, sometimes（ときどき）
- 否定文ではnever（一度も〜ない）をよく使う。
- 疑問文ではever（今までに）をよく使う。

5 「完了」の意味を表す現在完了形

授業動画は
こちらから 132

132

現在完了形には、「〜したところだ」「〜してしまった」という「完了」の意味もあります。
過去に始まった動作や状態が、現在では完了していることを表します。

[過去形] 過去のある時期に行ったこと　　　　[現在完了形] 過去に始めた動作の完了

I finished my homework an hour ago.
（私は1時間前に宿題を終えました。）

終わった
1時間前　現在

I have just finished my homework.
（私はちょうど宿題を終えたところです。）

始めた　終わった
現在

過去の文は、「（1時間前に）宿題を終えた」という事実を表しているだけです。それに対して、
現在完了形の文は、「（過去に始めた）宿題を（現在ちょうど）終えたところだ」という状態
を表しています。

just や already

「完了」を表す現在完了形の文では、just（ちょうど）やalready（すでに、もう）がよく使わ
れます。どちらも、ふつう**have [has] と過去分詞の間に入ります**。

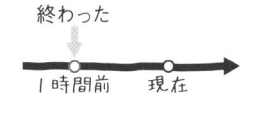

I've just finished lunch. （私はちょうど昼食を食べ終えたところです。）
I've already finished lunch. （私はすでに昼食を食べ終えました。）

6 「完了」の否定文

「(まだ)〜していない」という「完了」の否定文は，have [has] と過去分詞の間にnotを入れます。文の最後に，yet（まだ）をよくおきます。

Ann has <u>not</u> cleaned her room <u>yet</u>. （アンはまだ部屋を掃除していません。）
　　＝hasn't　過去分詞　　　　　　まだ

7 「完了」の疑問文と答え方

「完了」を表す現在完了形の疑問文も，HaveかHasで文を始めます。yetを文の最後によくおきます。疑問文のyetは「もう」という意味になります。答え方は今までと同じですが，「いいえ，まだです」と答えるときは，No, not yet. といいます。

Have you finished your homework yet?
（あなたはもう宿題を終えてしまいましたか。）

— Yes, I have. （はい。） / No, I haven't. （いいえ，終えていません。）

No, not yet. （いいえ，まだです。）

ポイント 「完了」のキーワード

・just（ちょうど），already（すでに，もう）

・yet（まだ）………否定文

・yet（もう）………疑問文

yetは否定文と疑問文で意味がちがうんだね。

Check

➡ 解説は別冊p.28へ

＿＿に適する語を書きましょう。

(1) Have you ＿＿＿＿＿ ＿＿＿＿＿ abroad?（今までに海外へ行ったことはありますか。）

(2) I've ＿＿＿＿＿ skied.（私は一度もスキーをしたことがありません。）

(3) The bus has ＿＿＿＿＿ left.（バスはもう出発してしまいました。）

(4) I ＿＿＿＿＿ washed the dishes ＿＿＿＿＿.（私はまだ食器を洗っていません。）

Lesson 24 の 力だめし

授業動画は こちらから ▶▶▶ 134

📢 解説は別冊p.29へ

1 次の日本文に合うように＿＿＿＿に適する語を書きましょう。

(1) 私は何回も外国人と英語で話したことがあります。

I have ＿＿＿＿＿＿＿ to foreigners in English many ＿＿＿＿＿＿＿.

(2) マイクは前に一度も京都を訪れたことがありません。

Mike has ＿＿＿＿＿＿＿ ＿＿＿＿＿＿＿ Kyoto before.

(3) あなたは今までにこの歌を聞いたことがありますか。

Have you ＿＿＿＿＿＿＿ ＿＿＿＿＿＿＿ to this song?

(4) 映画はまだ始まっていません。

The movie has not ＿＿＿＿＿＿＿ ＿＿＿＿＿＿＿.

(5) 健はちょうど宿題を終えたところです。

Ken ＿＿＿＿＿＿＿ ＿＿＿＿＿＿＿ finished his homework.

2 次の [ ] 内の語を並べかえて，日本文の意味を表す英文を作りましょう。

(1) [have, three, this, times, read, book, I].

私は3回この本を読んだことがあります。

→

(2) [in, they, arrived, already, have, Osaka].　彼らはもう大阪に着きました。

→

(3) [you, have, washed, hands, your, yet]?　あなたはもう手を洗いましたか。

→

(4) [have, how, you, times, DVD, watched, this, many]?

あなたは何回このDVDを見たことがありますか。

→

3 次の日本文を英語に直しましょう。

(1) 私は今までに一度もカナダへ行ったことがありません。

→

(2) あなたはもうその知らせを聞きましたか。

→

(3) 私たちはまだ昼食を食べていません。

→

Lesson 25 〈to＋動詞の原形〉(2)・help, letなど

よーしこれ読んで頭（あたま）よくなっちゃうぞー‼

頭のよくなるハウツー本

次（つぎ）は〈to＋動詞（どうし）の原形（げんけい）〉の応用編（おうようへん）マル

その本のハウツーも how to からきてるマル

ちなみに how to〜で「〜のしかた」という意味（いみ）になるマル

エイゴを信用（しんよう）するのは危険（きけん）だ…※1

エイゴはなまけ者（もの）すぎて勉強（べんきょう）できない…※2

プン子はエイゴにどげざしてほしい…※3

ふわ　こ

こふわ

こふわ

ネガティブ3兄弟（きょうだい）が〈to＋動詞（どうし）の原形（げんけい）〉の使（つか）い方（かた）を教（おし）えてくれようとしてるマルよ

幸せという名の場所への行き方がわからない

ふわ　ふわ

どうでもいいけど例がネガティブすぎるよ

※1 It's dangerous to believe Eigo.　　※2 Eigo is too lazy to study.
※3 Punko wants Eigo to beg on his knees.

いろいろな〈to＋動詞の原形〉

〈to＋動詞の原形〉は覚えていますか。このレッスンでは，It is … to 〜．の文や，疑問詞と〈to＋動詞の原形〉の合わせ技，wantやtellを使った表現などを勉強しましょう。〈to＋動詞の原形〉が不安なら，Lesson17を再確認しておきましょう。

1 〈to＋動詞の原形〉の用法

授業動画は
こちらから

〈to＋動詞の原形〉については，Lesson17で３つの基本的な用法を勉強しました。「〜すること」という意味の名詞的用法，「〜するための」という意味の形容詞的用法，「〜するために」「〜して」という意味の副詞的用法がありましたね。

〜すること	I like **to study** English.（私は英語を**勉強すること**が好きです。）
〜するための	I have many books **to read**.（私は**読む**本がたくさんあります。）
〜するために	I went to the library **to study**.（私は**勉強するために**図書館に行きました。）
〜して	I was happy **to see** him.（私は彼に**会って**うれしかったです。）

〈to＋動詞の原形〉は上の４つの意味だけでなく，いろいろなことを表現するのに使われます。ここでは，〈to＋動詞の原形〉を使って表せる，「〜することは…だ」「〜のしかた」「人に〜してほしい」「…すぎて〜できない」の４つのいい方を学習しましょう。

2 It … to 〜.

授業動画は
こちらから

上でおさらいしたように，「〜すること」は〈to＋動詞の原形〉で表しましたが，「英語を勉強することは大切です」などと**文の主語としていうときはItで文を始める**のがふつうです。To 〜で始めることはあまりありません。このItには特に意味はなく，**「とりあえずの主語」**と考えてください。It is…のあとに本当の主語である〈to＋動詞の原形〉を続けます。**Itを「それ」と訳さない**ようにしましょう。過去の文の場合は，It wasで文を始めます。

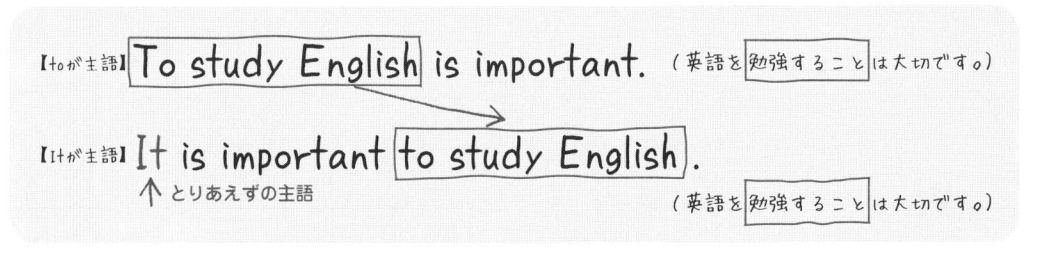

【toが主語】 To study English is important.（英語を勉強することは大切です。）

【Itが主語】 It is important to study English.
↑ とりあえずの主語（英語を勉強することは大切です。）

🐾It … to 〜. の文でよく使われる形容詞

この文ではIt isやIt was のあとに，次のような形容詞がよくきます。また，名詞のfun（おもしろいこと，楽しいこと）がくることもあります。

・easy（簡単な）	・difficult（難しい）	・interesting（おもしろい）
・hard（難しい）	・important（重要な）	・exciting（わくわくさせる）
・good（よい）	・useful（役に立つ）	・dangerous（危険な）

♟ 「〜にとって」のいい方

It … to 〜. の文で，「テニスをするのは<u>私にとって</u>簡単でした」のように動作をする人をいうときは，for me（私にとって）などの〈for＋人〉を，〈to＋動詞の原形〉の前に入れます。

> ## It was easy <u>for me</u> to play tennis.
> ↑代名詞なら目的格
> （テニスをするのは<u>私にとって</u>簡単でした。）

> **ポイント** It … to 〜. の文の形
>
> It is | easy | for me | to speak English. （英語を話すことは私にとって簡単です。）

Check 1

____に適する語を書きましょう。

(1) _____ is fun _____ make cookies.（クッキーを作るのは楽しいです。）

(2) _____ was not easy _____ me _____ swim in the river.
　　（川で泳ぐことは私にとって簡単ではありませんでした。）

---

3 〈疑問詞＋to 〜〉

授業動画は
こちらから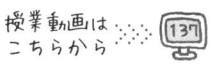

疑問詞のあとに，〈to＋動詞の原形〉が続くこともあります。〈疑問詞＋to 〜〉で「疑問詞の意味＋〜すればよいか」という意味を表します。例えば，how to 〜は「どう〜すればよいか」→「〜のしかた」ですね。ほかの疑問詞を使っても，いろいろな意味を表すことができます。

> ・how to 〜 ;「どう〜すればよいか」→「〜のしかた」
> ・what to 〜 ;「何を〜すればよいか」
> ・where to 〜 ;「どこへ[で]〜すればよいか」
> ・when to 〜 ;「いつ〜すればよいか」
> ・which to 〜 ;「どちら[どれ]を〜すればよいか」

「〜すればよいか」
がつくのは同じ
だね

〈疑問詞＋to 〜〉のまとまりは，ふつう**know**や**learn**などの一般動詞のあとにきます。

> ## I don't know <u>what to say</u>. （私は何を言ったらよいかわかりません。）
> ## We learned <u>how to dance</u> yesterday.
> （私たちは昨日，<u>ダンスのしかた</u>を習いました。）

〈疑問詞＋to ～〉のまとまりは，Lesson21で学習した**〈動詞＋人（に）＋もの（を）〉の文の「もの」の部分**にくることもあります。動詞は，**tell，ask，teach**がよく使われます。

┌── 人（に）──┐┌───── もの（を）─────┐
I asked the man where to buy a ticket.
（私はその男の人にチケットをどこで買ったらよいかたずねました。）

how to ～ は**how to get to** …（…への行き方）という形で，道をたずねるときなどにもよく使われます。

Could you tell me how to get to the station?
（私に駅への行き方を教えてくださいませんか。）

Check 2

解説は別冊p.30へ

____に適する語を書きましょう。

（1） We didn't know _____ _____ do then.
（私たちはそのとき何をすればよいかわかりませんでした。）

（2） Can you teach me _____ _____ use this computer?
（私にこのコンピューターの使い方を教えてくれませんか。）

4 〈want＋人＋to ～〉など

授業動画はこちらから 138

138

want to ～は「～したい」という意味でした（→Lesson17）が，自分ではなく**「人に～してほしい」**というときは**〈want＋人＋to ～〉**の形で表します。このとき，**「人」の位置がto ～の前であることに注意**しましょう。

I want   to cook. （私は料理したい。）
I want my mother to cook. （私は母に料理してほしい。）

動詞のwantを**tell**や**ask**にかえると，下のような意味になります。

・〈tell ＋人＋to ～〉；「人に～するように言う」
・〈ask ＋人＋to ～〉；「人に～するように頼む」

My father <u>told</u> me <u>to clean</u> my room.

（私の父は<u>私に</u>部屋を<u>そうじするように言いました</u>。）

Ann <u>asked</u> Jim <u>to help</u> her. （アンは<u>ジムに手伝ってくれるように頼みました</u>。）

もっとくわしく 〈want[tell, ask]＋人＋not to ～〉の文

「人に～しないでほしい［～しないようにいう，～しないように頼む］」というときは，toの前にnotを入れます。
Ms. Sato told us <u>not to</u> run.（佐藤先生は私たちに走らないように言いました。）

Check 3

➡解説は別冊p.30へ

＿＿に適する語を書きましょう。

（1） My mother ＿＿＿＿＿ me ＿＿＿＿＿ study.（母は私に勉強するように言いました。）

（2） I ＿＿＿＿＿ Ken ＿＿＿＿＿ sing.（私は健に歌ってほしいのです。）

（3） Let's ＿＿＿＿＿ ＿＿＿＿＿ ＿＿＿＿＿ join our team.
（彼女に私たちのチームに加わってくれるように頼みましょう。）

5 too … to ～

授業動画は
こちらから ・・・・ 🖥 139

「…すぎて～できない」「～するにはあまりに…すぎる」というときは，too … to ～の形を使います。too tired to runのようにtooのあとには形容詞（または副詞），**toのあとには動詞の原形**がきます。否定文のような意味ですが，notは使いません。

I'm <u>too</u> tired <u>to</u> study. （私は<u>疲れすぎていて勉強できません</u>。）

動作をする人をはっきりさせるときは，〈for＋人〉をto ～の前に入れます。（主語とto ～の動作をする人が異なる場合。）

The book is too difficult <u>for me</u> to read.

（その本は<u>私には</u>難しすぎて読めません。）

もっとくわしく too … to ～とso … that ～の書きかえ

too … to ～の文は，so … that ～の形を使って，同じような意味の文に書きかえることができます。

Sam was <u>too</u> sleepy <u>to</u> stay up.（サムは眠すぎて起きていられませんでした。）
Sam was <u>so</u> sleepy <u>that</u> he couldn't stay up.（サムは眠かったので起きていられませんでした。）

6 注意すべき不定詞（原形不定詞）

授業動画はこちらから [140]

　これまで学習してきたいろいろな〈to＋動詞の原形〉は，**不定詞**あるいは**to不定詞**と呼ばれます。これに対して，動詞の原形だけで使う**原形不定詞**という形があります。〈help＋人＋動詞の原形〉は，「**(人など) が～するのを手伝う**」という意味を表します。〈help＋人＋to＋動詞の原形〉で使われることもありますが，ふつうは**to**を**つけません**。

My mother helped my sister make an omelet.
　　　　　　　　　　　　　　　　動詞の原形
（母は姉がオムレツを作るのを手伝いました。）

　同じように〈let＋人＋動詞の原形〉は「**(人など) に～させる**」の意味ですが，このときも**to**は**つきません**。letの場合は，必ず原形不定詞になります。動詞に続く「人」が何であっても**動詞は原形**になることに注意しましょう。

My father let me use his computer.
　　　　過去形　　　動詞の原形 (toはつかない)
（父は私に父のコンピューターを使わせてくれました。）

Check 4

解説は別冊p.30へ

　____に適する語を書きましょう。

（1）Please let me _____ myself. （自己紹介させてください。）

（2）I will _____ you _____ your homework.
　　　（あなたが宿題をするのを手伝ってあげましょう。）

Lesson 25 の 力だめし

授業動画は
こちらから　141

解説は別冊p.30へ

1 次の日本文に合うように_____に適する語を書きましょう。

(1) 英語で手紙を書くのは私にとって簡単ではありませんでした。

_____ wasn't easy _____ me _____ write a letter in English.

(2) 私の弟は野球のしかたを知りません。

My brother doesn't know _____ _____ play baseball.

(3) どこで岡先生にお会いすればよいのか教えてください。

Please tell me _____ _____ meet Mr. Oka.

(4) 私に折り返し電話をしてくれるように彼に伝えてくださいませんか。

Could you _____ _____ _____ call me back?

(5) 今日は泳ぐには寒すぎます。

It's _____ cold _____ swim today.

2 次の [　　] 内の語を並べかえて，日本文の意味を表す英文を作りましょう。

(1) [soccer, play, is, for, exciting, me, it, to] with my friends.

私にとって友達とサッカーをすることはわくわくします。

→ _____

(2) [know, what, I, didn't, say, to] in English.

私は英語で何を言えばよいかわかりませんでした。

→ _____

(3) [wash, you, did, sister, help, your] the dishes?

お姉さんはあなたがお皿を洗うのを手伝ってくれましたか。

→ _____

3 次の英文を日本語に直しましょう。

(1) It is important for us to learn about other cultures.

→ _____

(2) I asked our teacher to speak more slowly.

→ _____

(3) My brother told me not to go out at night.

→ _____

to＋動詞の原形
と原形不定詞は
よく整理しておくマル！

名詞を後ろから説明する語句

名詞を後ろから説明するとは?

「名詞を後ろから説明する」というのは,英語独特のしくみです。日本語では「日本で作られたカメラ」のように名詞の前に名詞を説明することばができますが,英語は名詞のあとにきます。日本語と英語の大きなちがいですね。

1 名詞を説明する語句の位置

授業動画は こちらから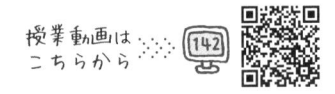

日本語では「新しい友達」のように, 名詞(友達)を説明する語(新しい)は必ず名詞の前にきます。英語でもan interesting book(おもしろい本)のように, 説明する語(interesting)が1つだけのときは名詞(book)の前にきますが, **まとまりが名詞を説明するときは名詞の後ろ**におきます。

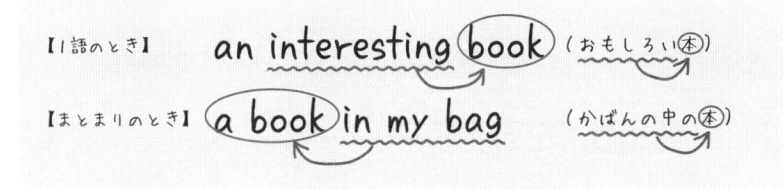

ここでは, 名詞を後ろから説明するさまざまな語句について学習しましょう。

2 名詞を後ろから説明する前置詞のまとまり

授業動画は こちらから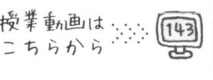

上のようにin my bag(かばんの中の)のような前置詞で始まるまとまりは, **名詞を後ろから**説明します。

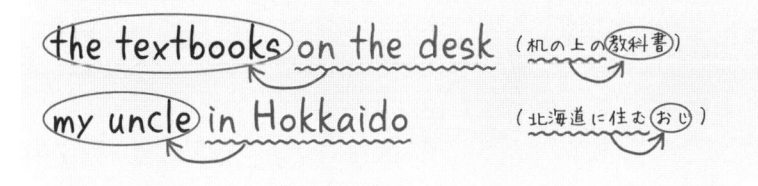

前置詞で始まる語句のまとまりは文の最後にきたり, 真ん中にきたりします。

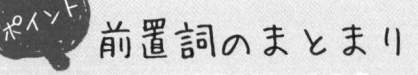
前置詞のまとまり

〈前置詞＋語句〉が名詞を説明するときは, 名詞のあとにおく。
(例) the textbooks on the desk

3 名詞を後ろから説明するing形

授業動画はこちらから

動詞のing形は，〈be動詞＋ing形〉の形で現在進行形（→Lesson 9）や過去進行形（→Lesson 12）で使いましたね。実は，ing形そのものに「〜している」という意味があるのです。ing形は，あとに続く語句と1つのまとまりを作り，「〜している」という意味で後ろから名詞を説明することもできます。

> ing形1語だけのときは名詞の前におくんだね。

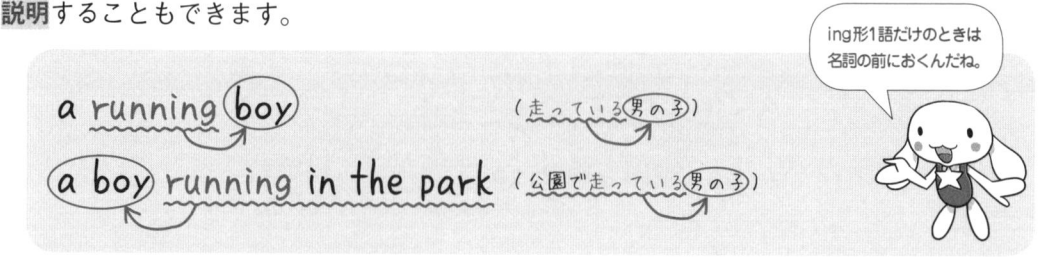

a running (boy)　　　　　　　（走っている男の子）

(a boy) running in the park　（公園で走っている男の子）

上のように，**「公園で走っている男の子」**といいたい場合は，running in the parkのまとまりを，boy（男の子）の後ろにおきます。

ing形のまとまりが文の終わりにくるときはわかりやすいのですが，文の中に入るとどこまでがing形のまとまりかが少しわかりづらくなりますね。ですが，意味を考えて，どこまでが名詞と名詞を説明しているまとまりかを見極めることができれば心配ありません。

Who is that boy?　　　　　　　（あの男の子はだれですか。）

Who is (that boy) talking on the phone?

（電話で話している(あの男の子)はだれですか。）

That boy　　　　　　　　　is my brother.

（あの男の子は私の弟です。）

(That boy) talking on the phone is my brother.

（電話で話している(あの男の子)は私の弟です。）

主語にing形を続けて説明する場合，主語のまとまりが長くなります。**主語のまとまりと動詞の切れ目に注意**しましょう。

- -

Check 1

🡒 解説は別冊p.31へ

＿＿に適する語を書きましょう。

（1）Look at the girl ＿＿＿＿＿＿ tennis.（テニスをしている女の子を見なさい。）

（2）The man ＿＿＿＿＿＿ at the door is my uncle.（玄関に立っている男性は私のおじです。）

④ 名詞を後ろから説明する過去分詞

授業動画は こちらから  145

動詞の過去分詞は，〈be動詞＋過去分詞〉の形で受け身の文（→Lesson22）で使いました。過去分詞そのものには「〜された」という受け身の意味があります。過去分詞は，あとに続く語句と1つのまとまりで **「〜された」という意味で後ろから名詞を説明**します。

a used car 　　　　（使われた車＝中古車）

a car used every day 　（毎日使われている車）

> 過去分詞1語だけのときは名詞の前だよ。

上のように，**「毎日使われている」**といいたい場合は，used every dayのまとまりを，car（車）の後ろにおきます。

下のように過去分詞のまとまりが文の中に入ると，ing形のときと同様にどこまでが過去分詞のまとまりかが少しわかりづらくなります。ここでも文の構造をよく見て，どこまでが説明しているまとまりかを見極めましょう。

These cameras 　　　　　　are popular.

（これらのカメラは人気があります。）

These cameras made in Japan are popular.

（日本で作られた〈＝日本製の〉これらのカメラは人気があります。）

ポイント　名詞を後ろから説明するing形・過去分詞

ing形→「〜している」 （例）a boy running in the park

過去分詞→「〜された」「〜されている」 （例）a car used every day

Check 2

📖 解説は別冊p.31へ

____に適する語を書きましょう。

（1） Ken showed me some pictures _____ in Kyoto.
（健は京都で撮られた写真を何枚か私に見せてくれました。）

（2） The languages _____ in Canada are English and French.
（カナダで話されていることばは英語とフランス語です。）

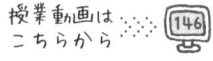

5 名詞を後ろから説明する〈主語＋動詞〜〉

146

ing形や過去分詞と同じように，〈主語＋動詞〜〉のまとまりも名詞を後ろから説明することが
できます。例えば，**「私が昨日読んだ本」**といいたい場合は，I read yesterday（私が昨日読
んだ）という〈主語＋動詞〜〉のまとまりを，book（本）の後ろにおけばいいのです。名詞の
すぐあとに，〈主語＋動詞〜〉のまとまりがくっついている形ですね。

a book I read yesterday （昨日私が読んだ本）

今まで勉強してきた英文は基本的には，1つの文に〈主語＋動詞〉は1つでしたよね。接続
詞もなくて，〈主語＋動詞〉が2つある文は見た目がだいぶちがって難しそうに見えますが，
名詞を後ろから説明するパターンはこれまでと同じです。

This is a book. （これは本です。）
This is a book I read yesterday. （これは昨日私が読んだ本です。）

The book   was interesting.
                                  （その本はおもしろかったです。）

The book I read yesterday was interesting.
                                  （昨日私が読んだ本はおもしろかったです。）

文全体の〈主語＋動詞〉と，名詞を説明している〈主語＋動詞〉をしっかり見極めましょう。

ポイント
名詞を後ろから説明する〈主語＋動詞〜〉

〈主語＋動詞〜〉が名詞のすぐあとにきて，名詞を後ろから説明する。
（例）a book I read yesterday

Check 3
🔖 解説は別冊p.31へ

____に適する語を書きましょう。
（1）Is this the movie _____ _____ last week?（これはあなたが先週見た映画ですか。）
（2）The bag _____ _____ yesterday is useful.（私が昨日買ったカバンは役立ちます。）

1 次の日本文に合うように＿＿＿に適する語を書きましょう。

(1) 私たちはオーストラリア出身の人々と話しました。

We talked with ＿＿＿＿＿ ＿＿＿＿＿ ＿＿＿＿＿.

(2) あのいすにすわっている男性はだれですか。

Who is the ＿＿＿＿＿ ＿＿＿＿＿ in that chair?

(3) あなたは夏目漱石によって書かれた本が好きですか。

Do you like ＿＿＿＿＿ ＿＿＿＿＿ by Natsume Soseki?

(4) 昨晩あなたが料理した夕食はおいしかったです。

The dinner ＿＿＿＿＿ ＿＿＿＿＿ last night was delicious.

2 次の [ ] 内の語(句)を並べかえて，日本文の意味を表す英文を作りましょう。

(1) [the kitchen, the window, in, open]．　台所の窓を開けなさい。

→ ＿＿＿＿＿＿＿＿＿＿＿＿＿＿＿＿＿＿＿

(2) Do you [this woman, know, singing] on TV?

あなたはテレビで歌っているこの女性を知っていますか。

→ ＿＿＿＿＿＿＿＿＿＿＿＿＿＿＿＿＿＿＿

(3) The [is, ago, built, 100 years, tower] very famous.

100年前に建てられたその塔はとても有名です。

→ ＿＿＿＿＿＿＿＿＿＿＿＿＿＿＿＿＿＿＿

(4) This is [for, my father, a watch, bought] me.

これは私の父が買ってくれた腕時計です。

→ ＿＿＿＿＿＿＿＿＿＿＿＿＿＿＿＿＿＿＿

3 次の英文を日本語に直しましょう。

(1) Can you see that bird flying in the sky?

→ ＿＿＿＿＿＿＿＿＿＿＿＿＿＿＿＿＿＿＿

(2) Mary has a dog named Cookie.

→ ＿＿＿＿＿＿＿＿＿＿＿＿＿＿＿＿＿＿＿

(3) Is this the movie you want to watch?

→ ＿＿＿＿＿＿＿＿＿＿＿＿＿＿＿＿＿＿＿

関係代名詞

※1 I have a friend who can squash the Earth.　　※2 I have a friend who eats people.

関係代名詞とは？

関係代名詞…なんだか難しそうなことばですね。で、確かに難しいんです。一言でいえば「2つの文を関係づけてくっつける代名詞」のこと。え、やっぱりわからないですか？　そうですよね。次のページから、しっかり学習していきましょう。

授業動画は
こちらから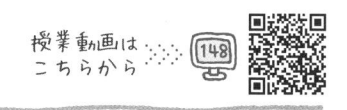

1 関係代名詞の働き

これまでは，例えばI have a brother.（私には兄がいます。），He goes to high school.（彼は高校に通っています。）という文を見てきました。では，この2つの文を「私には高校に通う兄がいます」のように1つの文でいうには，どうすればよいのでしょうか。ここでは，2つの文をくっつける「関係代名詞」を学びます。次のように，2つの文を自然な形で1文につなぐ接着剤のような役割をするのが関係代名詞なのです。

> I have a brother.　He goes to high school.
>
> I have (a brother) who goes to high school.
> 　　　　　　　　　関係代名詞

上のように，関係代名詞（who）は，直前の名詞（a brother）について**「どんな兄かというと，彼は…」**という**説明を加える文をつなげます**。このレッスンでは，関係代名詞の役割について学習していきましょう。

2 関係代名詞who

授業動画は
こちらから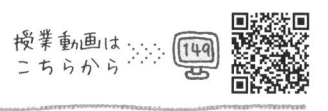

「人」に関して「どんな人かというと…」と説明を加えるときは，**関係代名詞who**を使います。下の例の〔　〕の部分は，〔とても上手にピアノを弾く男の子〕という大きなまとまりとしてとらえるとわかりやすいでしょう。

> I know a boy.　He plays the piano very well.
> 　　　　　　　　　（私は男の子を知っています。彼はとても上手にピアノを弾きます。）
>
> I know 〔(a boy) who plays the piano very well〕.
> 　　　　　a boyを説明（どんな男の子かというと…）
> 　　　　　　　　　（私は〔とても上手にピアノを弾く(男の子)〕を知っています。）

注意 関係代名詞のあとの動詞の形は関係代名詞の前の名詞（who ～に説明される語）に合わせます。上の文は，whoのあとに続く文が現在で前の名詞（a boy）が3人称単数なので，動詞の形はplaysになります。

上の関係代名詞whoは，2つの文をつなぐ接続詞の役割と，代名詞heの役割をかねているのね

♣関係代名詞のまとまりに注意

説明される名詞が主語のときは，関係代名詞whoのまとまりが文の途中にきます。次の文では，whoは主語のThe manを説明していて，isがこの文のメインの動詞になります。

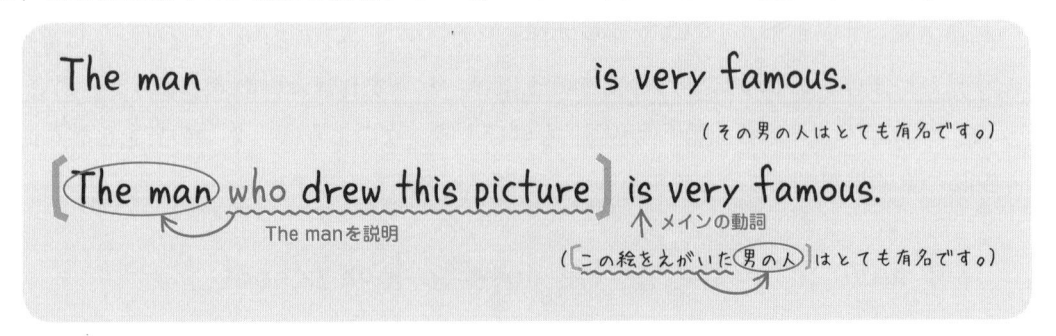

The man   is very famous.

（その男の人はとても有名です。）

[The man who drew this picture] is very famous.

The manを説明   ↑ メインの動詞

（[この絵をえがいた男の人]はとても有名です。）

上の文では，主語The manにwho drew this pictureという関係代名詞のまとまりがくっついて，[The man who drew this picture]という長い主語になっています。drewとis，文の中に2つの動詞があるので混乱しそうですが，**whoが出てきたら，「ここからは前の人を説明するまとまりですよ」という目印**だと考えましょう。**whoのまとまりがどこまでか**をとらえられるようにしましょう。

Check 1

➡解説は別冊p.32へ

次の文にある関係代名詞のまとまりを○で囲みましょう。
（1）I have an aunt who lives in Okinawa.
（2）The teacher who teaches math here is Mr. Suzuki.
（3）Becky is an American student who is kind and cute.

③ 関係代名詞which・that①

授業動画はこちらから

「もの」に関して「どんなものかというと…」と説明を加えるときは，関係代名詞whichまたはthatを使います。whoのときと同じように，説明される名詞が主語のときは，関係代名詞which [that] のまとまりのあとに，メインの動詞がくる形になります。

This is [the bus which goes to the station].
     The busを説明（どんなバスかというと…）

（これは[駅へ行くバス]です。）

[The temple that was built 500 years ago] is popular.
The templeを説明   ↑ メインの動詞

（[500年前に建てられた寺]は人気があります。）

もっとくわしく 「人」に説明を加える関係代名詞that①

「人」について説明するときの関係代名詞はふつうwhoを使いますが，that が代わりに使われることもあります。

The man that drew this picture is very famous.
（この絵をえがいた男の人はとても有名です。）

2つ動詞があって混乱したらまず関係代名詞を探してみよう

Check 2

→ 解説は別冊p.33へ

____にwhichかwhoを書きましょう。

（1） I will buy a camera _____ is easy to use. （私は使うのが簡単なカメラを買うつもりです。）

（2） I have a friend _____ sings well. （私には歌の上手な友達がいます。）

（3） The house _____ has a red roof is mine. （赤い屋根の家が私の家です。）

４ 関係代名詞which・that②

授業動画はこちらから

❸では関係代名詞whichやthatのすぐあとに動詞がきましたが，**あとに〈主語＋動詞～〉を続けて「もの」について説明することもできます。**

This is ⓐ ball. I bought ⓘt yesterday.
（これはボールです。私は昨日それを買いました。）

This is [a ball which [that] I bought yesterday].
a ballを説明（どんなボールかというと…）
（これは 私が昨日買った ボール です。）

もっとくわしく 「人」に説明を加える関係代名詞that②

thatは，あとに〈主語＋動詞～〉を続けて「人」について説明することもできます。「人」についてはwhoを使うこともできますが，whichは使えません。

He's a soccer player that my sister likes. （彼は私の姉が好きなサッカー選手です。）

〈which＋主語＋動詞～〉や〈that＋主語＋動詞～〉のまとまりが，文の途中にくることもあります。下の文では，The book に that I read yesterdayという関係代名詞のまとまりがくっついて，The book that I read yesterdayという長い主語になっています。

[The book that I read yesterday] was interesting.
The bookを説明
（ 私が昨日読んだ 本 はおもしろかった。）

Check 3

解説は別冊p.33へ

次の文にある関係代名詞のまとまりを○で囲みましょう。

（1） This is the CD which my father gave me.

（2） The fish that I caught yesterday was very big.

（3） I want a room which has a large window.

ポイント **関係代名詞の使い分けと語順**

名詞	関係代名詞	語句
人	who[that]	動詞～
		主語＋動詞～
もの	which / that	動詞～
		主語＋動詞～

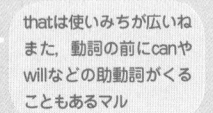

thatは使いみちが広いね
また，動詞の前にcanや
willなどの助動詞がくる
こともあるマル

🐾関係代名詞の省略

152

後ろに〈主語＋動詞～〉をともなう関係代名詞which・thatは省略することができます。関係代名詞を省略した文は，前のレッスンで学習した〈主語＋動詞～〉が前の名詞を説明する文と同じ形になります。whichやthatのあとに主語がなくて動詞が続くときは，関係代名詞を省略することはできません。

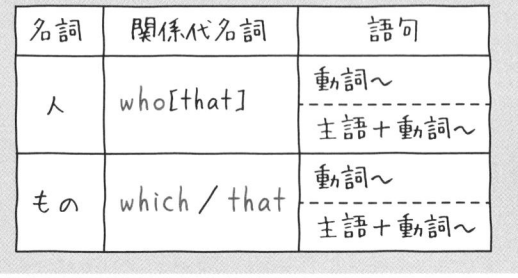

【省略できる】 which [that] が省略されている

This is the bicycle I ride every day. （これは私が毎日乗る自転車です。）
〈主語＋動詞〉

【省略できない】

This is the train which goes to Haneda. （これは羽田に行く電車です。）
〈動詞〉

× This is the train goes to Haneda.

Lesson 26(→p.174)
の文と，よ～く見比
べてみよう

Check 4

解説は別冊p.33へ

関係代名詞を省略できる文には○を，省略できない文には×を書きましょう。

（1） Is this the bag which you bought at the shop? （　　　）

（2） The cap which was found in the gym was Ken's. （　　　）

（3） Do you know anyone who can speak French? （　　　）

1 次の〔　〕内から適する語を選んで○をつけましょう。

(1) This is a computer〔 it / which / who 〕my brother bought.

(2) Is that the boy〔 who / he / which 〕runs very fast?

(3) This is a library〔 which / who / I 〕often use.

2 次の日本文に合うように，_____に適する語を書きましょう。

(1) あなたはピアノが弾けるあの女の子を知っていますか。

　　Do you know that girl _____ _____ play the piano?

(2) これが彼を有名にした本です。

　　This is the book _____ _____ him famous.

(3) これらは私が沖縄で撮った写真です。

　　These are photos _____ _____ in Okinawa.

3 次の各組の文がほぼ同じ内容を表すように，_____に適する語を書きましょう。

(1) I have a sister. She teaches English.

　　I have a sister _____ _____ English.

(2) Those are the pictures. They were painted by my uncle.

　　Those are the pictures _____ _____ painted by my uncle.

(3) The soccer game was exciting. I watched it yesterday.

　　The soccer game _____ _____ yesterday was exciting.

4 次の〔　〕内の語(句)を並べかえて，日本文の意味を表す英文を作りましょう。

(1) Is this the〔 looking for, notebook, are, which, you 〕?　　　　　探す：look for

　　これが，あなたが探しているノートですか。

　　→ _____

(2) The place〔 is, want to, I, that, visit 〕Hawaii.

　　私が訪れたい場所はハワイです。

　　→ _____

(3) Beth was〔 who, popular, among, was, a singer 〕many people.　　～の間で：among

　　ベスは多くの人々に人気のあった歌手でした。

　　→ _____

Lesson 28 間接疑問（文）など

文の中の疑問文とは？

日本語でも，「私はそれが何かわからない」などといいますよね。英語でも，疑問詞で始まる文を別の文の中に入れることができるのです。また，「今日はいい天気だよね」のようにいうときの，文の最後に疑問文の形をつける表現なども勉強しましょう。

1 間接疑問（文）

授業動画は
こちらから 154

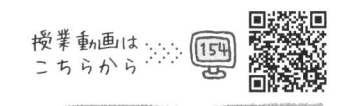

疑問詞で始まる疑問文を別の文に入れると，**語順が変わります**。例えば，What is this? を I don't know. という文に入れると，疑問詞whatのあとが〈主語＋be動詞〉の語順になります。

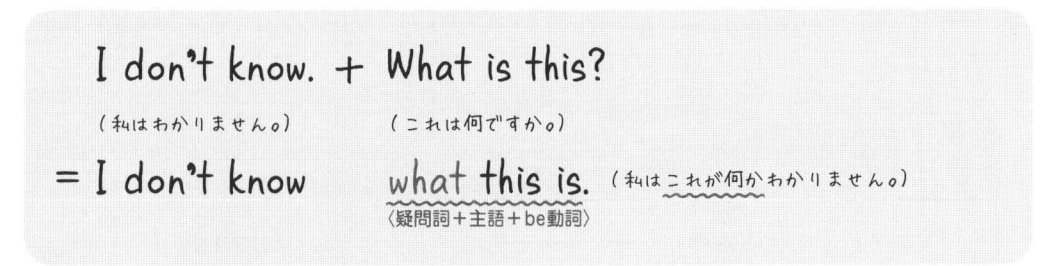

I don't know. ＋ What is this?
（私はわかりません。）　　（これは何ですか。）

＝ I don't know　what this is. （私はこれが何かわかりません。）
　　　　　　　　　〈疑問詞＋主語＋be動詞〉

補足 組みこまれる文（I don't know.）がふつうの文なので，文の終わりは「？」ではなく「.」になります。

一般動詞の疑問文のとき

Where does Mike live?（マイクはどこに住んでいますか。）のような疑問詞で始まる一般動詞の疑問文も，別の文に入ると疑問詞のあとが〈主語＋一般動詞〉の語順になります。このとき，一般動詞の形は疑問詞のあとの主語に合わせます。下の文では，Mikeに合わせて，liveはlivesになっています。

Please tell me. ＋ Where does Mike live?
（私に教えてください。）　　（マイクはどこに住んでいますか。）

＝ Please tell me　where　Mike lives.
　　　　　　　　　疑問詞　　主語　動詞 ┗3人称単数現在形のs
　　　　（マイクがどこに住んでいるか私に教えてください。）

疑問詞で始まる過去の疑問文が別の文に入ると，ふつうの過去の文のように**動詞が過去形になります**。

Do you know? ＋ When did Ken finish　the job?
（あなたは知っていますか。）　（健はいつ仕事を終えたのですか。）

＝ Do you know　when　Ken finished the job?
　　　　　　　　　疑問詞　　主語　動詞 ┗過去形のed
　　　　（あなたは健がいつ仕事を終えたのか知っていますか。）

もっとくわしく 疑問詞が主語の疑問文のとき

Who plays the guitar?（だれがギターを弾きますか。）のように，疑問詞が主語のときは語順は変わりません。
Do you know who plays the guitar?（あなたはだれがギターを弾くか知っていますか。）

Check

解説は別冊p.34へ

_____に適する語を書きましょう。

（1）I can't remember who _____ _____.（私は彼女がだれだか思い出せません。）

（2）Do you know what color _____ _____?（トムが何色が好きか知っていますか。）

（3）I know why _____ _____ there.（あなたがなぜそこに行ったのか知っています。）

2 付加疑問

授業動画は
こちらから  155

「〜ですね？」と相手に確認したり同意を求めたりするときは，**付加疑問**を使います。ふつうの文のあとにコンマ（, ）をくっつけたあと，〈否定の短縮形＋主語〉を加えます。この主語は，例えば文の主語がTomなら代名詞のheにおきかえます。否定の短縮形は，be動詞の文ならisn't，aren't，wasn't，weren'tを主語と時（現在・過去）によって使い分けます。

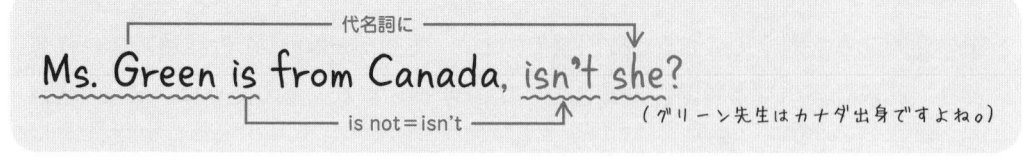

代名詞に

Ms. Green is from Canada, isn't she?

is not＝isn't

（グリーン先生はカナダ出身ですよね。）

一般動詞の文の場合は，don't，doesn't，didn'tを使い分けます。

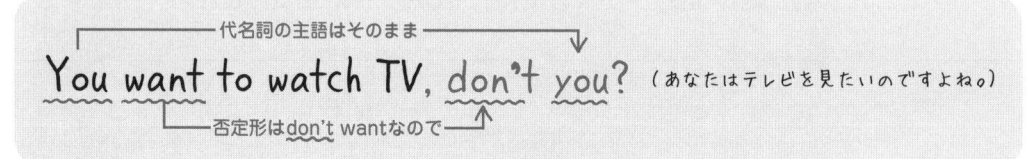

代名詞の主語はそのまま

You want to watch TV, don't you? （あなたはテレビを見たいのですよね。）

否定形はdon't wantなので

補足 前の文が否定文のときは，is he?のように付加疑問はふつうの形にします。
Your father wasn't home, was he?（あなたのお父さんは家にいませんでしたよね。）

3 感嘆文

授業動画は
こちらから 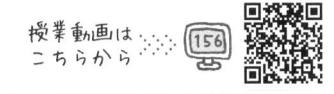 156

「**なんて〜でしょう**」のように感動や驚きを表したいときは，〈What＋a [an] ＋形容詞＋名詞！〉や〈How＋形容詞 [副詞]！〉の形を使います。文の最後には「！」（感嘆符）をつけます。

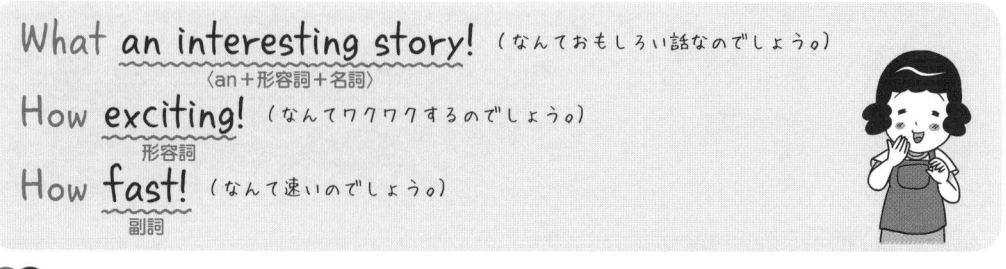

What an interesting story! （なんておもしろい話なのでしょう。）
〈an＋形容詞＋名詞〉

How exciting! （なんてワクワクするのでしょう。）
形容詞

How fast! （なんて速いのでしょう。）
副詞

補足 What an interesting story this is!のように，感嘆文のあとにはもともと〈主語＋動詞〉がありますが，この〈主語＋動詞〉は省略されることが多いです。

1 次の［　］内から適する語を選んで○をつけましょう。

(1) I want to know where ［ does he play / he plays / he does play ］ tennis.

(2) Your brother goes to high school, ［ does he / doesn't he / isn't he ］ ?

(3) ［ What a / Who / How ］ wonderful!

(4) I asked her what ［ time is it / time was it / time it was ］ .

2 次の［　］内の語を並べかえて，日本文の意味を表す英文を作りましょう。

(1) I don't know ［ are, what, these ］.

これらが何なのか私は知りません。

→ _____

(2) Amy wants to know ［ he, angry, is, why ］.

エイミーは彼がなぜ怒っているのか知りたがっています。

→ _____

(3) Do you know ［ lives, this, who, house, in ］?

あなたはだれがこの家に住んでいるか知っていますか。

→ _____

3 次の文の_____に適切な付加疑問を書きましょう。

(1) You play tennis, _____ _____?

(2) Ms. Tanaka is a music teacher, _____ _____?

(3) Ken's brother doesn't like coffee, _____ _____?

(4) Your sister went to Canada last month, _____ _____?

4 次の日本文を［　］の語を使って英語に直しましょう。

(1) あなたはナンシーがいつ日本に来るか知っていますか。［ will ］

→ _____

(2) なんて美しい夕焼けでしょう。［ sunset ］

→ _____

Lesson 29 仮定法

仮定法とは？

もしも願いがかなうなら，何をお願いしましょう？　お金持ちだったらなあ…。足が速ければモテるのに…といろいろ想像するよね？　そんな願望を伝えるときに使うのが仮定法。奇跡を起こす魔法よりは簡単だけど，仮定法は覚えるのが難しい。でも，仮定法ができれば小さな願いくらいはかなう…はず！

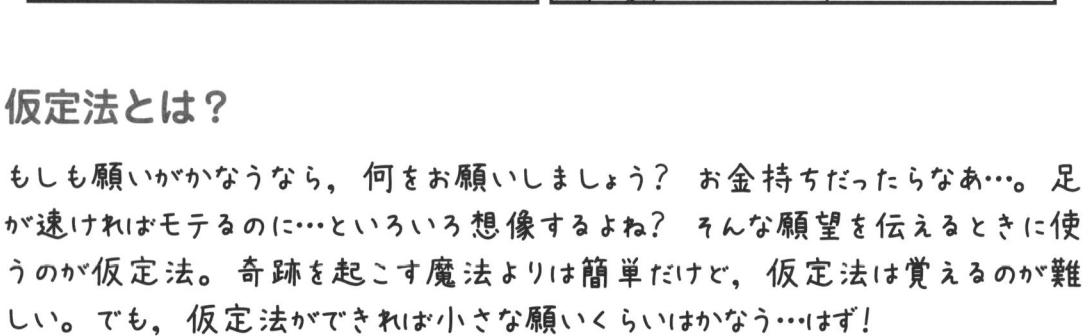

1 あり得ること・あり得ないこと

授業動画はこちらから

「もし動物園に行ったら」と「もし月に行ったら」のちがいは何でしょうか？　だれでも動物園には行けるけれど，月に行くのは（今は）不可能です。なので，この２つのちがいは**現実にあり得るか・あり得ないか**です。

日本語ではどちらも「もし～なら」と言うので簡単ですが，英語では**現実に「あり得ること」と「あり得ないこと」を区別**して，それぞれ別の形を使います。ここでは２つの形を比べることから始めて，**仮定法**についてしっかり学習していきましょう。

2 「もし～ならば，…なのに」

「もし～ならば」に if ～ を使うのはどちらも同じです。大きなちがいは**「あり得ること」には現在形**，**「あり得ないこと」（仮定法）には動詞と助動詞に過去形**を使うことです。仮定法では，形は過去形ですが，「今」のことを表すことに注意しましょう。

🐾一般動詞の場合

・あり得ること

> If we go to the zoo, we can see the panda.
> 　　　　現在形　　　　　　　　　　助動詞の現在形
> 　　　　（[今]動物園に行けば，私たちはパンダを見ることができます。）

どちらも助動詞のあとは原形だよ。

・あり得ないこと（仮定法）

> If we went to the moon, we could see the earth.
> 　　　　goの過去形　　　　　　　　助動詞canの過去形
> 　　　　（[今]月に行けば，私たちは地球を見ることができます。）

「あり得る」と「あり得ない」は話し手や状況によって変わります。宇宙旅行が身近になった未来では，If we go to the moon, we will ～.と言うのはふつうのことかも。

🔵 be動詞の場合

be動詞のときも，ifのカタマリの中のbe動詞には過去形，後ろに続く部分の助動詞も過去形を使います。

・あり得ること

If I am late, I will feel sorry.
　　　　 be動詞の現在形　　　助動詞の現在形

（[今] もし遅刻すれば，私は申し訳ないと感じるでしょう。）

・あり得ないこと（仮定法）

If I were a cat, I would feel happy.
　　　 be動詞の過去形　　　　助動詞willの過去形

（[今] もしネコだったら，私は幸せに感じるでしょう。）

amの過去形はwasですが，仮定法ではhe, she, itなどのときもwereを使うのがふつうです。仮定法では，be動詞はすべてwereを使うと覚えておきましょう。

「もし～ならば，…なのに」

If	主語	一般動詞の過去形 be 動詞の過去形（were）	～,	主語	助動詞の過去形 （could, would）	動詞の原形	～.

ポイント 「もし～ならば，…なのに」

- ・仮定法は，現実にはあり得ないことについて言う文
- ・動詞や助動詞の過去形を使うが，「今」のことを表す
- ・be動詞は主語が何であってもwereを使うのが基本

もっとくわしく 助動詞の過去形

仮定法ではwould（～でしょう），could（～できるでしょう）のほかに，might（～かもしれない）を使うこともあります。

Check 1

🔜 解説は別冊p.36へ

_____に適する語を書きましょう。

（1）　If I _____ a brother, I _____ play the game with him.
　　　（もし兄がいれば，私はいっしょにそのゲームをするのに。）

（2）　If it _____ Sunday today, we _____ _____ to the park.
　　　（もし今日が日曜日なら，私たちは公園に行けるのに。）

3 「〜だったらいいのに」

「(現実は…だけど) 〜だったらいいのに」という願望を表すときは，〈I wish（that）＋主語 ＋動詞の過去形〜.〉，または〈I wish（that）＋主語＋助動詞の過去形＋動詞の原形〜.〉の形 を使います。wishのあとのthatは，ふつう省略されます。

・動詞の過去形を使うとき

現実	I don't have 100 million yen.

持っていない

（私は1億円持っていません。）

願望	I wish I had 100 million yen.

動詞haveの過去形

（1億円持っていたらいいのに。）

be動詞のときは，主語は何であってもwereになります。

現実	I am not rich.

〜ではない

（私はお金持ちではありません。）

願望	I wish I were rich.

be動詞amの過去形

（お金持ちだったらいいのに。）

・〈助動詞の過去形＋動詞の原形〉を使うとき

現実	I can't run fast.

走れない

（私は速く走れません。）

願望	I wish I could run fast.

〈助動詞canの過去形＋動詞の原形〉

（速く走れたらいいのに。）

「～だったらいいのに」

I wish (that)	一般動詞の過去形 be 動詞の過去形 (were)		～.
	助動詞の過去形 (could, would)	動詞の原形	

ポイント 「～だったらいいのに」

- 現実に反して「～だったらいいのに」という願望には I wish ～ を使う
- I wish ～ に続く節では, 一般動詞・be動詞・助動詞の過去形を使う
- I wish に続く主語が何であっても be動詞は were にするのが基本

もっとくわしく wishとhope

wish (that) ～.は実現できそうもない願望を表すときに使います。実現できそうな希望を表すときには, I hope (that) ～.を使います (→ p. 98)。

Check 2

解説は別冊p.36へ

____に適する語を書きましょう。

(1) I don't have time now.（私は今，時間がありません。）
→ I wish I _____ time now.（今，時間があればいいのに。）

(2) Jim can't speak Japanese.（ジムは日本語を話せません。）
→ I wish Jim _____ _____ Japanese.（ジムが日本語を話せればいいのに。）

授業動画は
こちらから ➤➤➤ 160

➡ 解説は別冊p.36へ

1 次の日本文に合うように，_____に（　　　）内の語を適する形にかえて書きましょう。

(1) もし1億円当たったら，私は何でも買えるのに。

If I _____ 100 million yen, I _____ buy anything. （win, can）

(2) もしお姉さんが大学生なら，私に英語を教えることができるのに。

If my sister _____ a university student, she _____ teach me English. （is, can）

2 次の日本文に合うように_____に適する語を書きましょう。

(1) もし時間があれば，私は買い物に行けるのに。

If I _____ time, I _____ _____ shopping.

(2) 今日晴れていればいいのに。

I wish it _____ sunny today.

3 次の [　　] 内の語(句)を並べかえて，日本文の意味を表す英文を作りましょう。

(1) [late, I, could, if, were, sleep, tomorrow, Sunday,].

もし明日が日曜日なら，遅くまで寝ていられるのに。

→ _____

(2) [homework, I, finish, now, could, I, my, wish].

今，宿題を終えることができればいいのに。

→ _____

4 次の英文を日本語に直しましょう。

(1) If I had a computer, I would talk with friends online.

→ _____

(2) I wish Kenta could go with me.

→ _____

5 次の日本文を英語に直しましょう。

(1) もし私があなたなら，もっと野菜を食べるのに。

→ _____

(2) 車の運転ができればいいのに。

→ _____

Lesson 30 会話表現

コミュニケーションに役立つ会話表現

これまでは英語のしくみや英文の作り方について勉強してきましたが、英語はコミュニケーションの手段ですから、会話表現を覚えることも大切です。形だけでなく、どんなときに使うのかを知ることがポイント。高校入試にもよく出ますよ。

1 入試によく出る会話表現

授業動画は こちらから

Lesson10で学習した次の文を覚えているでしょうか。can（〜できる）の疑問文ですね。特に会話では，Can you 〜?で 「〜してくれますか」 という依頼の意味を表す ことが多いです。ここでは，高校入試によく出題される会話表現を紹介しましょう。

Can you **open the window?** （窓を開けてくれますか。）

2 感想をたずねる

授業動画は こちらから

相手に出来事や体験したことなどの感想をたずねるときは，**How is 〜?**（〜はどうですか。）や**How was 〜?**（〜はどうでしたか。）を使います。

A: How was **your trip to Kyoto?** （京都旅行はどうでしたか。）
B: It was a lot of fun. （とても楽しかったです。）

3 体調をたずねる

授業動画は こちらから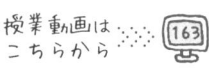

具合の悪そうな相手を気づかって，「どうしたのですか」と体調をたずねるときは，**What's wrong?**や**What's the matter?**を使います。最後に**with you**をつけることもあります。

A: You look sick. What's wrong? （体調が悪そうですね。どうしたのですか。）
B: I have a cold. （かぜをひいています。）
A: That's too bad. （それはお気の毒に。）

4 申し出る

授業動画は こちらから

「（私が）〜しましょうか」と相手にていねいに申し出るときは，**Shall I 〜?**を使います。

A: Shall I close the window? （窓を閉めましょうか。）
B: Yes, please. （はい，お願いします。）/No, thank you. （いいえ，結構です。）

5 さそう・提案する

165

Lesson3で学習したLet's 〜.以外にも，次のような相手をさそう表現や提案する表現があります。応じるときはいろいろないい方がありますが，よく使われるものを見てみましょう。

・**Shall we 〜?**（〈私たちが〉〜しましょうか。）

A: Shall we play soccer? （サッカーをしましょうか。）
B: Yes, let's. （ええ，そうしましょう。）/ No, let's not. （いや，よしましょう。）

・**How about 〜?**（〜はどうですか。）

A: How about watching this DVD? （このDVDを見るのはどうですか。）
B: Sounds great. （いいですね。）

・**Why don't you 〜?**（〈あなたは〉〜してはどうですか。）

A: Why don't you come with us? （私たちと一緒に来てはどうですか。）
B: That's a good idea. （それはいい考えですね。）

・**Why don't we 〜?**（〈私たちが〉〜するのはどうですか。）

A: Why don't we have dinner in a restaurant?
（レストランで夕食を食べるのはどうですか。）
B: I'd love to. （ぜひ，そうしたいです。）

6 ものをすすめる

166

相手にていねいないい方で「**〜はいかがですか**」と食べものや飲みものなどをすすめるときは，Would you like 〜?といいます。答え方にも注意しましょう。

A: Would you like something to drink? （何か飲み物はいかがですか。）
B: Yes, please. （はい，お願いします。）/ No, thank you. （いいえ，結構です。）

補足 「自由に〜を取って食べてください」は，Help yourself to 〜.といいます。

7 依頼する

相手に何かをお願いしたり，依頼したりするときは，ふつう **Can you ~?** や **Will you ~?** をよく使います。目上の人には，よりていねいな **Could you ~?** や **Would you ~?** という表現がよく使われます。

・Can you ~? / Will you ~? （～してくれますか。）

A: Can you help me? （私を手伝ってくれませんか。）
B: OK. （いいですよ。）

A: Will you answer the phone? （電話に出てくれますか。）
B: Sure. （いいですとも。）

・Could you ~? / Would you ~? （～してくださいませんか。）

A: Could you call me? （私に電話をしてくださいませんか。）
B: Certainly. （もちろんです。）

A: Would you take our picture? （私たちの写真を撮ってくださいませんか。）
B: All right. （いいですよ。）

8 許可を求める

「～してもいいですか」と相手に許可を求めるときは，**Can I ~?** を使います。**Can I ~?** よりも， **May I ~? のほうがていねいな表現**で，目上の人によく使います。

・Can I ~? （～してもいいですか。）

A: Can I sit here? （ここにすわってもいいですか。）
B: Sure. （もちろん。）

・**May I ～?** (～してもよろしいですか。)

> A: May I look at those pictures? (それらの写真を見てもよろしいですか。)
> B: No problem. (かまいません。)

⑨ その他の会話表現

授業動画は
こちらから

♣ものを差し出す

相手にものを手渡すときなどに「**はい，どうぞ**」というときは，次のようないい方をします。
Here it is.は，相手の探していたものが見つかったときなどによく使われます。

> ・Here you are. ・Here it is.

♣聞き返す

相手のいったことが聞き取れなかったときは，次のような「**もう一度いってください**」という意味の表現を使います。すべて，文の終わりを上げ調子で発音します。

> ・I beg your pardon? ・Pardon?
> ・Excuse me? ・Sorry?

♣あいづち

相手の話にあいづちを打つときは，次のような表現を使います。

> ・I see. (わかりました。なるほど。)　・I think so. (そう思います。)
> ・That's right. (そのとおりです。)　・Is that so? (そうですか。)
> ・Are you sure? (確かですか。)　・Really? (本当ですか。)

♣つなぎことば

相手の質問にすぐに答えられないときは，次のようなつなぎことばを使います。

> ・Well… (ええと，そうですね…)　・I mean… (つまり…)
> ・Let's see… (ええと…)　・Let me see… (ええと…)

これで間が
つなげられるマルね

➡️ 解説は別冊p.37へ

1 次の対話文の〔　　〕内から適するものを選んで○をつけましょう。

(1) A : Can you open the door?

　　B :〔 That's right. / OK. / Sounds great. 〕

(2) A :〔 Will / Do / Shall 〕I carry your bag?

　　B : Oh, thank you.

(3) A :〔 What / When / How 〕was the English class today?

　　B : It was interesting.

(4) A :〔 Were / Shall / Could 〕you tell me how to get to the station?

　　B : Certainly. It's near here.

(5) A : Shall we play a game now?

　　B :〔 No, let's not. / No, we don't. / No, you don't have to. 〕

(6) A : Will you wash the dishes?

　　B :〔 Really? / Pardon? / Are you sure? 〕

　　A : Please wash the dishes.

2 次の対話文の＿＿＿＿に適する語を書きましょう。

(1) A : ＿＿＿＿＿＿＿＿ about going swimming together?

　　B : Great idea.

(2) A : ＿＿＿＿＿＿＿＿ you like some tea?

　　B : Yes, please.

(3) A : Will you show me your notebook?

　　B : Sure. ＿＿＿＿＿＿＿＿ you are.

(4) A : You look pale. What's ＿＿＿＿＿＿＿＿?

　　B : I have a cold.

(5) A : ＿＿＿＿＿＿＿＿ don't we go to the movies tomorrow?

　　B : I'd love to.

3 次のようなとき，英語でどのようにいいますか。適する文を書きましょう。

(1) 目上の相手に対して，「窓を開けてもよいですか」とていねいに許可を求めるとき。

　　→＿＿＿＿＿＿＿＿＿＿＿＿＿＿＿＿＿＿＿＿＿＿＿＿＿＿＿＿＿＿

(2) 自分と「いっしょに来てはどうですか」と相手に提案するとき。

　　→＿＿＿＿＿＿＿＿＿＿＿＿＿＿＿＿＿＿＿＿＿＿＿＿＿＿＿＿＿＿

実戦問題に挑戦！

解説は別冊p.37へ

さあ，ここでは今まで学習した総しあげとして，高校入試レベルの問題を解いてみましょう。難しいと思う問題もあると思いますが，これまで学習したことを思い出しながら取り組んでください。そして大切なのは解答したあとです。できなかった問題をチェックし，特に苦手な問題についてはこれまでのレッスンを振り返って再確認すると，力がつくでしょう。

1 適語選択問題

日本文に合うように，（　　）内から適切なものを選び，記号で答えなさい。

(1) 雨が降っていたので，昨日は駅までバスに乗りました。

I took the bus to the station yesterday（ ア if　イ because　ウ so ）it was raining.

(2) 私たちは今までにトムの絵を見たことはありません。

We have（ ア just　イ ever　ウ never ）seen Tom's pictures.

(3) 絵美にはとても上手に歌を歌うことができる姉がいます。

Emi has a sister（ ア she　イ who　ウ which ）can sing very well.

(4) その果物はおいしそうでしたが，私は食べられませんでした。

The fruit（ ア looking　イ looked　ウ looked like ）delicious but I couldn't eat it.

(5) だれがいちばん上手に絵をえがくことができますか。

Who can draw a picture the（ ア best　イ most　ウ well ）?

(6) すぐに起きなさい，そうしないと朝ごはんを食べられませんよ。

Get up now,（ ア and　イ so　ウ or ）you will miss breakfast.

(7) あなたはどのくらいの頻度でピアノの練習をしますか。

How（ ア many　イ often　ウ long ）do you practice the piano?

(8) 子どもは川のそばで遊んではいけません。

Children（ ア must not　イ will not　ウ don't have to ）play by the river.

(9) もう解答を見てもよろしいでしょうか。

（ ア Shall　イ Will　ウ May ）I look at the answers now?

(10) 彼らが何について話しているか知っていますか。

Do you know what（ ア are they　イ they are　ウ do they ）talking about?

(1)		(2)		(3)		(4)		(5)	
(6)		(7)		(8)		(9)		(10)	

2 適語補充問題

次の日本文に合うように，_____に適する語を書きなさい。

(1) インターネットは日常生活で最も役に立つ道具の1つです。

The Internet is _____ of the _____ _____ tools in our daily lives.

(2) だれか東京スカイツリーの高さを知っていますか。

Does anyone know _____ _____ Tokyo Skytree _____?

(3) 私が自分の教室にもどったとき，そこには生徒は1人も残っていませんでした。

When I came back to my classroom, there _____ any students left.

(4) 私はこのオレンジが全部の中でいちばん小さいと思います。

I think that this orange is the _____ _____ all.

(5) エイミーは昨日からずっと病気です。

Amy has been _____ _____ yesterday.

(6) 読書とテレビを見るのとでは，どちらが好きですか。— 読書です。

_____ do you like _____, reading books _____ _____ TV?

— I like reading books _____.

(7) あなたのチームは次の試合に出場しますか。— はい，出場します。

_____ your team _____ _____ play in the next game?

— Yes, we _____.

(8) クッキーはいかがですか。— いいえ，結構です。

_____ you _____ some cookies?

— No, _____ you.

3 動詞の語形変化問題

次の日本文に合うように，（　　）内の動詞を正しい形に変えなさい。ただし，2語になるものや変える必要のないものもあります。

(1) 私たちはテレビでその悲しいニュースを見て，ショックを受けました。

We were shocked (watch) the sad news on TV.

_____

(2) 朝からずっと雨なので，外に遊びに行けません。

It (be) rainy since morning, so I can't go outside and play.

_____

(3) あなたはEメールを書き終えましたか。

Have you finished (write) the e-mail?

_____

(4) 島先生はしばしば英語を聞くことは大切だと言います。

Mr. Shima often tells us that (listen) to English is important.

_____

(5) あなたは自分で髪を切ったことがありますか。

Have you ever (cut) your hair by yourself?

_____

(6) 私が電話したとき，雄二は友だちとサッカーをしていました。

Yuji (play) soccer with his friends when I called him.

_____

(7) その惑星は2人のアメリカ人天文学者によって発見されました。

The planet was (find) by two American astronomers.

_____

(8) 池田先生はどんな質問にも驚かないでしょう。

Mr. Ikeda won't (be) surprised by any questions.

_____

(9) 手を洗わずに食べるべきではありません。

You should not eat without (wash) your hands.

_____

(10) 私の兄は先週，私にカメラの使い方を教えてくれました。

My brother (teach) me how to use the camera last week.

_____

4 並べかえ問題

次の日本文に合うように，（　　）内の語(句)を並べかえて正しい英文を完成しなさい。

(1) ティムは英語で書かれた本を読んでいます。

Tim（ written / in / a book / reading / is ）English.

→ _____

(2) 緑の帽子をかぶっているあの男の子はだれですか。

（ that / is / who / wearing / boy ）a green cap?

→ _____

(3) 隆二は今朝クラスでいちばん早く学校に来ました。

Ryuji（ in / school / to / came / the earliest ）his class this morning.

→ _____

(4) どこで映画のチケットを買ったらよいか教えてくださいますか。

Could you（ buy / to / where / me / a movie ticket / tell ）?

→ _____

(5) 私の妹にとって朝早起きするのは簡単ではありません。

（ get up / not / for / is / my sister / to / it / easy ）early in the morning.

→ _____

(6) ビルは私にその花は日本語で何と呼ばれるのかたずねました。

Bill（ called / the flower / me / what / asked / is ）in Japanese.

→ _____

(7) これは父が私の誕生日に買ってくれたコンピューターです。

This is（ me / the computer / bought / father / my ）for my birthday.

→ _____

(8) 亜矢は友人にクリスマスプレゼントを送るために，郵便局へ行きました。

Aya went（ a Christmas present / to / friend / send / to / her / the post office ）.

→ _____

5 和文英訳問題

次の日本文を英語に直しなさい。

(1) あなたのクラスには生徒が何人いますか。

 _____

(2) どのバスに乗るべきか私に教えてくれませんか。

 _____

(3) 私は英語の勉強に役立つ本を知っています。

 _____

(4) あなたのお父さんはあなたを何と呼びますか。

 _____

(5) ベッキーの弟は彼女と似ていますね。

 _____

(6) あなたに私が撮った写真を何枚か見せてあげましょう。

 _____

(7) 私たちが異なる文化について学ぶことは重要です。

 _____

(8) その本は私には理解するのが難しすぎます。

→ _____

6 同意書きかえ問題

次の文を [　　] 内の指示にしたがって，ほぼ同じ意味を表す文に書きかえなさい。

(1) Tokyo is the busiest city in Japan. [than any other cityを使った比較級の文に]

　→ _____

(2) Soccer is not as popular as baseball in America. [Baseballで始まる比較級の文に]

　→ _____

(3) You must not use this computer without asking your teacher. [否定の命令文に]

　→ _____

(4) Do all of us have to wear a uniform? [mustを使った疑問文に]

　→ _____

(5) Visiting Akihabara is exciting for foreigners. [Itで始まる文に]

　→ _____

(6) Do you know any books Soseki wrote? [関係代名詞を補った文に]

　→ _____

(7) How about going to an amusement park with me? [Whyで始まる文に]

　→ _____

7 読解問題

(1) 下のグラフは，中学生の陽菜 (Hina) が先週1週間に数学の勉強をした時間を表しています。このグラフから読み取れることを正しく表している文として最も適当なものを，ア〜エから選びなさい。

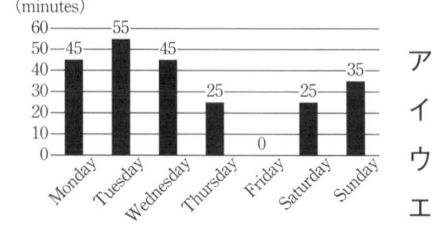

(minutes)

ア　Hina had no time to study math on Sunday.

イ　Hina studied math the longest last Tuesday.

ウ　Hina has been studying math for four days.

エ　Hina's mother made Hina study math on Friday.

(1)	

(2) 次の □1□ ～ □3□ に，a～cの英文を，AとBの対話が成り立つように当てはめるとき，その組み合わせとして最も適当なものを，ア～エから選びなさい。

A : Oh, something is wrong with the computer. Do you know what to do?

B : □1□

A : □2□

B : □3□

    a I see. If she were here, she would help me restart it.

    b No. Meg knows a lot about computers, but she's out now.

    c I think so, too, but she's been busy lately.

    ア（1－b，2－c，3－a）   イ（1－c，2－b，3－a）

    ウ（1－c，2－a，3－b）   エ（1－b，2－a，3－c）

(2)	

(3) 佑二 (Yuji) と留学生のグレッグ (Greg) は，夏休みに広島県に行こうと計画しています。佑二とグレッグのそれぞれがよいと考えている旅行プランとして最も適当なものを，ア～エから選びなさい。

Yuji : I'm really happy to be able to go to Hiroshima. I've just found some plans to get there on the Internet.

Greg : Well ... , this one is the cheapest, but if we take a bus, it takes too much time.

Yuji : You're right. I don't want to continue sitting for a long time! How about going by plane?

Greg : Hmm ... . We have two ways to get there by plane.

Yuji : Well, this is the best plan for me. It's the quickest way to get to Hiroshima. And I can't get up early. What do you think, Greg?

Greg : That sounds good, but for me this is the best. It's not as expensive as flying there.

	Start	Arrive	From Tokyo to Hiroshima	Price
ア	6:30 a.m.	8:30 a.m.	Tokyo ┼┼┼ Haneda 〜〜 Hiroshima	¥19,490
イ	1:00 p.m.	2:45 p.m.	Tokyo ┼┼┼ Haneda 〜〜 Hiroshima	¥22,440
ウ	10:30 a.m.	2:25 p.m.	Tokyo ┼┼┼ Hiroshima	¥18,380
エ	9:00 p.m.	8:40 a.m.	Tokyo ┼┼┼ Shinjuku ▬▬ Hiroshima	¥6,230

bus : ▬▬   train : ┼┼┼   plane : 〜〜

Yuji		Greg	

Epilogue

[エピローグ]

ピカッ

本当に自分の星に帰っちゃうの…？
ミミマル…

ナシゴレンが記憶した地球の映像がいっぱいあるからさみしくないマル

いろいろあったね

けど…ミミマルのおかげで本当に苦手だった英語が大好きになったよ…

ありがとう…ミミマル

じゃあねエイゴ！
みんなも
さよならマルー‼

バイバーイ

ミミマルー
ぼくぜったい
これからも
英語がんばるからねー

あーあ…
行っちゃった…

な…
ナシゴレンー⁉

ま…まさかミミマル
ナシゴレン忘れて
行っちゃったんじゃ

宇宙に
どうやって
届けましょうか!?

本当に
ナシゴレン
かい？

ミミマル…

まあ
ナシゴレン
いると
楽しいから
いいか♡

まったくまいったマルよー

不規則動詞の変化表

不規則な変化形は赤字になっています。

原形	意味	3単現	過去形	過去分詞	ing 形
be	（be 動詞）	am, are, is	was, were	been	being
become	～になる	becomes	became	become	becoming
begin	始まる	begins	began	begun	beginning（nを重ねる）
break	こわす	breaks	broke	broken	breaking
bring	持ってくる	brings	brought	brought	bringing
build	建てる	builds	built	built	building
buy	買う	buys	bought	bought	buying
catch	つかまえる	catches（es をつける）	caught	caught	catching
choose	選ぶ	chooses	chose	chosen	choosing
come	来る	comes	came	come	coming
cut	切る	cuts	cut	cut	cutting（tを重ねる）
do	する	does（es をつける）	did	done	doing
draw	（絵を）えがく	draws	drew	drawn	drawing
drink	飲む	drinks	drank	drunk	drinking
drive	運転する	drives	drove	driven	driving
eat	食べる	eats	ate	eaten	eating
fall	落ちる	falls	fell	fallen	falling
feel	感じる	feels	felt	felt	feeling
find	見つける	finds	found	found	finding
fly	飛ぶ	flies（yをiにかえてes）	flew	flown	flying
forget	忘れる	forgets	forgot	forgotten/forgot	forgetting（tを重ねる）
get	手に入れる	gets	got	gotten/got	getting（tを重ねる）
give	与える	gives	gave	given	giving
go	行く	goes（es をつける）	went	gone	going
grow	成長する	grows	grew	grown	growing
have	持っている	has	had	had	having
hear	聞こえる	hears	heard	heard	hearing
hit	打つ	hits	hit	hit	hitting（tを重ねる）
hold	持つ，開催する	holds	held	held	holding
keep	保つ	keeps	kept	kept	keeping

原形	意味	3単現	過去形	過去分詞	ing 形
know	知っている	knows	knew	known	knowing
leave	去る	leaves	left	left	leaving
lend	貸す	lends	lent	lent	lending
lose	失う，負ける	loses	lost	lost	losing
make	作る	makes	made	made	making
mean	意味する	means	meant	meant	meaning
meet	会う	meets	met	met	meeting
put	置く	puts	put	put	putting tを重ねる
read	読む	reads	read	read	reading
ride	乗る	rides	rode	ridden	riding
run	走る	runs	ran	run	running nを重ねる
say	言う	says	said	said	saying
see	見える	sees	saw	seen	seeing
sell	売る	sells	sold	sold	selling
send	送る	sends	sent	sent	sending
show	見せる	shows	showed	shown	showing
sing	歌う	sings	sang	sung	singing
sit	すわる	sits	sat	sat	sitting tを重ねる
sleep	眠る	sleeps	slept	slept	sleeping
speak	話す	speaks	spoke	spoken	speaking
spend	過ごす	spends	spent	spent	spending
stand	立つ	stands	stood	stood	standing
swim	泳ぐ	swims	swam	swum	swimming mを重ねる
take	取る	takes	took	taken	taking
teach	教える	teaches esをつける	taught	taught	teaching
tell	伝える，言う	tells	told	told	telling
think	思う，考える	thinks	thought	thought	thinking
understand	理解する	understands	understood	understood	understanding
wear	着ている	wears	wore	worn	wearing
win	勝つ	wins	won	won	winning nを重ねる
write	書く	writes	wrote	written	writing

さくいん

こまったときは
いつでもこの本に
戻ってくるマルよ！

おつかれさまでした！
最後まで読んでくれて
ありがとう！

みなさんの
役に立つことを
願っています！

やさしくまるごと中学英語 改訂版

著者：武藤克彦

イラスト：阿部 潤，関谷由香理

ＤＶＤ・ミニブック・計画シート 監修協力：葉一

デザイン：山本光徳

データ作成：株式会社四国写研

動画編集：学研編集部（ＤＶＤ），株式会社四国写研（授業動画）

ＤＶＤオーサリング：株式会社メディアスタイリスト　**ＤＶＤプレス**：東京電化株式会社

製作
宮﨑 純，延谷朋実，細川順子（改訂版）

執筆協力：武藤美樹（武蔵野市立第四中学校），株式会社オルタナプロ

編集協力
今居美月，甲野藤文宏，小林里歩，佐藤美穂，上保匡代，脇田 聡，佐藤玲子，渡辺泰葉

英文校閲：Nobu Yamada

やさしくまるごと中学英語 改訂版

別冊

軽くのりづけされていますので、ゆっくりと取りはずしてお使いください。

Gakken

Lesson 1 be動詞

Check 1
(1) am (2) are (3) is (4) are

解説
(1) 主語がI（私は）なのでbe動詞はam。
(2) 主語がyou（あなたは）なのでbe動詞はare。
(3) My house（私の家）は，Iやyou以外の単数のものなので，be動詞はis。
(4) Kenta and Jim（健太とジム）は，2人以上の人を表すので，be動詞はare。

> **ポイント** 「~にあります」と存在を表すときや「~出身です」と出身地を表すときにも，be動詞を使うことに注意。

Check 2
(1) not (2) are, not
(3) Are / I'm, not

解説
(1) be動詞のあとにnotを入れる。
(2) まずWe（私たちは）に対応するbe動詞areを入れ，その後，否定のnotを入れる。
(3) be動詞の疑問文を作るときは，be動詞を文頭に出す。「あなたは~ですか」と聞かれているのだから，答えの文の主語はI（私は）になることに注意。

Lesson 1 の力だめし

1 (1) is (2) am (3) is
(4) are
2 (1) I am not[I'm not] a soccer player.
(2) This is not[isn't] my piano.
(3) We are not[We're not / We aren't] in the park.
3 (1) Is Keiko your friend?
(2) Are they from Canada?

4 (1) I, am (2) it, isn't[it's, not]
(3) she, is

解説
1 (1) My mother（私の母）は，Iやyou以外の単数の人物なので，be動詞はis。
(2) I（私）に対応するbe動詞はam。
(3) This cat（このネコ）は，Iやyou以外の単数の主語なので，be動詞はis。
(4) Yumi and I（由美と私）は，2人以上の人を表すので，be動詞はare。
2 (1) be動詞amのあとにnotを入れる。amとnotの短縮形は存在しない。× I *amn't* とはしないこと。
(2) be動詞isのあとにnotを入れる。
(3) be動詞areのあとにnotを入れる。We are notの短縮形は2通りある。
3 (1) be動詞isを文頭に出す。Isと最初を大文字にすること。
(2) be動詞areを文頭に出す。
4 (1) 「あなたは~ですか」という問いなので，答えの文の主語はI（私は）になる。Iに対応するbe動詞はam。
(2) 否定の答えは，No,のあとに，it is not.と続ける。it is notの短縮形は2通りある。
(3) your mother（あなたのお母さん）は女性なので，答えの文ではshe（彼女は）で受ける。

Lesson 2 一般動詞

Check 1
(1) I play tennis. (2) I study math.
(3) I like cats.

解説
(1)(2) 「私は」「~を」「どうする」という順番にならべる。
(3) 「私は~が好きです」はI like ~.

▽ Check 2

(1) play　　(2) speaks　　(3) go
(4) live

解説

(1) I（私は）は1人称の主語なので動詞にsはつかない。

(2) Ann（アン）は3人称単数の主語なので動詞にsをつける。

(3) They（彼らは）は3人称複数の主語。

(4) Jim and I（ジムと私）は1人称複数の主語。

> **ポイント** Jim and I（ジムと私）は we（私たちは）と言いかえられるので1人称。Jim and Ken（ジムと健）なら they（彼らは）で言いかえられるので3人称。いずれも複数。

▽ Check 3

(1) do　　(2) does
(3) don't, watch　　(4) doesn't, live

解説

(1)(3) 3人称単数の主語ではないので，動詞の前にdo not[don't] を入れて否定文を作る。

(2)(4) 3人称単数の主語なので，動詞の前にdoes not[doesn't] を入れて否定文を作る。

▽ Check 4

(1) Do / I, don't　　(2) Does / he, does

解説

(1) youが主語の疑問文なので，Doを使ってたずねる。答えの文ではI（私は）とdon'tを使って答える。

(2) Tom（トム）は1人の男性なので，Doesを使ってたずねる。答えの文ではhe（彼は）とdoesを使って答える。

▽ Lesson 2 の力だめし

1　(1) play　　(2) studies
(3) lives　　(4) like
2　(1) I don't[do not] have a dog.

---

(2) Ken doesn't[does not] play tennis every day.

(3) We don't[do not] walk to school.

3　(1) Do you go to junior high school?

(2) Does Mika have a brother?

(3) Does Mr. Tanaka teach English?

4　(1) he, doesn't　　(2) they, do

解説

1（1）「（楽器を）演奏する」はplay。

（2）「勉強する」はstudy。主語が3人称単数なので，studyのyをiにかえてesをつける。

（3）「住んでいる」はlive。主語が3人称単数なので，sをつける。

（4）「～が好きです」はlike。JaneとLizは複数の人物なので，動詞にsはつけない。

2（1）（3）動詞の前にdon't[do not] を入れる。

（2）主語が3人称単数なので，動詞の前にdoesn't[does not] を入れる。動詞playsのsをとって原形にもどす。

3（1）疑問文は，文頭にDoをおく。

（2）（3）主語が3人称単数の疑問文は，文頭にDoesをおく。動詞は原形にもどすこと。

4（1）Ken（健）は男性なので答えの文ではheとする。Does ～?で聞かれたら，答えの文でもdoesを使う。

（2）the people（その人々）は答えの文ではthey（彼らは）で受ける。主語が複数なので，doesではなくdoを使う。

Lesson 3　命令文

▽ Check

(1) Read　　(2) Be
(3) Don't, use　　(4) Let's, play

解説

（1）read（読む）を原形のまま使う。

（2）be動詞の原形beで文を始める。

（3）否定の命令文は，動詞の前にDon'tをおく。

（4）「〜しましょう」とさそうときは，動詞の前にLet'sをおく。

1 （1）Study　　（2）play
2 （1）Don't, watch　　（2）Please, be
（3）Let's, sing
3 （1）Please write your name here. /
Write your name here, please.
（2）Don't eat that cake.
（3）Please don't speak Japanese.
4 （1）Be quiet.
（2）Don't touch the[that] dog.
（3）Let's go to the park.

解説

1 （1）「〜しなさい」というときは，動詞の原形を使う。
（2）「〜してはいけません」は〈Don't＋動詞の原形〜〉。
2 （1）「テレビを見る」はwatch TV。「〜してはいけません」なので，watchの前にDon't。
（2）「気をつける」はbe careful。「〜してください」という文なので，文頭にPleaseをつける。
（3）「〜しましょう」はLet's 〜。
3 （1）「（どうぞ）〜してください」という命令文なので，文頭か文尾にpleaseをつける。
（2）否定の命令文は動詞の前にDon'tをつける。
（3）否定の命令文は動詞の直前にdon'tをつける。この文の場合だと，Pleaseと動詞speakの間にdon'tを入れることになる。Don't speak Japanese, please.ということもできる。
4 （1）「〜しなさい」という命令文は，動詞の原形で始める。「静かにする」はbe quiet。beで文を始める。
（2）「その犬にさわる」はtouch the dog。「〜してはいけません」というためには，Don'tを動詞touchの前につける。
（3）「公園に行く」はgo to the park。「〜しましょう」というときは，動詞goの前にLet'sをつける。

ポイント「〜してください」と，ていねいな命令文を作るときは，文頭か文尾に please をつけます。文尾につける場合は，直前にコンマを入れて，Be quiet, please. のようにいいます。

Lesson 4 名詞

▼Check 1
（1）a　　（2）an　　（3）a　　（4）an

解説
（1）（3）母音（「アイウエオ」のような音）以外で始まる名詞の単数形にはaをつける。
（2）（4）母音で始まる名詞の単数形にはanをつける。

▼Check 2
（1）books　　（2）leaves
（3）classes　　（4）women
（5）watches　　（6）babies

解説
（1）ただsをつける。
（2）（4）例外としてこのまま覚えよう。
（3）（5）s, x, ch, shで終わる名詞にはesをつける。
（6）yをiにかえてesをつける。

▼Check 3
（1）some　　（2）any, dogs
（3）much　　（4）Many, boys

解説
（1）「何本か」は，つまり「いくつか」ということなので，someを使う。
（2）否定文で「1つも〜ない」というときは〈any＋複数形〉を使う。
（3）money（お金）のような数えられないものについて「たくさん」というときはmuchを使う。
（4）数えられる名詞boysについて「たくさん，

多くの」というときは，manyを使う。

▽ Lesson 4 の力だめし

> **1** （1）pencils　（2）watches
> （3）desks　（4）children
> （5）cities　（6）countries
> （7）×　（8）×　（9）lives　（10）×
> **2** （1）some　（2）any　（3）many
> **3** （1）My father has three watches.
> （2）Kenta has a lot of CDs.
> （3）I don't have any money now.
> **4** （1）My brother has five cameras.
> （2）We don't have any homework today.

解説

1（1）（3）そのままsをつける。
（2）esをつける。
（4）（9）特殊な変化なので，このまま覚えること。
（5）（6）yをiにかえてesをつける。
（7）（8）（10）英語では数えられない名詞として扱う。
2（1）ばくぜんと「いくらかの」というときはsomeを使う。
（2）疑問文で「1つでも，1人でも」とたずねるときはanyを使う。
（3）「多くの人々」はmany people。
3（1）watch（時計）を複数形のwatchesにることを忘れずに。
（2）a lot ofは「たくさんの」。CDの複数形は，CDsと表す。
（3）someは否定文ではanyにかえる。
4（1）「カメラを5台」はfive camerasと表す。My brother（私の兄）は3人称単数の主語なので，have（持っている）を3単現のhasにすることを忘れずに。
（2）「まったくありません」は「少しもない」と考え，don't have any homeworkと表す。homeworkは数えられない名詞なので，複数形にはしない。

> **ポイント** 疑問文，否定文では，ふつう some は any にかえます。

Lesson 5 代名詞

▽ Check 1

> （1）my　（2）his　（3）our
> （4）their

▽ Check 2

> （1）them　（2）us　（3）him

解説

（1）「彼女たちを」は，「彼らを」と同じくthem。
（3）atのような前置詞のあとには，「〜を」を表す代名詞の目的格が来る。

▽ Check 3

> （1）hers　（2）your

解説

（1）「この本は彼女のものです」の意味に。
（2）「あれはあなたのペンですか」の意味に。

▽ Lesson 5 の力だめし

> **1** （1）me　（2）mine　（3）your
> （4）him　（5）her　（6）its　（7）our
> （8）your　（9）their　（10）them
> **2** （1）She　（2）him　（3）your
> **3** （1）He teaches English.
> （2）You are good friends.
> （3）I know them.
> （4）This racket is hers.

解説

2（1）a sister（姉，妹）は，She（彼女は）で受ける。
（2）「彼を」の意味のhimを入れる。
（3）「あなたの」の意味のyourを入れる。
3（1）Mr. Brown（ブラウン先生）は1人の男性なのでHe（彼は）にかえる。
（2）You and Ken（あなたと健は）は，You（あなたたちは）にかえられる。
（3）Kenta and Misaki（健太と美咲を）は，

them（彼らを）にかえられる。

（4）「これは彼女のラケットです」の文を「このラケットは彼女のものです」の文に書きかえる。

ポイント This is my 〜 .（これは私の〜です。）という文は This 〜 is mine.（この〜は私のものです。）という文に書きかえられます。

Lesson 6 形容詞・副詞

▼ Check
（1）new　（2）old
（3）sometimes　（4）very, hard

【解説】
（1）「新しい」はnew。
（2）「古い」はold。
（3）「ときどき」はsometimes。最後のsを忘れないこと。
（4）「とても」はvery，「一生懸命に」はhard。

▼ Lesson 6 の力だめし

1（1）tall　（2）my new
（3）a nice camera　（4）very kind
（5）plays tennis well
2（1）very　（2）my, favorite
（3）good[nice], books
3（1）I study math hard.
（2）Ken runs very fast.
（3）My brother sometimes plays tennis.
4（1）My mother cooks very well.
（2）I usually eat bread for breakfast.

【解説】
1（1）aがつくのは〈a＋形容詞＋名詞〉という語順でならぶとき。この場合は名詞がないのでaは不要。
（2）my（私の）のような所有を表す語は，〈形容詞＋名詞〉の前につく。
（3）〈a＋形容詞＋名詞〉という語順でならべる。

（4）あとに名詞がないので，aは不要。
（5）Mai plays tennis.（真衣はテニスをする。）という文をまず作って，well（上手）を最後におく。
2（1）「とても強い」はvery strong。
（2）「私の大好きな〜」はmy favorite 〜。myがあるのでaやtheは不要。
（3）「よい本」はgood books。前にany（何か）があるので，bookにsをつけて複数形にする。
3（1）I study math.（私は数学を勉強します。）という文の後に，様子を表す副詞のhard（一生懸命に）をおくと考える。
（2）Ken runs.（健は走ります。）という文を作った後，文の最後に，様子を表す語句very fast（とても速く）をおく。
（3）sometimes（ときどき）のように頻度を表す副詞は，ふつう一般動詞の前に入れる。
4（1）「とても上手に」という意味になるように，wellの前にveryを入れる。
（2）usually（たいてい）のように頻度を表す副詞は，ふつう一般動詞の前に入れる。for breakfastは「朝食に」という意味。

ポイント 頻度を表す次の4つの副詞は，文の中での位置に注意。ふつう「一般動詞の前，be動詞のあとに入れる」と覚えておきましょう。
always（いつも）
usually（たいてい，ふつうは）
often（よく，しばしば）
sometimes（ときどき）

Lesson 7 疑問詞で始まる疑問文

▼ Check
（1）When　（2）Where
（3）Why　（4）Whose, chair
（5）How, many

（1）「いつ」はwhen。

（2）「どこ」はwhere。from（〜から，〜出身の）が文の最後につくことで「どこから」「どこの出身」と問う文になる。

（3）「なぜ」はwhy。

（4）「だれの」はwhose，「いす」はchair。疑問文にするときはWhose chair（だれのいす）というまとまりを文頭に出す。

（5）「いくつ」と数をたずねるときはhow manyを使う。How many caps（いくつの帽子）というまとまりを文頭に出す。

> **ポイント** 「いくつの〜」と数をたずねるときは，How many で文を始め，そのあとに名詞の複数形を続けます。名詞を複数形にするのは，複数あることを前提にして，数をたずねているからです。とはいえ，答えが「1つ」ということもありえます。
> （例）How many chairs do you have?
> 　　（いくつのいすを持っていますか。）
> ―I have only one chair.（1つだけです。）

♥ **Lesson 7 の力だめし**

> **1** （1）What 　（2）How 　（3）When
> （4）Which 　（5）Who 　（6）Which
> **2** （1）Whose T-shirt is this?
> （2）Who is your science teacher?
> （3）Where do they practice soccer?
> （4）How many DVDs do you have?
> （5）What subject do you like?
> **3** （1）What does Mr. Brown want?
> （2）Where are the students?
> （3）When does Amy go to the library?
> （4）How old is Ken?
> （5）How many cards does your brother have?

解説

1 （1）具体的に「何か」を答えているので，「何」を表すwhatを入れる。「これは何ですか」「テニスボールです」。

（2）「どうやって」と手段を問うhowを入れる。「あなたはどうやって学校に来るのですか」「私は歩きます」。

（3）「いつ」を表すwhenを入れる。「あなたの誕生日はいつですか」「9月14日です」。

（4）「どちらの」を表すwhichを入れる。「ピザかスパゲティーのどちらがほしいですか」「私はスパゲティーがほしいです」。

（5）「だれ」を表すwhoを入れる。「だれが英語を教えますか」「グリーン先生です」。

（6）「どちらの」を表すwhichを入れる。「どちらのかばんがあなたのものですか」「小さいほうのかばんです」。

2 （1）Whose T-shirt（だれのTシャツ）で文を始め，be動詞の疑問文の語順is this?を続ける。

（2）Who（だれ）で文を始め，be動詞の疑問文の語順を続ける。「あなたたちの理科の先生」はyour science teacher。

（3）Where（どこ）で文を始め，do they practice soccer?（彼らはサッカーを練習しますか）という疑問文を続ける。

（4）How many DVDs（何枚のDVD）で文を始め，do you have?（あなたは持っていますか）という疑問文を続ける。

（5）What subject（何の教科）で文を始め，do you like?（あなたは好きですか）と続ける。

3 （1）a new carは物を表しているので，What（何）で文を始め，does Mr. Brown want?（ブラウンさんはほしいですか）という疑問文を続ける。doesを使うこと，wantsのsをとることを忘れずに。「ブラウンさんは何をほしがっていますか」。

（2）in the gym（体育館に）は場所を表しているので，Where（どこ）で文を始め，are the students?という疑問文の語順を続ける。「生徒たちはどこにいますか」。

（3）on Sunday（日曜日に）は時を表しているので，When（いつ）で文を始め，does Amy go to the library?（エイミーは図書館に行きますか）という疑問文を続ける。doesを使うこと，goesのesをとることを忘れずに。「エイミーはいつ図書館に行きますか」。

（4）13 years old（13歳で）は年齢を表してい

るので，How old（何歳で）で文を始め，is Ken?という疑問文の語順を続ける。「健は何歳ですか」。

（5）about fifty（約50枚の）は数を表しているので，How many cards（何枚のカード）で文を始め，does your brother have?（あなたのお兄さん〔弟さん〕は持っていますか）という疑問文を続ける。doesを使うこと，hasをhaveにすることを忘れずに。「あなたのお兄さん〔弟さん〕は何枚のカードを持っていますか」。

ポイント 疑問詞の文は，疑問詞で文を始め，そのあとは疑問文の語順を続けます。
（例）Where do you play tennis?
（あなたはどこでテニスをしますか。）
例外は，who（だれ）やwhat（何）が主語の疑問文です。この場合は，疑問詞のあとはふつうの文と語順が同じになります。
（例）Who teaches math?
（だれが数学を教えますか。）

Lesson 8 時刻・日付・天気

▼ Check1
（1）What, time / It's, morning
（2）time, have[eat] / have[eat], at

解説
（1）「今何時ですか」はWhat time is it?で表し，「〜時です」と答えるときは，It's 〜を使う。「午前の」はin the morning。
（2）「何時に〜しますか」とたずねるときは，What timeで文を始めて，そのあとにふつうの疑問文を続ける。「朝食を食べる」はhave[eat] breakfast。「〜時に」は〈at 〜（数）〉。

ポイント 「午前〜時」は in the morning，「午後〜時」は in the afternoon と表します。
（例）at seven in the morning（午前7時に）
at seven in the afternoon（午後7時に）

▼ Check2
（1）What, day / Wednesday
（2）What's, date / February

解説
（1）曜日をたずねるときの決まった表現は，What day is it today?（今日は何曜日ですか。）答えるときは，〈It's＋曜日〉という。
（2）日付をたずねるときの決まった表現は，What's the date today?（今日は何日ですか。）答えるときは，〈It's＋月の名前＋日にち（序数）〉という。

ポイント 順序を表す語のことを「序数」と呼びます。「four（4）→ fourth（4番目）」というふうに，数詞（数を表す語）に -th をつければいいだけのものもありますが，数詞とはまったく違う形になるものや，つづりに注意が必要なものもあります。

▼ Check3
How's, weather / cloudy / sunny, hot

解説
天気をたずねるときの決まった表現は，How's [How is] the weather?（天気はどうですか。）

▼ Lesson 8 の力だめし
1 （1）Saturday （2）Tuesday
（3）Wednesday （4）Thursday
（5）March （6）November
（7）February （8）July
2 （1）What, day, it / It's
（2）How's, weather / rainy[raining]
（3）time, it, in / in, the, afternoon
3 （1）ア （2）オ （3）エ
（4）ウ （5）イ
4 （1）What time is it (now) in Canada?
（2）What day is it today?
（3）What time do you go to bed?

2 （1）曜日をたずねるときの決まった表現は，What day is it today?（今日は何曜日ですか。）答えるときもitを使う。

（2）天気をたずねるときの決まった表現は，How is[How's] the weather?（天気はどうですか。）theの前に空所が1つしかないので，短縮形How'sを使う。「雨が降っています」は，形容詞rainy（雨が降っている）か，動詞rain（雨が降る）のing形（raining→Lesson 9で学習）を使って表す。

（3）現在の時刻をたずねるときの決まった表現はWhat time is it? 「ロンドンは」は，場所を表す前置詞inを使って，in London（ロンドンでは）と表す。

3（1）疑問文の意味は「天気はどうですか」。cloudy（曇っている）と答えているアが正解。

（2）疑問文の意味は「あなたは何時に起きますか」。「6時30分に起きます」と答えているオが正解。

（3）疑問文の意味は「今日は何曜日ですか」。曜日を答えているエが正解。

（4）疑問文の意味は「今何時ですか」。「10時40分です」と時刻を答えているウが正解。

（5）疑問文の意味は「今日は何日ですか」。「5月27日です」と日付を答えているイが正解。

4（1）「カナダでは今何時ですか」という文を作る。

（2）「今日は何曜日ですか」という文を作る。

（3）「あなたは何時に寝ますか」という文を作る。What time（何時）で文を始め，その後に「あなたは寝ますか」という疑問文を続ける。「寝る」はgo to bed。

Lesson 9 現在進行形

▼ **Check1**
（1）am, studying
（2）are, playing　（3）is, watching

（1）主語がI（私は）なので，1つ目の空所にはbe動詞のamを入れる。「勉強する」はstudy。動詞の最後にingをつける。

（2）主語がThey（彼らは）なので，1つ目の空所にはbe動詞のareを入れる。「（スポーツを）する」はplay。動詞の最後にingをつける。

（3）主語My father（私の父）は1人の男性なので，1つ目の空所にはbe動詞のisを入れる。「テレビを見る」の「見る」はwatch。動詞の最後にingをつける。

▼ **Check2**
（1）using　（2）helping
（3）running　（4）studying
（5）making

（1）（5）eをとってingをつける。

（2）（4）そのままingをつける。

（3）最後の1字を重ねてingをつける。

> **ポイント** 動詞のing形を作る際，ほとんどの動詞は，あとにingをつけるだけです。ただし次の2つのルールも覚えておきましょう。
> ① 最後がeで終わる動詞は，eをとってing。
> ② 語尾を重ねてingをつける動詞もある。
> （例）run（走る）→ running
> 　　　get（着く）→ getting
> 　　　swim（泳ぐ）→ swimming
> 　　　sit（すわる）→ sitting

▼ **Check3**
（1）Are, using / am
（2）Is, cooking / she, isn't [she's, not]

（1）現在進行形の疑問文はbe動詞で始める。主語がyouなのでbe動詞はare。「使う」はuse。useのing形はusing。答えの文の主語はI（私は）なので，be動詞はamを使う。

（2）your mother（あなたのお母さん）は3人称単数の主語なので，be動詞はisを使う。疑問文なのでIsで文を始める。「料理をする」はcook。

cookのing形はcooking。答えの文では，your motherはshe（彼女は）で受ける。答えの文でもbe動詞を使うこと。「いいえ」の文なので，No, she isn't.となる。she isn'tはshe's notでもよい。

ポイント be動詞を使う文の共通ルールとして，下のことがいえます。

① 疑問文では be動詞を前に出す。

② 答えの文でも be動詞を使う。

③ 否定文では be動詞のあとに not をおく。

Lesson の力だめし

1 （1）studying　（2）using　（3）Is
2 （1）helping　（2）taking
（3）running
3 （1）is, swimming　（2）Are, waiting
4 （1）Students are enjoying a soccer game.
（2）Are you watching a movie?
（3）I'm not writing a letter now.
5 （1）What are you doing?
（2）What are you making?

解説

1 （1）be動詞のareがあるので，studyingを選び，〈be動詞＋～ing〉の形に。「彼らは英語を勉強しています」。

（2）be動詞の否定形isn'tがあるので，usingを選び，〈be動詞＋～ing〉の否定文の形に。文全体の意味は「グリーン先生はそのコンピューターを使っていません」。

（3）動詞のing形のplayingがあるので，be動詞Isを選び，〈be動詞＋～ing〉の疑問文の形にする。Paulは1人の男性を表すので，対応するbe動詞はis。文全体の意味は「ポールはバスケットボールをしていますか」。

2 （1）be動詞isがあるので，helpをing形にして〈be動詞＋～ing〉の形を作る。「美紀はお母さんを手伝っています」。

（2）be動詞amがあるので，takeをing形にして〈be動詞＋～ing〉の形を作る。takeは，eをとっ

ている。文全体の意味は「私は今，お風呂に入っています」。

（3）be動詞の否定形isn'tがあるので，runをing形にして〈be動詞＋～ing〉の形を作る。runは，最後のnを重ねてingをつける。文全体の意味は「健は公園の中を走ってはいません」。

3 （1）「泳いでいます」なので，swim（泳ぐ）を使って現在進行形の文を作る。Shotaは1人の人物なので，be動詞はis。swimのing形は，swimming。mを重ねてingをつける。

（2）「待っているのですか」なので，wait（待つ）を使って現在進行形の文を作る。主語がyouなので，be動詞はare。疑問文なのでAreで文を始める。wait for ～ で「～ を待つ」。waitのing形は，waiting。

4 （1）〈be動詞＋～ing〉の形にする。主語Students（生徒たち）は複数形なので，be動詞はare。enjoyのing形はenjoying。書きかえたあとの文の意味は「生徒たちはサッカーの試合を楽しんでいます」。

（2）現在進行形の疑問文は，be動詞で始める。この文の場合はareを前に出して疑問文を作る。書きかえたあとの文の意味は「あなたは映画を見ているのですか」。

（3）現在進行形の否定文は，be動詞のあとにnotを入れる。この文の場合は，I'mのあとにnotを入れる。書きかえたあとの文の意味は「私は今は手紙を書いていません」。

5 （1）「あなたは何をしているのですか」という文を作る。What（何を）で文を始め，are you doing?（あなたはしているのですか）という疑問文を続ける。「する」はdo。ing形にするとdoingになる。

（2）「あなたは何を作っているのですか」という文を作る。What（何を）で文を始め，are you making?（あなたは作っているのですか）という疑問文を続ける。「作る」はmake。ing形は，eをとってingをつけ，makingとなる。

 **can**

Check 1
(1) can, play　　(2) can, speak
(3) cannot[can't], swim

解説

（1）最初の空所に「できます」の意味のcan，次の空所に「（スポーツを）する」の意味のplayを入れる。
（2）最初の空所に「できます」の意味のcan，次の空所に「話す」の意味のspeakを入れる。
（3）最初の空所に「できます」の否定を表すcannot[can't]，次の空所に「泳ぐ」の意味のswimを入れる。

> **ポイント** can の否定は cannot か can't。
> × *can not* と2語に分けて書くことはほとんどありません。

Check 2
(1) Can, drink / I, can
(2) Can, your, mother / she, cannot [can't]

解説

（1）canの疑問文はCanで始める。「飲む」はdrink。答えの文でもcanを使う。
（2）canの疑問文はCanで始める。「あなたのお母さん」はyour mother。1人の女性なので，答えの文ではshe（彼女は）を使う。否定の答えなので，cannotまたはcan'tを使う。

Check 3
(1) What　　(2) How, can

解説

（1）「何を」を表すWhatで文を始める。
（2）「どうすれば」を表すHowで文を始める。「〜することができますか」と，能力や可能かどうかについてたずねているので，canの疑問文を続ける。

1 (1) ride　　(2) play　　(3) Can
2 (1) You can cook spaghetti.
(2) Kazuki can swim very fast.
(3) Students can use this room on Tuesdays.
3 (1) I cannot[can't] eat *natto*.
(2) Can Asuka write a letter in English?
(3) What can Emi make?
(4) Where can they play baseball?
4 (1) Can I use your dictionary?
(2) Can you help me?

解説

1 （1）canのあとは動詞の原形にする。「私の兄[弟]は自転車に乗ることができます」。
（2）can'tのあとは動詞の原形にする。「桃子はピアノを弾くことができません」。
（3）正しい疑問文として成り立つのは，Canを入れた場合のみ。「あなたの両親は車を運転することができますか」。
2 （1）動詞cookの前にcanを入れる。「あなたはスパゲティーを作ることができます」。
（2）動詞swimsの前にcanを入れる。swimsのsをとって原形swimにもどすことを忘れずに。「和樹はとても速く泳ぐことができます」。
（3）動詞useの前にcanを入れる。「生徒たちは火曜日にこの部屋を使うことができます」。
3 （1）canの文の否定文は，canをcannotまたはcan'tにかえる。「私は納豆を食べることができません」。
（2）canの疑問文は，canで文を始める。「明日香は英語で手紙を書くことができますか」。
（3）cookies（クッキー）についてたずねるということなので，「何を作れますか」という疑問文にする。疑問詞What（何）で文を始めて，canの疑問文を続ける。「恵美は何を作ることができますか」。
（4）in the park（公園で）という場所についてたずねるということなので，疑問詞Where（どこで）で文を始めて，canの疑問文を続ける。「彼らはどこで野球をすることができますか」。

4（1）「私はあなたの辞書を使うことができますか」という文を作る。「あなたの辞書」はyour dictionary，「使う」はuse。

（2）「あなたは私を手伝うことができますか（手伝ってくれますか）」という文を作る。「手伝う」はhelp。

> ポイント 許可を求めるときはCan I ～?（私は～していいですか。），依頼するときはCan you ～?（あなたは～してくれますか[できますか]。）とたずねます。

Lesson 11 過去の文（1）

▼Check1
（1）watched　（2）helped
（3）cleaned

解説
（1）「テレビを見る」というときの「見る」はwatch。過去のことなのでedをつけて過去形に。
（2）「手伝う」はhelp。edをつけて過去形にする。
（3）「掃除する」はclean。edをつけて過去形に。

▼Check2
（1）stayed　（2）studied　（3）wrote

解説
（1）last month（先月）があるので，stay（滞在する）にedをつけて過去形にする。
（2）yesterday evening（昨日の夕方）があるので過去形を入れる。study（勉強する）の過去形は，yをiにかえてedをつける。
（3）last night（昨日の夜）があるので過去形を入れる。write（書く）の過去形は，wrote。

> ポイント 次のような語が文中にある場合は，過去形を使いましょう。
> yesterday（昨日，昨日の）
> last ～（この前の～）
> ～ ago（〈今から〉～前に）

▼Check3
（1）did, not　（2）didn't, go
（3）Did, wash / didn't

解説
（1）「～しませんでした」は，did not[didn't]～と表す。
（2）「～しませんでした」は，did not[didn't]～と表す。空所の数から短縮形を使う。「行く」はgo。
（3）「～しましたか」はDidで文を始める。「～を洗う」はwash。「いいえ，しませんでした」は〈No，主語（代名詞）＋didn't[did not].〉。空所の数からdidn'tを入れる。

▼Lesson 11 の力だめし

1（1）learned　（2）found　（3）took
（4）used　（5）sat　（6）visited
（7）read　（8）came　（9）stopped
（10）tried
2（1）made　（2）cleaned
（3）buy　（4）Did
3（1）didn't, come　（2）Did
（3）didn't
4（1）My father bought a newspaper yesterday.
（2）Did Jim go to Kyoto last spring?
（3）We didn't[did not] see Ms. Green at the bus stop.
（4）When did Kumi play tennis?

解説
1（1）（6）edをつけるだけ。
（2）（3）（5）（7）（8）不規則動詞。（7）のreadは原形と過去形の形が同じで，発音だけが違うので，とくに注意。
（4）最後の文字がeなので，dだけをつける。
（9）最後のpを重ねてedをつける。
（10）yをiにかえてedをつける。
2（1）yesterday（昨日）があるので，過去形のmadeを選ぶ。「私は昨日，昼食を作りました」。
（2）last Sunday（この前の日曜日）があるので，

過去形のcleanedを選ぶ。「私の母は，この前の日曜日台所を掃除しました」。

（3）前にdidn'tがあるので，動詞は原形buyを選ぶ。「私の兄［弟］は，電車の切符を買いませんでした」。

（4）last night（昨夜）があるので，過去の疑問文を作るDidを選ぶ。「美咲は昨夜あなたに電話しましたか」。

3 （1）過去の否定文なので，didn'tを入れる。「来る」はcome。

（2）過去の疑問文なので，Didで文を始める。

（3）過去の疑問文にはdidを使って答える。否定の答えなので，didn'tを使う。

4 （1）every day（毎日）をyesterday（昨日）にかえるということなので，過去の文にする。動詞buysは過去形のboughtに。書きかえたあとの文の意味は「私の父は昨日新聞を買いました」。

（2）wentはgo（行く）の過去形。過去の文を疑問文にするのだから，Didで文を始める。wentは原形のgoにする。書きかえたあとの文の意味は「ジムはこの前の春，京都に行きましたか」。

（3）sawはsee（見る）の過去形。過去の文を否定文にするのだから，動詞の前にdid not[didn't]を入れる。sawは原形のseeにする。書きかえたあとの文の意味は「私たちはバスの停留所でグリーン先生を見かけませんでした」。

（4）after schoolは「放課後」という意味なので，「時」をたずねる疑問詞Whenで文を始める。そのあとは，didで始まる過去の疑問文を続ける。書きかえたあとの文の意味は「久美はいつテニスをしましたか」。

ポイント 過去の文に書きかえる問題では，動詞を過去形にすることを忘れずに。逆に，過去の疑問文や過去の否定文を作る場合は，Didやdidn'tを使うことで過去の意味が出るので，動詞そのものは原形を使います。

Lesson 12 過去の文（2）

▼Check1
（1）was　　（2）wasn't
（3）Were / wasn't

解説

（1）主語がI（私は）で過去の文なので，wasを入れる。

（2）主語のMy room（私の部屋）は，単数のものなので，isn'tの過去形のwasn'tを入れる。

（3）主語がyou（あなた）なので，areの過去形のwereを使って疑問文を作る。答えるときはwasを使う。否定の答えなので，wasn'tを入れる。

ポイント 現在形で am と is を使う場合は，過去形では was を使います。現在形で are を使う場合は，過去形では were を使います。

▼Check2
（1）was, driving　　（2）was, not
（3）weren't
（4）Were, studying / wasn't

解説

（1）「～していました」と過去に進行中だった動作について述べているので，過去進行形を使う。主語がMy father（私の父）という1人の人物なので，be動詞はwas。drive（運転する）のing形は，eをとってingをつける。

（2）過去に進行中だった動作について述べているので，過去進行形を使う。主語がIなので，be動詞はwas。否定文なのでwasのあとにnotを入れる。

（3）過去に進行中だった動作について述べているので，過去進行形を使う。主語がWeなので，be動詞はwere。否定文なのでweren'tを入れる。

（4）過去に進行中だったことについてたずねているので，過去進行形の疑問文を作る。主語がyouなので，Wereで始める。「勉強する」はstudy。ing形にする。答えの文では，主語のIに

合わせて，be動詞をwasにする。

▼ Lesson12 の力だめし

> **1** （1）were　　（2）was
> （3）wasn't　　（4）Were
> **2** （1）was　　（2）wasn't
> （3）were, swimming　　（4）Were,
> studying　　（5）they, weren't
> **3** （1）My mother and I weren't[were
> not] making a salad.
> （2）Where were they yesterday?
> （3）What was he eating?
> **4** （1）What were you doing last night?
> （2）How was the movie?

解説

1 （1）last Sunday（この前の日曜日）があるので，過去形を選ぶ。主語がWe（私たちは）なので，wasではなくwere。「私たちは，この前の日曜日，忙しかったです」。

（2）yesterday（昨日）があるので，過去形を選ぶ。主語がItなので，wereではなくwas。「昨日はとても暑かったです」。

（3）then（そのとき）があるので，過去進行形の文にする。主語がMy mother（私の母）という1人の人物なので，weren'tではなくwasn't。「私の母はそのときお皿を洗っていませんでした」。

（4）動詞がplayingとing形になっているので，過去進行形の疑問文にする。主語がthey（彼らは）なので，WasではなくWereを選ぶ。「彼らは公園で遊んでいましたか」。

2 （1）存在を表すときはbe動詞を使う。過去のことなのでwas。

（2）存在を表すときはbe動詞を使う。過去の否定文なのでwasn't。

（3）「〜していました」という文なので，過去進行形の文にする。主語がWe（私たちは）なのでbe動詞はwereを入れる。swim（泳ぐ）のing形はswimming。mを重ねることに注意。

（4）「〜していたのですか」という文なので，過去進行形の疑問文にする。主語がthey（彼らは）なのでWereで文を始める。「勉強する」はstudy。

ing形にすること。

（5）過去進行形の疑問文に対する「いいえ」の答えは，〈No，主語＋be動詞＋not.〉。主語はtheyなので，be動詞はwereを使う。空所の数から短縮形のweren'tを入れる。

3 （1）be動詞の文を否定文にするときは，be動詞のあとにnot。書きかえたあとの文の意味は「母と私はサラダを作っていませんでした」。

（2）yesterday（昨日）にかえるので，be動詞を過去形のwereにする。書きかえたあとの文の意味は「彼らは昨日どこにいましたか」。

（3）「何？」とたずねるときに使う疑問詞whatで文を始め，疑問文を続ける。書きかえたあとの文の意味は「彼は何を食べていましたか」。

4 （1）「昨日の夜」はlast night。「何をしていたのか」は「あなたは何をしていましたか」と考えて，What（何を）で始まる過去進行形の疑問文を作る。「する」はdo。進行形なのでdoingにする。

（2）「〜はどうでしたか」と感想をたずねるときは，How was 〜？という。過去のことなので，wasを使うこと。「映画」はthe movie。

Lesson13 未来の文

▼ **Check1**
（1）going, to　　（2）not, going, read
（3）Are, going / I, am

解説

（1）next Sunday（次の日曜日）という未来についての文なので，be going toの形を使う。be動詞はI'm（＝I am）の部分にすでに含まれているので，空所にはgoing toを入れる。

（2）「〜するつもりはありません」という未来についての文なので，be going toの否定文を作る。be動詞isのあとにnot，次の空所にはgoing。「読む」はread。原形のまま入れる。

（3）「〜するつもりですか」という未来についての文なので，be going toの疑問文を作る。主語

がyouなので be動詞Areで文を始める。答えの文では主語はI，be動詞はamになる。

解説

（1）来週の話なので，未来を表すwillの文に。

（2）今夜の話なので，未来を表すwillの文に。否定文だが，空所が1つしかないので，短縮形won'tを入れる。

（3）未来の疑問文にする。Willで文を始める。答えの文は，空所が1つしかないので，短縮形won'tを入れる。

▼ Lesson **13** の力だめし

1　（1）visit　　（2）Are　　（3）teach
（4）Will
2　（1）is, going　　（2）are, to
（3）not, going, to
3　（1）Will, busy / won't
（2）What, are / going, to　　（3）When,
will / will
4　（1）What are you going to do in
Australia?
（2）Will it be sunny tomorrow?

解説

1（1）未来を表すis going toがあるので，動詞の原形visitを選ぶ。「里奈はこの夏おじさんを訪ねるつもりです」。

（2）going toがあるので，未来を表すbe going to ～の疑問文を作る。your parents（あなたの両親）は複数の人物なので，be動詞はAreを選ぶ。「あなたの両親は明日，学校に来るつもりですか」。

（3）willがあるので，動詞は原形のteachを選ぶ。「ジャクソン先生は英語を教えるでしょう」。

（4）beとnext month（来月）があるので，未来を表すWillを選ぶ。「来月あなたは12歳になるのですか」。

2（1）to visitがあるので，未来を表す〈be going to ～〉の形の文を作る。Misakiは1人の

人物なので，be動詞はis。

（2）goingがあるので，未来を表す〈be going to ～〉の形の文を作る。Ken and Maiは複数の人物なので，be動詞はare。

（3）「～するつもりはありません」とあることから，未来の否定文を作る。まずI'mのあとに否定のnotを入れ，そのあとにgoing toを続ける。

3（1）beがあるので，未来を表すwillを使った疑問文を作る。Willで文を始める。答えの文では，空所が1つしかないので，短縮形won'tを入れる。

（2）「何」を表すWhatで文を始める。going toがあるので未来を表す〈be going to ～〉の疑問文を作る。答えるときも〈be going to ～〉の形を使って答える。

（3）「いつ」を表すWhenで文を始める。未来を表すwillの疑問文にする。答えるときもwillを使って答える。

4（1）「何」を表すWhatで文を始める。語句の中にgoingやtoがあるので，未来を表す〈be going to ～〉の疑問文を作る。are you going to do（あなたはする予定ですか）と並べたあと，最後にin Australia（オーストラリアで）を続ける。

（2）疑問文なので，Willで始めて，主語it，動詞beの順に並べる。

Lesson **14** いろいろな助動詞

解説

（1）「～しなければならない」はmustかhave to ～。空所の数よりmustを入れる。quiet（静かな）は形容詞なので，be動詞が必要。mustのあとに，原形beをそのまま入れる。

（2）「～してはいけません」はmustn't ～。

（3）空所の数より，疑問文はMustで始める。答えの文では「しなければなりません」といっているので，Yes, you must.とする。

ポイント must not ～は「～してはいけない」，don't have to ～は「～しなくてもよい」。意味の違いに注意しましょう。

▼ Check2
(1) have, to　　(2) has, work
(3) doesn't, have
(4) Do, have, to / don't

解説
(1)「～しなければならない」はhave to ～。
(2) 主語がMy father（私の父）で3人称単数なので，haveは3単現の形hasにかえる。
(3)「～する必要はない」はdon't have to ～。Nanamiは1人の人物なので，don'tは3単現の形doesn'tにかえる。
(4) have to ～（～しなければならない）の疑問文。Do ～?という疑問文なので，答えるときもdoを使う。

ポイント 主語が3人称単数のとき，have to ～ は has to ～ に，don't have to ～ は doesn't have to ～にする。

▼ Check3
(1) should　　(2) shouldn't
(3) Should / should

解説
(1)「～すべきだ」はshould ～。
(2) shouldの否定形shouldn'tを入れる。
(3) 疑問文はshouldで始める。答えるときもshouldを使う。

▼ Lesson14 の力だめし

1 (1) has　(2) see　(3) Do
2 (1) mustn't　(2) Do, have
(3) don't
3 (1) You don't have to buy a ticket.
(2) Riko shouldn't[should not] use the computer.
(3) Does Daiki have to help his father?
(4) Mr. Beck must visit the city every year.
4 (1) Do I have to go home now?
(2) You must not be late tomorrow.
(3) Should I wait for him here?

解説
1 (1) toがあるのでhave to ～の形を作る。主語がMy sister（私の姉〔妹〕）なので，has to ～の形にかえる。「私の姉〔妹〕は英語を一生懸命勉強しなければなりません」。
(2) 助動詞shouldがあるので，そのあとの動詞は原形see。「良太は医者にみてもらうべきです」。
(3) have toがあるので，Doを選んで，Do you have to ～?（～しなければなりませんか）という形にする。「あなたは毎日サッカーを練習しなければなりませんか」。
2 (1)「～してはいけません」はmust not ～。空所が1つしかないので，短縮形mustn'tを入れる。
(2)「～しなければなりませんか」はmustかhave toを使って表せる。toがあることからDo we have to ～?とする。
(3) Do ～?の疑問文にはdoを使って答える。Noの答えなので，don'tを入れる。
3 (1)「～する必要はない」はdon't have to ～で表す。must notとしないこと。書きかえたあとの文の意味は「あなたは切符を買う必要はありません」。
(2) 否定文なので，shouldのあとにnotを入れる。短縮形shouldn'tを使ってもよい。書きかえたあとの文の意味は「理子はコンピューターを使うべきではありません」。
(3) has to ～の文なので，疑問文は〈Does＋主語＋have to ～?〉。hasは原形haveにもどすことを忘れずに。書きかえたあとの文の意味は「大輝はお父さんを手伝わなければなりませんか」。
(4) must（～しなければならない）は動詞visitsの前に置く。助動詞のあとの動詞は原形なので，visitsをvisitにかえる。書きかえたあとの文の意味は「ベック先生はその都市を毎年訪れなければなりません」。

④（1）「私は～しなければなりませんか」はDo
I have to ～? 「家に帰る」はgo home。最後
にnow（今）をつける。

（2）「あなたは～してはいけません」はYou
must not ～。「遅れる」はbe late。最後に
tomorrow（明日）をつける。

（3）「～したほうがいい」はshould ～。疑問文
なのでShould I ～?で文を始める。「～を待つ」
はwait for ～。

Lesson 15 接続詞

▼ Check1
（1）or　　（2）so　　（3）or

解説
（1）「AそれともB」と選択肢を示す場合は，or
を使う。
（2）前の文の結果を示して「それで」という場
合は，soを使う。
（3）「～しなさい，そうしないと…」は，〈命令文,
or …〉。

▼ Check2
（1）that　　（2）if　　（3）because
（4）Because

解説
（1）「～ということ」はthat ～。
（2）「もし～であれば」はif ～。
（3）「～なので」はbecause ～。
（4）「なぜ～か。」という疑問文に対して理由を
答えているので，Because ～。

ポイント「when や if のあとの内容が未来の
ことを表すときでも，when や if が作るカタ
マリの中の動詞は現在形」という法則があり
ます。
（例）If it's（× it will be）sunny tomorrow,
　　let's play tennis.
　　（明日晴れたら，テニスをしましょう。）

▼ Lesson 15 の力だめし

1（1）when　　（2）and　　（3）If
（4）after
2（1）but　　（2）that　　（3）so
3（1）I will see a doctor because I
have a cold.
（2）I hope it will be sunny tomorrow.
（3）When my mother came home, I was
watching TV.
4（1）I didn't[did not] know (that)
you were from Okinawa.
（2）If you have time, please clean this
room. / Please clean this room if you
have time.

解説
1（1）「あなたが訪れたとき，ポールは何をし
ていましたか」。時を表す接続詞はwhen。
（2）「一生懸命に勉強しなさい，そうすれば，よ
い点が取れますよ」。「そうすれば」はand。
（3）「明日雨が降らなかったら，サッカーをしま
しょう」。「もし～なら」はIf。
（4）「ケイトはお風呂に入ったあと，寝ました」。
「～したあと」はafter。
2（1）「～だが…」はbut。
（2）「私は～だと思う」はI think that ～.
（3）「～それで…」はso。
3（1）Iが文頭にあるので，まずI will see a
doctor（私は医者にみてもらうつもりです）とい
う部分を組み立てる。「かぜをひいているので」は，
理由を表すbecauseを使って，because I have
a cold。
（2）「～すればいいなと思います」はI hope ～。
「明日は晴れる」はit will be sunny tomorrow。
（3）「母が帰ってきたとき」はwhen my mother
came home。「私はテレビを見ていました」はI
was watching TV。最後にTVがあることから，
Whenのカタマリで文を始める。homeのあとに
コンマを忘れずに。
4（1）「私は知りませんでした」はI didn't
know (that) ～。「あなたが沖縄出身だ」はyou
are from Okinawa。前に過去形のdidn'tが出て

くるので，それに合わせて，ふつうareも過去形のwereにする。

（2）「もし時間があるなら」はif you have time。「あなたが」とは書かれていないが，文脈から主語がyouであることを見抜こう。「この部屋を掃除してください」はplease clean this roomまたはclean this room, please。ifのカタマリを先に持ってきても，あとに持ってきてもよい。

> **ポイント** 意味のカタマリをつくる接続詞は，when（～するとき），if（もし～なら），because（～なので），before（～する前に），after（～したあとに）。これらで文を始めるときは，カタマリの最後にコンマが必要です。

Lesson 16 There is ～.

▼ Check1
（1）There, is　（2）There, are
（3）There's　（4）were
（5）There, was

解説

（1）「～がある」はThere is[are] ～.の文。a sofa（1つのソファー）という単数の物が主語なので，be動詞はis。

（2）some books（何冊かの本）という複数の物が主語なので，be動詞はare。

（3）「～がある」はThere is ～.の文。a tall tree（1本の高い木）という単数の物が主語なので，be動詞はis。空所の数から短縮形There'sを入れる。

（4）a lot of flowers（たくさんの花）という複数の物が主語の過去の文なので，be動詞はwere。

（5）yesterday（昨日）の話なので，be動詞の過去形wasを入れる。

> **ポイント** there の短縮形は次のとおりです。
> there is → there's
> there are は短縮しません。

▼ Check2
（1）isn't　（2）was, not
（3）are　（4）weren't

解説

（1）単数形のa restaurant（1軒のレストラン）が主語なので，be動詞はis。否定文なのでis notの短縮形isn'tにする。

（2）単数形のa convenience store（1軒のコンビニ）が主語で，過去の話なので，be動詞はwas。「ありませんでした」という否定の文なので，2つ目の空所にはnotを入れる。

（3）複数形のCDsが主語なので，be動詞はare。「1枚もありません」はare no CDsと表す。

（4）複数形のchildrenが主語で，昨日のことなので過去のbe動詞wereを使う。否定文なので，were notの短縮形weren'tを入れる。

▼ Check3
（1）Is / there, is
（2）Were / there, weren't

解説

（1）主語が単数形のa post officeなのでbe動詞はis。答えるときもisを使う。

（2）主語が複数形のany studentsで過去の文なのでbe動詞はwere。答えるときもwereを使う。

▼ Lesson 16 の力だめし

1（1）is　（2）are　（3）Were
（4）were　（5）no

2（1）There's, a[one]
（2）There, was
（3）Were, there, near
（4）there, weren't

3（1）are, pictures
（2）is, not
（3）weren't, any

4（1）There are many temples in Kyoto.
（2）Were there any planes at the airport?

解説

1（1）a cup（カップ）という単数の物が主語なので，be動詞はis。「テーブルの上に１つのカップがあります」。

（2）主語のany bicycles（自転車）は，形式上複数形なので，be動詞はare。「その建物のそばには自転車が１台もありません」。

（3）last year（去年）があるので，過去形のWereかWasにしぼられる。主語が複数形のmany baby monkeys（たくさんの子ザル）なので，Wereを選ぶ。「昨年，動物園にはたくさんの子ザルがいたのですか」。

（4）主語のsome people（何人かの人）は複数扱いで過去の文なので，be動詞はwere。「20分前には体育館に何人か人がいました」。

（5）pensの前に数を表す語を入れる。anyは疑問文や否定文で使う語である。そこでno（0個の）が答えになる。「この箱にはペンが１本も入っていません」。

2（1）computer（コンピューター）が単数形なので，直前にaを入れる。「～があります」という文なので，There isで文を始める。空所の数から，短縮形There'sを使う。

（2）a long time ago（昔）があるので過去の文。主語a bookstore（１軒の書店）は単数形なので，be動詞はwasを使う。

（3）「～がいましたか」と存在を問う疑問文。主語が複数のmany people（たくさんの人）で過去の文なので，be動詞はwereを使って，Were thereで文を始める。「～の近くに」はnear ～。

（4）Were there ～?に対するNoの答えは，No, there weren't[were not]. 空所の数が２つなので短縮形weren'tを使う。

3（1）a lot ofは「たくさんの」という意味なので，pictureは複数形picturesになる。主語が複数形になったので，isはareにかえる。

（2）否定文はisのあとにnotを入れる。

（3）no ～（～がまったくない，１つの～もない）はnot any ～で書きかえられる。

4（1）「たくさんのお寺」はmany temples。「～があります」はThere are ～。 文の最後にin Kyoto（京都には）を入れる。

（2）「～がありましたか」という疑問文はWere there ～?　疑問文なのでany（いくつかの）を使ってany planes（〈いくつかの〉飛行機）とする。「空港には」はat the airport。

ポイント some（いくつかの, いくらかの）は，数えられるものにも数えられないものにも使います。疑問文と否定文では通常，some の代わりに any を使います。any は，疑問文では「いくらかでも，少しでも」，否定文では「少しも～（ない）」という意味になります。

（例）There is some milk.

　（いくらか牛乳がある。）

　Is there any milk?

　（〈少しでも〉牛乳はありますか。）

　There isn't any milk.

　（牛乳はまったくない。）

Lesson 17 〈to＋動詞の原形〉（1）

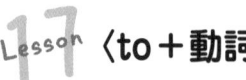

Check1

（1）want, to　　（2）likes, to, cook

（3）needed, to, buy[get]

解説

（1）「食べたい」は「食べることがほしい」と考え，want（～がほしい）とto eat（食べること）を組み合わせて表す。

（2）「～が好きだ」はlike，「料理をすること」はto cook。主語が３人称単数なので，likeは３単現のsを忘れずに。

（3）「～が必要だ」はneed，「～を買うこと」はto buy。過去の文なので，needを過去形にする。

ポイント ３人称単数が主語の現在形の文では，動詞には s がつきます（３単現の s）。ただし，主語が何であっても，to のあとの動詞は原形です。

（例）She wants to swim.

　（彼女は泳ぎたい。）

　× She wants to swims.

▼ Check2

（1）to, play　　（2）to, go
（3）to, read

解説

（1）「（ゲームやスポーツを）する」はplay。「～する時間」はtime to ～。to以下が後ろからtime（時間）を説明する形。

（2）「寝る」はgo to bed。to go to bed（寝るための，寝るべき）が後ろからtime（時間）を説明している。

（3）「読む」はread。to read（読むための，読むべき）が後ろからmagazines（雑誌）を説明している。

▼ Check3

（1）something, to, eat
（2）anything, to, do
（3）nothing, to, drink

解説

（1）something（何か）をto eat（食べるための）が後ろから説明している。

（2）anything（何も～ない）をto do（するべき）が後ろから説明している。否定文ではsomething（何か）はanything（何も～〈ない〉）にかわることに注意。またこのdoは「する」という意味の動詞。

（3）「何も～ない」を1語で表すのはnothing。nothingをto drink（飲むための）が後ろから説明する形。

> **ポイント** something, anything, nothing の関係は，some, any, no の関係と同じ。疑問文，否定文では something は anything にふつうかわります。nothing は1語で「何もない」の意味。
> （例）I have nothing in this bag.
> 　（私はこのかばんの中に何も持っていない。）

▼ Check4

（1）to, study[learn]
（2）to, run　　（3）to, meet[see]

解説

（1）「～を学ぶ」はstudyまたはlearn。「～するために」を表すためにtoをその前に入れる。

（2）「走る」はrun。「～するために」を表すためにtoをその前に入れる。

（3）「～に会う」はmeetまたはsee。「～するために」を表すためにtoをその前に入れる。

▼ Check5

（1）to, be[come]　　（2）to, hear
（3）to, see

解説

（1）happy（幸せで）があるので，感情を表す〈to＋動詞の原形〉の用法を使う。「ここに来る」はcome here。または，「ここに来た結果，今ここにいる」と考えてbe hereを入れる。

（2）sorry（残念で）があるので，感情を表す〈to＋動詞の原形〉の用法を使う。「～を聞く」はhear。

（3）surprised（驚いて）があるので，感情を表す〈to＋動詞の原形〉の用法を使う。「～を見る」はsee。

▼ Lesson17 の力だめし

1（1）to, visit　　（2）to, play
（3）nothing, to, do

2（1）料理をすることが好きです
（2）たくさんの読むべき本が
（3）医者にみてもらうために

3（1）It began to rain hard.
（2）We were sad to hear the story yesterday.
（3）Do you have anything interesting to read?

4（1）I don't have time [I have no time] to watch TV.
（2）I want to be a teacher in the future.

解説

1（1）「～したい」はwant to ～。「訪れる」はvisit。

（2）「～するために」はto ～。「テニスをする」はplay tennis。

19

（3）「何もありません」は「何も持っていない」と考える。We don't have anythingとWe have nothingという２つの可能性があるが，We haveで文が始まっているので，nothingを入れる。「すること」は「するためのこと」と考え，nothingを後ろからto doで説明する。このdoは「〜する」という意味。

2（1）likeは「〜が好きだ」。to cookは「料理すること」。

（2）a lot ofは「たくさんの」の意味で，books（本）を説明している。to readは「読むための」という意味で，後ろからbooksを説明している。

（3）see a doctorは「医者にみてもらう」。ここでの〈to＋動詞の原形〉は「〜するために」。

3（1）すでに与えられているItは天気を表すit。itのあとにはまずbegin（始める）の過去形beganをおき，その直後にto rain（雨が降る）をおく。began to rainで「雨が降ることが始まった」→「雨が降り始めた」という意味になる。最後にhard（激しく）を入れる。

（2）We were sad（私たちは悲しかった）という部分をまず作る。その後，悲しく感じた理由を〈to＋動詞の原形〉を使って表す。to hear the story（その話を聞いて）となる。

（3）Do you have 〜？（あなたは〜を持っていますか）という部分がすでに与えられているので，これに沿って文を作る。まず，haveのあとにanything（何か）をおく。その直後にinteresting（おもしろい）をおいて，後ろからanythingを説明する。最後にto read（読むための）を入れて，さらに後ろからanythingを説明する。

4（1）まず「私には時間がない」という文を作る。I don't have time.またはI have no time.という文ができる。何のためのtime（時間）かを，toを使って後ろから説明する。time to watch TV（テレビを見るための時間）となる。

（2）「教師になりたい」はwant to be a teacher。このbeは「〜になる」の意味。「将来」という意味のin the futureは文の終わりにつける。

ポイント something, anything, nothing に形容詞や〈to ＋動詞の原形〉で情報をプラスしたいときは，〈〜thing＋形容詞＋ to ＋動詞の原形〉の語順になります。
（例）something cold to drink
　　（何か冷たい飲み物）

 **Lesson 18 動名詞**

▼ **Check**
（1）cooking　　（2）Singing, is
（3）studying[learning]

解説
（1）「料理し終えました」は「料理することを終えました」ということだから，空所には「料理をすること」を１語で表すcookingを入れる。
（2）「（歌を）歌うこと」はsinging songs。「楽しい」はis fun。〜 ingは単数名詞と同じ扱いをするので，be動詞はis。songsが複数だからといってareを入れないこと。
（3）「学ぶ」はstudyまたはlearn。「〜すること」を１語で表すには動詞にingをつける。

▼ **Lesson 18 の力だめし**

1（1）playing　　（2）is
（3）reading　　（4）making
2（1）stop, talking[speaking]
（2）watching　　（3）looking
3（1）Mai finished cleaning her room.
（2）Did you enjoy walking in the park yesterday?
（3）When did you start practicing the piano?
4（1）私の仕事は子どもたちに英語を教えることです。
（2）トムはさよならもいわずに去りました。
（3）来週いっしょにテニスをするのはどうですか。

解説

1（1）enjoyのあとについて「〜することを楽しむ」の意味になるのは，〜ing。enjoyのあとにはto 〜はこない。「私たちはしばしばテレビゲームをして楽しみます」。

（2）この文の主語はHelping your parents（両親を手伝うこと）。動名詞は単数名詞と同じ扱いをするので，be動詞はis。「両親を手伝うことは大切です」。

（3）finishのあとについて「〜することを終える」の意味になるのは，〜ing。finishのあとにはto 〜はこない。「ビルは本を読み終えました」。

（4）be good atのあとについて「〜することが得意だ」の意味になるのは，〜ing。be good atのあとにはto 〜はこない。「私はクッキーを作るのが得意だ」。

2（1）「〜するのをやめる」はstop 〜ing。「話す」はtalkまたはspeak。stop to 〜とすると「〜するために立ち止まる」という意味になるので注意。

（2）「〜することが好きだ」を2語で表すのはlike 〜ing。「（テレビやドラマを）見る」はwatch。

（3）「〜しないで」はwithout 〜ing。この場合の「〜を見る」はlook at 〜。

3（1）「〜し終える」はfinish 〜ing。「彼女の部屋を掃除し終えました」はfinished cleaning her roomの語順。

（2）「〜することを楽しむ」はenjoy 〜ing。「あなたは散歩することを楽しみましたか」はDid you enjoy walking?となる。in the park（公園で）と昨日（yesterday）を最後につける。

（3）「ピアノの練習」はpracticing the piano（ピアノの練習をすること）。これをstart（始める）の直後におく。

4（1）jobは「仕事」。teachingはteach（教える）のing形で「教えること」の意味。to childrenは「子どもたちに」。

（2）Tom leftは「トムは去った」。leftはleave（去る）の過去形。without 〜ingは「〜しないで」。say goodbyeは「さよならという，別れを告げる」。

（3）How about 〜ing?は「〜することはいかがですか」と誘ういい方。togetherは「いっしょ

に」。next weekは「来週」。

> **ポイント** 次の3つを覚えておきましょう。
> ① enjoy 〜ing（〜することを楽しむ）
> 　× *enjoy to 〜*
> ② finish 〜ing（〜することを終える）
> 　× *finish to 〜*
> ③ stop 〜ing（〜することをやめる）
> 　*stop to 〜*（〜するために立ち止まる
> 　※まったく別の意味）

Lesson 19 比較 (1)

> ▼ **Check1**
> （1）longer, than　　（2）the, biggest
> （3）busiest, in

解説

（1）「長い」はlong。erをつけて「もっと長い」の意味に。「…よりも」と比較する表現はlonger than …。

（2）「いちばん〜だ」といいたいときは，〈the＋形容詞の最上級（estをつけた形）〉を使う。bigは最後の1字を重ねてからestをつけ，biggestとする。largeの最上級largestを使ってもよい。

（3）「いちばん〜だ」といいたいときは，〈the＋形容詞の最上級（estをつけた形）〉を使う。busyの最上級は，yをiにかえてestをつけ，busiestとなる。「家族の中で」というふうに範囲を表す場合は，inを使う。

> **ポイント** 最上級の文で，「…の中で」といいたいときは，of か in を使って表します。ofを使うときと，in を使うときは次のように区別します。
> ① of ＋複数を表す語句
> 　（例）of the three（3人の中で）
> ② in ＋場所や範囲を表す語句
> 　（例）in my family（私の家族の中で）

▼ Check2
(1) more, difficult　　(2) the, most

【解説】
(1)「～よりも難しい」という日本語の意味から，difficult（難しい）の比較級を使う。difficultは長めの単語なので，比較級はmore difficult。
(2)「最も有名な～」はthe most famous ～。famousはmoreやmostを使う語。× *famousest* としないこと。また，theを忘れないこと。

▼ Lesson 19 の力だめし

1 (1) larger　　(2) biggest
(3) highest　　(4) busier　　(5) better
(6) best　　(7) more　　(8) most
2 (1) easier, than
(2) the, most, of　　(3) earliest, in
3 (1) Love is more important than money.
(2) This movie is the most interesting of all movies.
4 (1) エイミーはケイトよりも上手にテニスをすることができます。
(2) 富士山は日本でいちばん高い山です。

【解説】
1 (1) 語の最後の文字がeなので，rだけをつける。
(2) gを重ねてest。
(3) ふつうにestをつける。
(4) yをiにかえてerをつける。
(5)(6) goodはgood – better – bestと変化。
(7)(8) famousは長めの単語なので，famous – more famous – most famousと変化する。
2 (1)「簡単だ」はeasy。比較級はyをiにかえてerをつける。
(2) expensive（高価な）は長めの単語なので，「いちばん高価だ」と言うときは，mostをつける。最上級なので，theも忘れずに。「10枚の中で」と複数を表す語句を使って範囲を限定したいときは，ofを使う。
(3)「早く」はearly。最上級にするときは，yをiにかえてestをつける。「家族の中で」と範囲を

表す語句を使って限定したいときは，inを使う。
3 (1) than money（お金よりも）を加えるということなので，「愛はお金よりも大切だ」という文を作る。important（大切な）は長めの単語なので，moreをつけて比較級を作る。
(2) of all movies（すべての映画の中で）を加えるということなので，「この映画はすべての映画の中で最もおもしろい」という文を作る。interesting（おもしろい）は長めの単語なので，mostをつけて最上級を作る。mostの前にtheを忘れないこと。
4 (1) Amy can play tennisまでで「エイミーはテニスができる」。betterはwellの比較級で「より上手に」の意味。than Kateは「ケイトよりも」。
(2) highestはhigh（高い）の最上級で「いちばん高い」の意味。mountainは「山」。

Lesson 20　比較（2）

▼ Check1
(1) Who, older
(2) mountain, highest / is

【解説】
(1) 人を比べる文なのでWhoで疑問文を始める。「年上」は「より年をとっていて」ということなので，old（年をとった）の比較級olderを入れる。
(2)「どの山」はwhich mountain。「いちばん高い」はhigh（高い）の最上級のhighest。
Which is ～?の問いの文に対しては，答えの文でもisを使う。

> **ポイント** Which ～?（どちらが～ですか。）という疑問文の最後に，A or B（AかBでは）や，A, B, or C（A，B，Cのうちでは）をつけて，選択肢を提示する場合があります。その際は，提示した選択肢の直前にコンマを入れることを忘れないようにしましょう。
> （例）Which is younger, Tom or Ken?（トムとケンでは，どちらが年下ですか。）

▼ Check2

（1）better, than　　（2）like, best / best

【解説】

（1）「…より～のほうが好きだ」と，好きの程度を比べるときは，betterを使う。

（2）「～がいちばん好きだ」と言うときはbestを使う。

▼ Lesson 20 の力だめし

1　（1）Which, more　　（2）is
（3）Which, better, or　　（4）better
（5）as, as

2　（1）I like grape juice the best of all drinks.
（2）Curry and rice is one of the most popular dishes in Japan.
（3）This library is not as large as the library in my town.

3　（1）I can't run as fast as Ken.
（2）He is more famous than any other musician in this country.

【解説】

1　（1）Which（どちら）で文を始める。比べる表現なので，popular（人気のある）は比較級にする。前にmoreを入れる。

（2）Which is ～?という問いに対しては，答えの文でもisを使う。*Kendo* is more popular.（剣道のほうが，より人気があります。）のmore popularの部分が省略されていると考える。

（3）Which（どちら）で文を始める。「どちらのほうが好きか」と比較している問いなので，likeのあとにwellの比較級のbetterを入れる。「春と秋では」というふうに選択肢を示すときはorでつなぐ。spring or fallとなる。

（4）答えるときも，比較級のbetterを使う。

（5）「同じくらいの」というふうに，何かが同等だと述べるときは，as ～ asの形を使う。

2　（1）I like grape juice（私はグレープジュースが好きです）という文を作り，the best（いちばん）という情報を入れる。最後に，of all drinks

（すべての飲み物の中で）という情報を入れる。

（2）「最も人気がある料理」はthe most popular dishes。「～の１つ」はone of ～。

（3）「私の町の図書館ほど大きくない」と比較しているので，largeを２つのasではさんで，not as large as the library in my townとする。

3　（1）「健ほど速くは～しない」という意味から，as ～ asの否定文を作る。fastを２つのasではさんで，最後に比較する人物のKenを入れる。

（2）もとの文は「彼はこの国でいちばん有名な音楽家です」の意味。比較級の文に書きかえるということなので，まず，比較級more famousを使って，He is more famousとする。そのあと，than any other musician in this country（この国のほかのどの音楽家よりも）と入れて，比較する物を示す。〈比較級＋than any other〉のあとにくる名詞は必ず単数形。

ポイント one of the＋最上級 ～「最も～な…の１つ」は，とても英語らしい表現です。～にくる名詞は必ず複数形になります。「たくさんあるうちの１つ」という意味だからです。
（例）He is one of the kindest boys in my class.（彼は私のクラスで最も親切な男の子の１人です。）

Lesson 21　look, give, makeなど

▼ Check1

（1）looks　　（2）sounds
（3）became

【解説】

（1）「～に見える」はlook。主語がAmyと，３人称単数なので，３単現のsをつけて，looks。

（2）「それはいいですね」はsound（～に聞こえる）を使って表す。

（3）「人気が出ました」は「人気になりました」ということだから，「なる」の意味のbecomeの

過去形becameを入れる。

> **ポイント** 「～に見える」は，「～」に入るのが形容詞か名詞かによって，2通りのいい方があります。
> 〈look 形容詞〉　You <u>look</u> happy.
> 　　　　　　（あなたはうれしそうですね。）
> 〈look like 名詞〉　You <u>look like</u> an actor.
> 　　　　　　（あなたは俳優のように見えますね。）

▼ Check2
（1）give, you　　（2）showed, me
（3）told, us

解説

（1）「あげる」はgive，「あなたに」はyou。この文には，you（あなたに）とsome chocolate（〈いくつかの〉チョコレートを）の2つの目的語があることに注意。

（2）「見せてくれました」はshow（見せる）の過去形showed。「私に」はme。この文には，me（私に）とa new ball（新しいボールを）の2つの目的語があることに注意。

（3）「話してくれました」はtell（伝える）の過去形told。「ぼくたちに」はus。この文には，us（ぼくたちに）とan interesting story（おもしろい話を）の2つの目的語があることに注意。

▼ Check3
（1）call, him　　（2）named
（3）made, her

解説

（1）動詞はcall（呼ぶ）を使う。目的語はhim（彼を）の形にすること。「him＝Bob」の関係になっている。

（2）動詞はname（名づける）を使う。過去形namedにする。「the goldfish＝Kintaro」の関係になっている。

（3）動詞はmake（～にする）を使う。過去形madeにする。目的語はher（彼女を）。「her＝sad」の関係になっている。

> **ポイント** make のあとに2つの要素が並ぶ場合，「～に…を作ってあげました」と訳すべきか，「～を…にしました」と訳すべきか迷うことがあるでしょう。その際は，2つの要素がイコールで結べるかどうかを判断基準にしましょう。
> 〈2つの要素がイコールではない場合〉
> 　　She made <u>me a doll</u>.
> 　　　　　　└─ ≠ ─┘
>
> 　（彼女は私に人形を作ってくれました。）
> 〈2つの要素がイコールの場合〉
> 　　Her father made <u>her a doctor</u>.
> 　　　　　　　　　└─ ＝ ─┘
>
> 　（彼女の父は彼女を医師にしました
> 　　〈＝育て上げました〉。）

▼ Lesson 21 のカだめし

1　（1）looks　　（2）show, us
（3）call, me　　（4）sounds
2　（1）My sister became a nurse last year.
（2）My father gave me some money yesterday.
（3）Judy sometimes teaches us English.
（4）What do you call this flower in English?
3　（1）ケビンは昨夜とても疲れて見えました。
（2）彼女の音楽はいつも私たちを幸せにしてくれます。
（3）私たちの先生は私たちに手をもっとしっかり洗うべきだと言いました。

解説

1（1）「～に見える」はlook。主語が3人称単数のThis dishなので3単現のsをつける。
（2）「見せる」はshow，「私たちに」はus。この文には，us（私たちに）とyour new bag（あなたの新しいバッグ）という2つの目的語がある。
（3）「呼びます」はcall。「私を」はme。〈me＝Ken-chan〉という関係が成り立っている。

（4）「それはわくわくしますね」は，「～に聞こえる」の意味のsoundを使って表す。

2（1）My sister（私の姉）を主語にして，動詞のbecome（～になる）の過去形becameを続ける。そのあと，a nurse（看護師）をおく。

（2）My father（私の父）を主語にして，give（～をあげる）の過去形gaveを動詞とする。そのあと，2つの目的語，me（私に）とsome money（いくらかのお金＝お小遣い）を並べる。2つの目的語の語順は〈人＋物〉である。

（3）動詞teachesのあとにus（私たちに），English（英語を）という2つの目的語を並べる。2つの目的語の語順は〈人＋物〉である。「頻度を表す副詞は，ふつう一般動詞の前におく」という規則があるので，teachesの前にsometimesをおく。

（4）語句の中に，call（呼ぶ）とyou（あなたは）があることを確認し，「あなたはこの花を何と呼びますか」という意味の文を作ればよいと見当をつける。What（何）をまず文頭に出し，do you call this flower（あなたはこの花を呼ぶか）という疑問文を作る。

3（1）lookedのあとにvery tired（とても疲れて）という様子を表す語句があるので，lookedは「見た」ではなく「～に見えた」と訳す。last nightは「昨夜」。

（2）頭から訳していくと，Her musicは「彼女の音楽」，alwaysは「いつも」。動詞makesはmakeの3単現。makeの基本的な意味は「作る」だが，その直後にus（私たちを），happy（幸せな）という語が並んでいることから，「～を…にする」と訳す。

（3）told usのあとに〈that＋主語＋動詞〉があるので，まず「私たちの先生が…ということを言いました」の部分を確認する。次にweからcarefullyの部分を訳して，「…」の部分に入れると文全体の訳になる。

Lesson 2-2 受け身

▼Check 1
（1）is, used　　（2）visited, by
（3）are, written

解説

（1）「使われています」という受け身の形なので，〈be動詞＋過去分詞〉を使う。This classroom（この教室）に合わせてbe動詞はisを使う。use（使う）の過去分詞はused。

（2）「訪問されています」はvisit（訪問する）の過去分詞を使ってis visited。「多くの人々に」は「多くの人々によって」と考え，動作の主体を表すbyを使って表す。

（3）「書かれています」という受け身の形なので，〈be動詞＋過去分詞〉の形を使う。複数形のThese books（これらの本）に合わせてbe動詞はareを使う。write（書く）の過去分詞はwritten。つづりにも注意。

▼Check 2
（1）was, washed　　（2）isn't, played
（3）Was, written

解説

（1）過去の受け身の文。yesterday（昨日）があることから，be動詞はwasを使う。そのあとに，wash（洗う）の過去分詞washedを入れる。

（2）「されていません」という日本文だが，スポーツの話なので，「プレイされていません」と考え，動詞playを使う。Rugbyは単数扱いなのでbe動詞はis。否定文なので否定形isn'tを入れる。そのあとにplayedを入れる。

（3）受け身の疑問文。this bookが主語で過去の文なので，be動詞Wasで文を始めればよい。「書かれる」はwrite（～を書く）の過去分詞writtenで表す。

ポイント 「be動詞が含まれる文を疑問文にするときは，be動詞を主語の前に出す」という法則があります。受け身の文でも同様です。

Is this car made in Japan?

（この車は日本で作られていますか。）

be動詞を使った疑問文には，答えるときもbe動詞を使って答えます。

▼ Lesson 22 の力だめし

> **1** （1）played　（2）done
> （3）given　（4）taken　（5）carried
> （6）put　（7）read　（8）broken
> （9）written　（10）found
> **2** （1）is, watched, by
> （2）Were, invited　（3）we, were
> **3** （1）This car is not made in Japan.
> （2）How many languages are spoken in Canada?
> （3）What is this flower called in Japanese?
> **4** （1）That building was built three years ago.
> （2）This singer is known all over the world.

解説

1（1）規則動詞。

（2）（3）（4）（6）（7）（8）（9）（10）不規則動詞。

（5）規則動詞だが，単純にedだけつけるのではなく，carryのyをiにかえてed。

（6）put – put – putという活用。この動詞の場合は，すべて同じ発音。

（7）read – read – readという活用をするが，現在形が［riːd リード］という発音なのに対し，過去形と過去分詞は［red レッド］という発音であることに注意。

2（1）「見られている」は〈be動詞＋過去分詞〉を使って，is watchedと表す。そのあと，「〜によって」という意味で動作の主体を表すbyを入れる。watchedはseenでもよい。

（2）受け身の疑問文なのでbe動詞を前に出す。youが主語で過去の話なので，Wereで文を始める。主語のあとに，invite（招待する）の過去分詞invitedを入れる。

（3）be動詞の疑問文にはbe動詞で答える。疑問文では「あなたたちは〜」と問いかけているので，we（私たちは）を使って答える。be動詞は過去形のwere。

3（1）This car（この車）で文を始める。「日本製」は「日本で作られている」と考え，受け身のis made in Japanで表す。「日本製ではありません」と否定している否定文なので，isのあとにnotを入れる。

（2）「いくつの言語」を問う疑問文なので，How many languages（いくつの言語）をまず文頭に持ってくる。そのあと，are spoken（話されているか）という受け身の形を続ける。最後にin Canada（カナダで）をおく。

（3）「何」に当たるWhatをまず文頭におく。そのあとに，受け身の疑問文is this flower called（この花は呼ばれているか）をおき，最後にin Japanese（日本語で）をおく。

4（1）「あの建物」はthat building。「建てられました」は過去の受け身の形was builtとする。builtはbuild（建てる）の過去分詞。「3年前に」はthree years ago。

（2）「この歌手」はthis singer。「知られています」は受け身の形を使ってis knownと表す。knownはknow（知っている）の過去分詞。「世界中で」はall over the world。

Lesson 23　現在完了形（1）・現在完了進行形

▼ Check1
（1）have, known
（2）has, been, for
（3）has, since, was

（1）「この春から知っています」という日本文から継続の意味が感じられるので，現在完了形〈have＋過去分詞〉を使う。haveのあとはknow（知っている）の過去分詞knownを入れる。

（2）「1週間ずっと忙しい」という日本文から，継続を表す現在完了形〈have＋過去分詞〉を使う。主語が3人称単数なのでhaveではなくhasを入れる。be busy（忙しい）のbeを過去分詞beenに変えて入れる。期間を表して「～の間（ずっと）」というときはforを使う。

（3）この文でも，継続を表す現在完了形〈have＋過去分詞〉を使う。主語が3人称単数なのでhaveではなくhasを入れる。「～のときから」と始まった時期を表すのはsince。sinceのカタマリの中では過去の話をしているので，she was seven years old（彼女は7歳だった）と単純な過去形を使う。

> **ポイント** 継続の現在完了形でよく使われる for と since の使い方を整理しておきましょう。
> for：あとには期間の長さを表す語句が来る。
> since：あとには時期を表す語句が来る。

♥ Check2

（1）haven't, met[seen]
（2）Has, lived / he, has
（3）How, long, been / been, for

解説

（1）「会っていません」なので，継続を表す現在完了形の否定文を作る。現在完了形なのでI haveで始める。否定文なので，haveのあとにnotを入れる。「会う」はmeetで，過去分詞はmet。I have not metとなるが，空所の数から，短縮形haven'tを使う。metの代わりにseeの過去分詞seenを使ってもよい。

（2）「1年間住んでいるのですか」という日本文から，継続を表す現在完了形の疑問文を作る。主語がyour brother（あなたのお兄さん）と，3人称単数なので，HaveではなくHasで疑問文を始める。「住む」の過去分詞はlived。答えの文では，

your brotherはheにかえ，hasを使って，Yes, he has.と答える。

（3）「どのくらい」と期間をたずねる疑問文なのでHow longで文を始める。be sick（病気で）という形を現在完了形にすると，have been sickとなる。そこで，sickの前の空所にはbeenを入れる。答えの文で「1週間」と期間をいっている部分は，for a weekと表す。

♥ Check3

（1）have, been, running
（2）Has / been, riding / she has
（3）How, long / been, waiting / been, waiting

解説

（1）「40分間走っています」なので，現在完了進行形で表す。have beenのあとに，run（走る）のing形runningを続ける。

（2）現在完了進行形の疑問文。主語が3人称単数なので，Hasで始める。動詞はride（乗る）のing形を使って，been ridingとなる。答えの文でもhasを使う。

（3）期間をたずねる現在完了進行形の疑問文なので，How longで始める。動詞はwait（待つ）のing形を使って，been waitingになる。答えの文でも，同じbeen waitingを使う。

♥ Lesson23 の力だめし

1 （1）known　　（2）used
（3）been
2 （1）wanted, since　　（2）been reading
（3）Have / haven't
3 （1）The teachers have been busy for two weeks.
（2）Has your sister worked here since this April?
（3）How long has he been swimming today?
4 （1）We have[We've] studied[learned] English for three years.
（2）My brother hasn't[has not] been (at) home since yesterday.

解説

1 （1）「知っている」はknow。「先月から知っています」と継続を表す日本文なので，英語では現在完了形を使い，空所にはknowの過去分詞knownを入れる。

（2）「使う」はuse。「長い間使っています」と継続を表す日本文なので，英語では現在完了形を使い，空所にはuseの過去分詞usedを入れる。

（3）「とてもお腹がすいている」はbe very hungry。「今朝からとてもお腹がすいています」と継続を表す日本文なので，英語では現在完了形を使い，空所にはbeの過去分詞beenを入れる。

2 （1）「ほしい」はwant。「子どものころからほしかったのです」と継続を表す日本文なので，英語では現在完了形を使い，空所にはwantの過去分詞wantedを入れる。「～から（ずっと）」と，始まった時期を表すのはsince。

（2）for a whileは「しばらくの間」。「ずっと～し続けている」の意味と考え，been readingを入れて現在完了進行形の文を作る。

（3）継続を表す現在完了形の疑問文にする。Haveで文を始める。答えるときもhaveを使うが，空所が1つなので，have notの短縮形haven'tを入れる。

3 （1）The teachers（先生がた）を主語として文を始める。「ずっと忙しい」という日本文から，現在完了形を使い，have been busyとする。最後にfor two weeks（2週間ずっと）をおく。

（2）your sister（あなたのお姉さん）を主語として現在完了形の疑問文を作る。Has your sister worked here?となる。最後にsince this April（この4月から）をおく。

（3）「どのくらいの間～していますか」と期間を問う疑問文なので，How long（どれくらいの期間）で文を始める。現在完了進行形の疑問文の形has he been swimmingを続けて，最後にtoday（今日）をつける。

4 （1）日本文の内容から，継続を表す現在完了形〈have＋過去分詞〉の形にする。「勉強する」はstudyだが，過去分詞はyをiにかえてedをつけ，studied。または，learn（勉強する，習う）の過去分詞learnedを使ってもよい。We have

studied [learned] Englishとなる。最後に，期間を表す前置詞forを使ってfor three years（3年間）をおく。この文は現在完了進行形を使って，We have been studying[learning] ～.と表すこともできる。

（2）「昨日からいません」という日本文の内容から，継続を表す現在完了形の否定文を作る。主語はmy brother（私の兄）。3人称単数なのでhaveではなくhasを使い，My brother has not[hasn't]と文を始める。「家にいる」はbe (at) home。現在完了形の文なのでbeを過去分詞beenに変える。なお，動詞はstayを使って，has not[hasn't] been stayingとしてもよい。

Lesson 24 現在完了形（2）

> **Check**
> （1）ever, been　　（2）never
> （3）already　　（4）haven't, yet

解説

（1）経験を表して「～へ行ったことがある」はhave been to ～という。今回は疑問文なのでHaveが文頭に出ている。また，to ～（～へ）の部分がabroad（海外へ）におきかわっている。「今までに」はeverで，これは通常beenの前におく。

（2）経験を表す日本文なので，現在完了形〈have＋過去分詞〉を使う。「一度も～ありません」という強い否定なので，notの代わりにneverを使う。I'veはI haveの短縮形。

（3）「もう～してしまいました」という日本文は完了を表しているので，現在完了形〈have＋過去分詞〉を使う。「出発する」のleaveの過去分詞leftを使っている。「もう」はalreadyで，通常はhave [has]と過去分詞の間におく。

（4）「まだ～していません」という日本文は，完了していないことを表す日本文なので，現在完了形〈have＋過去分詞〉の否定形を使う。主語と動詞は，I have not washed（私はまだ洗っていません）となるが，空所の数より，短縮形haven't

を使う。文末に副詞yet（まだ〜しない）をおく。

▼ Lesson24 の力だめし

> **1** （1）spoken[talked]，times
> （2）never，visited　　（3）ever，listened
> （4）started[begun]，yet
> （5）has，just
> **2** （1）I have read this book three times.
> （2）They have already arrived in Osaka.
> （3）Have you washed your hands yet?
> （4）How many times have you watched this DVD?
> **3** （1）I've[I have] never been to Canada.
> （2）Have you heard (about) the news yet?
> （3）We haven't[We have not / We've not] eaten[had] lunch yet.

解説

1（1）「話す」はspeak。過去分詞はspoken。talk（話す）の過去分詞talkedを入れてもよい。「何回も」はmany times。

（2）「一度も〜ない」はneverを使う。「訪れる」はvisitで過去分詞はvisited。neverはhave[has]のあとにおく。

（3）「聞いたことがありますか」という経験を問う疑問文なので，現在完了形を使って表す。「聞く」はlisten。過去分詞はlistened。「今までに」はeverを使い，動詞listenedの前におく。語順に注意すること。

（4）日本文から，完了を表す現在完了形の文の否定文を作る。「始まる」はstartで，過去分詞はstarted。begin（始まる）の過去分詞begunを入れてもよい。文末にyet（まだ〜ない）をおく。

（5）「ちょうど終えたところです」という日本文から，完了を表す現在完了形の文を作る。最初の空所にhas，次の空所にjust（ちょうど）を入れる。語順に注意。

2（1）経験を表す日本文や，語群にhaveがあることから，現在完了形の文を作る。I have read this book（私はこの本を読んだことがあります）というカタマリをまず作る。このreadは現在形（[ri:d リード] と発音）ではなく，過去分詞（[red レッド] と発音）であることに注意。最後にthree times（3回）を付け足す。

（2）完了を表す日本文や，語群にhaveがあることから，現在完了形の文を作る。They have arrived（彼らは着きました）というカタマリをまず作る。そのあとにin Osaka（大阪に）をおく。already（もう）は，位置に注意が必要な副詞。ふつうはhaveとarrivedの間に入れる。

（3）「もう〜しましたか」という日本文から，完了を表す現在完了形の疑問文を作る。Haveで文を始め，Have you washed（あなたは洗いましたか）というカタマリをまず作る。「手」はyour hands。最後にyet（もう）を付け足す。

（4）回数をたずねるので，How many times（何回）で文を始める。そのあと，「あなたはこのDVDを見たことがありますか」という現在完了形の疑問文を続ける。have you watched this DVD?となる。

3（1）「〜したことがありません」という日本文から，現在完了形の否定文を作る。通常はI have not 〜となるが，「今までに一度も〜ない」という強い否定なので，notの代わりにneverを使う。「行く」は通常はgoだが，「行ったことがある」という経験を表す現在完了形の文ではhave been to 〜という形を使う。I have never been to Canada.という文が出来上がる。

（2）「もう〜しましたか」という日本文から，現在完了形の疑問文を作る。Have youで文を始める。「その知らせを聞く」はhear (about) the news。hear（聞く）の過去分詞はheardなので，Have you heard (about) the news?となる。最後にyet（もう）をつける。

（3）「まだ〜していません」という日本文から，

現在完了形の否定文を作る。We have not 〜と文を始める。「昼食を食べる」はeat [have] lunch。eatを過去分詞にしてeaten lunchとする。haveを過去分詞hadにしてhad lunchとしてもよい。最後に，副詞yet（まだ〈〜ない〉）をつける。

ポイント 副詞 yet は，疑問文では「もう」，否定文では「まだ」の意味です。

Have you finished it <u>yet</u>?
（あなたは<u>もう</u>それを終えましたか。）
I haven't finished it <u>yet</u>.
（私は<u>まだ</u>それを終えていません。）

Lesson 25 〈to＋動詞の原形〉(2)・help, letなど

▽ Check1
（1）It, to　　（2）It, for, to

解説

（1）まずItを使ってIt is fun（楽しい）といってしまってから，to 〜を使ってItの内容を説明する。入るのはItとto。
（2）過去形の否定文だが，It 〜 to …という構造は同じ。この文では，to swim（泳ぐこと）という動作をする主体を〈for＋人〉の形で入れている。

▽ Check2
（1）what, to　　（2）how, to

解説

（1）「何をすればよいか」はwhat（何を）とto doを組み合わせて表現する。
（2）「使い方」は「どのように使うべきか」ということ。how（どのように）とto useを組み合わせて表現する。

▽ Check3
（1）told, to　　（2）want, to
（3）ask, her, to

解説

（1）「人に〜するように言う」は〈tell＋人＋to 〜〉。ここでは「言いました」と過去になっているので，tellの過去形toldを用いる。
（2）「人に〜してほしい」は〈want＋人＋to 〜〉。wantとtoを入れる。
（3）「人に〜するように頼む」は〈ask＋人＋to 〜〉。この形に合わせて，Let's ask her to join 〜と語を並べる。

▽ Check4
（1）introduce　　（2）help, do

解説

（1）〈let＋人＋動詞の原形〉の形を用いる。「私に自分自身を紹介させて」ということだから，let meのあとには「紹介する」のintroduceが入る。
（2）〈help＋人＋動詞の原形〉の形。「宿題をする」の「する」はdoを使う。

▽ Lesson25 の力だめし

1 （1）It, for, to　　（2）how, to
（3）where, to　　（4）tell, him, to
（5）too, to

2 （1）It is exciting for me to play soccer with my friends.
（2）I didn't know what to say in English.
（3）Did your sister help you wash the dishes?

3 （1）私たちにとってほかの文化を学ぶことは重要です。
（2）私は，私たちの先生に，もっとゆっくり話してくれるように頼みました。
（3）私の兄[弟]は私に，夜に外出しないように言いました。

解説

1 （1）〈It is 〜 for＋人＋to ….〉（…することは人にとって〜だ。）という構文を，過去の否定文にしたもの。Itで始め，人を表すmeの前にforをおく。動詞writeの前にはto。
（2）「野球のしかた」は「どのように野球をすればよいか」ということなので，how to playで表

す。

（3）「どこで〜すればよいか」はwhere to 〜。

（4）「人に〜するように伝える」は〈tell＋人＋to 〜〉。「彼に」はhim。

（5）「〜するには…すぎる」は〈too … to 〜〉。

2（1）〈It is 〜 for＋人＋to ….〉（…することは人にとって〜だ。）という構文にあてはめて考える。It is exciting for me to play soccerという文が出来上がる。

（2）「私はわかりませんでした」という日本文なので，I didn't knowで文を始める。「何を言えばよいか」はwhat to sayと表せる。

（3）「人が〜するのを手伝う」は〈help＋人＋動詞の原形〉。過去形の疑問文なので，Didから文を始める。主語はyour sisterで手伝う相手はyouなので，Did your sister help you washになる。

3（1）〈It is 〜 for＋人＋to ….〉（…することは人にとって〜だ。）という構文にあてはめて訳す。learn about 〜は「〜について学ぶ」，other culturesは「ほかの文化」。importantは「重要な，大切な」。

（2）our teacherまでで「私は，私たちの先生に頼んだ」。何を頼んだかがto以下に記されている。slowlyは「ゆっくりと」。more slowlyは比較級で「もっとゆっくりと」。speakは「話す」。

（3）meまでで「私の兄[弟]は私に言った」。言ったことは，not以下に記されている。go outは「外出する」。at nightは「夜に」。toの直前にnotがおかれ，to以下が否定されているので，「夜に外出しないように言った」という訳になる。

> **ポイント** 〈tell ＋人＋ to 〜〉と〈ask ＋人＋ to 〜〉の意味のちがいに注意。tell は「〜するように言う」という命令的な意味合い。ask は「〜するように頼む」という意味。
> He told me to go out.
> （彼は私に外に出るように言った。）
> He asked me to go out.
> （彼は私に外に出るように頼んだ。）

Lesson 26 名詞を後ろから説明する語句

▼ Check1
（1）playing　　（2）standing

解説

（1）「（スポーツを）する」はplay。「テニスをしている」なので，playにingをつけてplayingとし，後ろからthe girlを説明する形にする。

（2）「立つ」はstand。「立っている」なので，standにingをつけてstandingとし，後ろからThe manを説明する形にする。

▼ Check2
（1）taken　　（2）spoken

解説

（1）「（写真を）撮る」はtake。「撮られた」という受け身の意味でsome pictures（〈何枚かの〉写真）を説明するためには，過去分詞のtakenを使う。

（2）「（ことば）を話す」はspeak。「話される」という受け身の意味でlanguages（ことば）を説明するためには，過去分詞のspokenを使う。

> **ポイント** 名詞を後ろから説明する場合，〜ing形を使うか，過去分詞を使うかは，名詞との関係性で決まります。「〜している」という意味で説明を加える場合は〜ing形を使います。「〜される」という受け身の意味で説明を加える場合は過去分詞を使います。
> ① a boy making cookies
> 　（クッキーを作っている 男の子 ）
> ② cookies made in the kitchen
> 　（台所で 作られた クッキー ）

▼ Check3
（1）you, saw[watched]
（2）I, bought[got]

解説

（1）the movie（その映画）を〈主語＋動詞〉で後ろから説明する。「あなたが見た」なので，you

saw [watched] を入れる。

（2）The bag（そのカバン）を〈主語＋動詞〉で後ろから説明する。「私が買った」なので，I boughtを入れる。boughtはbuy（買う）の過去形。

▼ Lesson26 の力だめし

1 （1）people, from, Australia
（2）man, sitting　　（3）books, written
（4）you, cooked[made]

2 （1）Open the window in the kitchen.
（2）Do you know this woman singing on TV?
（3）The tower built 100 years ago is very famous.
（4）This is a watch my father bought for me.

3 （1）あなた（たち）は，空を飛んでいるあの鳥が見えますか。
（2）メアリーはクッキーという名前の犬を飼っています。
（3）これが，あなたが見たい映画ですか。

解説

1 （1）「〜出身の…」は… from 〜。
（2）「すわる」はsit。ing形はtを重ねてsitting。sitting（すわっている）が後ろからthe man（その男性）を説明している。
（3）「書く」はwrite。「書かれた本」という受け身の意味になっているので，過去分詞writtenを使う。
（4）The dinner（その夕食）を後ろから〈主語＋動詞〉で説明する。「あなたが料理した」はyou cooked [made] と表す。

2 （1）Open the window.（窓を開けなさい。）という文を作ったあと，window（窓）を後ろからin the kitchen（台所の中の）が説明する形に。
（2）まずDo you know this woman?（あなたはこの女性を知っていますか。）という文を作ったあと，どんな女性かをsinging on TV（テレビで歌っている）を使って後ろから説明する。
（3）The tower（その塔）を主語として文を始める。The towerを後ろからbuilt 100 years ago

（100年前に建てられた）で説明する。builtはbuild（建てる）の過去分詞。〜 agoで「（今から）〜前」。
（4）This is a watch.（これは腕時計です。）という文を作ってから，a watchを〈主語 I 動詞〉で後ろから説明する。「私の父が買った」はmy father bought。

3 （1）Can you see that birdまでを訳すと「あなたはあの鳥が見えますか」。どういう鳥かをflying以下で説明している。flyingはfly（飛ぶ）のing形。in the skyは「空で」。「空を飛んでいるあの鳥が見えますか」と訳すとよい。
（2）dogまでを訳すと「メアリーは犬を飼っている」。どういう犬かをnamed以下で説明している。namedはname（名付ける）の過去分詞。「名付けられた」の意味で，後ろからdogを説明している。
（3）movieまでを訳すと「これがその映画ですか」。どんな映画かをyou以下で説明している。you want to watchは「あなたが見たいと思っている」。

Lesson27 関係代名詞

▼ Check1

（1）who lives in Okinawa
（2）who teaches math here
（3）who is kind and cute

解説

（1）who以下が関係代名詞のまとまりで「沖縄に住んでいる」という意味。an aunt（おば）を後ろから説明している。
（2）whoからhereまでが関係代名詞のまとまりでThe teacher（その先生）を後ろから説明している。関係代名詞のまとまりは，「ここで数学を教えている」という意味。
（3）who以下が関係代名詞のまとまりで，an American student（アメリカ人の生徒）を後ろから説明している。関係代名詞のまとまりは，「親切でかわいい」という意味。

ポイント 関係代名詞のまとまりは，文の最後にある場合もあれば，途中で出てくる場合もあります。

① 文の終わりにある場合

I know the boy |who| lives near the park.

（私は，公園のそばに住んでいる男の子を知っている。）

② 文の途中で出てくる場合

The boy |who| lives near the park is older than my brother.

（公園のそばに住んでいるその男の子は，私の兄より年上だ。）

▼ **Check2**

（1）which　　（2）who　　（3）which

解説

（1）a cameraはものなので，whichを入れる。

（2）a friendは人なので，whoを入れる。

（3）the houseはものなので，whichを入れる。

▼ **Check3**

（1）which my father gave me

（2）that I caught yesterday

（3）which has a large window

解説

（1）which以下がthe CD（そのCD）を後ろから説明している。関係代名詞のまとまりは「私の父が私にくれた」という意味。

（2）thatからyesterdayまでがThe fish（その魚）を後ろから説明している。関係代名詞のまとまりは「私が昨日つかまえた」という意味。

（3）which以下がa room（部屋）を後ろから説明している。関係代名詞のまとまりは「大きな窓を持つ」という意味。

▼ **Check4**

（1）○　　（2）×　　（3）×

解説

（1）which you boughtは〈関係代名詞＋主語＋動詞〉という形なので，whichは省略できる。

（2）（3）〈関係代名詞＋主語＋動詞〉という形ではないので，関係代名詞は省略できない。

ポイント 〈主語＋動詞〉の前の関係代名詞は省略できます。つまり，次の3つは同じ意味だということです。

① 関係代名詞 which を使った場合

This is the book which I bought yesterday.

（これは私が昨日買った本です。）

② 関係代名詞 that を使った場合

This is the book that I bought yesterday.

③ 関係代名詞を省略した場合

This is the book I bought yesterday.

▼ Lesson **27** の力だめし

1 （1）which　　（2）who　　（3）I

2 （1）who[that], can

（2）which[that], made　　（3）I, took

3 （1）who[that], teaches

（2）which[that], were

（3）I, watched

4 （1）Is this the notebook which you are looking for?

（2）The place that I want to visit is Hawaii.

（3）Beth was a singer who was popular among many people.

解説

1（1）my brother bought（私の兄が買った）がa computer（コンピューター）を後ろから説明できるように，関係代名詞を選ぶ。a computerはものなので，whoではなくwhich。

（2）runs very fast（とても速く走る）がthe boy（その男の子）を後ろから説明する文。the boyは人なので，whichではなくwhoを選ぶ。

（3）a library（図書館）をoften use（よく使う）

が後ろから説明する文に。だれが使うのか入れないと意味が通らないので，I（私が）を選ぶ。

2（1）that girl（あの女の子）は人なので直後にwhoかthatを入れる。「弾ける」は「弾くことができる」ということなので，可能を表すcanを入れる。

（2）the bookはものなので，関係代名詞として直後にwhichかthatを入れる。「彼を有名にする」はmakes him famousと表せるが，「有名にした」と過去のことなので，過去形のmadeを使う。

（3）「写真を撮る」はtake a photo [picture]。takeの過去形はtook。空所が2つしかないので，I tookを入れて，〈主語＋動詞〉で後ろからphotos（写真）を説明する文に。

3（1）a sister（姉，妹）は人なので，関係代名詞whoかthatを用いる。who [that] teaches English（英語を教える）が，後ろからa sisterを説明している。「私には，英語を教えている姉[妹]がいます」。

（2）the pictures（その絵）はものなので，関係代名詞whichまたはthatを用いる。which [that] were painted（えがかれた）が，後ろからthe picturesを説明している。「あれらは，おじによってえがかれた絵です」。

（3）空所が2つしかないので，〈主語＋動詞〉のI watchedを入れる。「私が昨日見たサッカーの試合はわくわくするようなものでした」。

4（1）Is this the notebook?（これがノートですか。）という文をまず作り，関係代名詞whichを使って，後ろからnotebookを説明する。whichのあとはyou are looking for（あなたが探している）となる。look for ～で「～を探す」。

（2）The place（その場所）を関係代名詞thatのまとまりで説明する。「私が訪れたい」はI want to visit。そこまで説明したうえで, is Hawaii（ハワイです）と続ける。

（3）Beth was a singer.（ベスは歌手でした。）という文を作ったあと，どんな歌手だったかを関係代名詞whoを使って説明する。who以下は，was popular among many people（多くの人々に人気があった）となる。

Lesson 28 間接疑問（文）など

▼ Check
（1）she, is　　（2）Tom, likes
（3）you, went

解説

（1）「彼女はだれですか」はWho is she?だが，今回は別の文の中に入った疑問文なので，ふつうの文の語順でwho she isとする。

（2）「トムは何色が好きですか」はWhat color does Tom like?　今回は別の文の中に入った疑問文なので，疑問詞（＋名詞）のあとは疑問文の形にはせず，does Tom likeをTom likesとする。likesのsを忘れないこと。

（3）「あなたはなぜそこへ行ったのですか」はWhy did you go there?　今回は別の文の中に入った疑問文なので，whyのあとは疑問文の形にはせず，did you goをyou wentとする。goの過去形wentを使う。

ポイント 文の中に疑問文を組み込む場合は，次の手順で考えましょう。
① ふつうに疑問文を作ってみる。
（例）Why did you go there?
② 疑問文ではなく，肯定文（ふつうの文）の語順にする。
（例）why ~~did~~ you go there
③ 動詞を過去形にしたり3単現のsをつけたりする。
（例）why you went there
I know などの別の文につなげて，I know why you went there. という文が完成する。

▼ Lesson 28 のカだめし

1（1）he plays　　（2）doesn't he
（3）How　　（4）time it was
2（1）I don't know what these are.
（2）Amy wants to know why he is angry.

（3）Do you know who lives in this house?

3 （1）don't, you　（2）isn't, she
（3）does, he　（4）didn't, she

4 （1）Do you know when Nancy will come to Japan?
（2）What a beautiful sunset!

解説

1（1）文の中の疑問文なので，ふつうの文の語順のhe playsを選ぶ。文の中に疑問文を組み込んでしまった場合はdoesやdidは使わないことに注意。「私は彼がどこでテニスをするのか知りたいです」。

（2）Your brother（あなたのお兄さん）は男性なので，付加疑問はheを使う。この文の動詞は肯定のgoesなので，付加疑問の動詞部分は否定のdoesn'tとする。「あなたのお兄さんは高校へ行っていますよね」。

（3）wonderful（すばらしい）は形容詞。形容詞の直前について感動を表すのはhow。「何てすばらしいんでしょう！」

（4）what以下は文の中の疑問文なので，ふつうの文の語順のtime it wasを選ぶ。what timeは「何時」。it wasのitは時間を表すit。「私は彼女に何時かたずねました」。

2（1）与えられた語を使って，「これらは何ですか」を表すとWhat are these?となる。しかし，文の中の疑問文なので，ふつうの文の語順にして，what these areとする。

（2）与えられた語を使って，「なぜ彼は怒っているのですか」を表すとWhy is he angry?となる。しかし，文の中の疑問文なので，ふつうの文の語順にして，why he is angryとする。

（3）与えられた語を使って，「だれがこの家に住んでいるのですか」を表すとWho lives in this house?となる。これは疑問文ではあるが，ふつうの文の語順と同じなので，これをそのままDo you knowのあとに入れる。

3（1）一般動詞playの肯定文なので，付加疑問の動詞部分は否定のdon't。「あなたはテニスをしますよね」。

（2）isの肯定文なので，付加疑問の動詞部分はisn't。Ms. Tanakaは女性なので，付加疑問の主語部分はsheとする。「田中先生は音楽の先生ですよね」。

（3）doesn'tを使った否定文なので，付加疑問の動詞部分はdoes。Ken's brotherは男性なので，付加疑問の主語部分はheとする。「健のお兄さんはコーヒーが好きではありませんね」。

（4）一般動詞goの過去形wentの肯定文なので，付加疑問の動詞部分はdid。Your sisterなので，付加疑問の主語部分はsheとする。「あなたのお姉さんは先月カナダに行きましたね」。

4（1）「あなたは知っていますか」という文をまず作る。Do you know?となる。「ナンシーはいつ日本に来ますか」はWhen will Nancy come to Japanだが，文の中に入れるために，これをふつうの文の語順に直す。when Nancy will come to Japanとなる。

（2）「美しい夕焼け」はa beautiful sunset。〈a[an]＋形容詞＋名詞〉の形をとるものを感嘆文にしたいときは，前にWhatをつける。

ポイント 付加疑問文を作るときは，次の手順で考えましょう。
（例文）Ms. Suzuki taught math.
　　　（鈴木先生は数学を教えた。）
① 疑問文を作るなら何で始めるか？
　例文の場合→ Did Ms. Suzuki ～？
② もとの文は肯定文か？　否定文か？
　例文の場合→ 肯定文なので，付加疑問では否定形didn't にする。
③ 主語を代名詞に直すと？
　例文の場合→ she
④ 合わせると，付加疑問はdidn't she?となる。

Lesson 29 仮定法

▼ Check1
（1）had，would
（2）were，could go

解説

（1）仮定法ではifのカタマリの中の動詞には過去形を使うので，haveの過去形hadを入れる。後ろの文の助動詞はwillの過去形wouldを使う。

（2）仮定法のifのカタマリの中のbe動詞はwereを用いる。後ろの文には，canの過去形couldのあとに動詞の原形goを入れる。

▼ Check2
（1）had　（2）could speak

解説

（1）I wishに続く文の動詞には過去形を使うので，haveを過去形hadにする。

（2）I wishのあとに〈助動詞の過去形＋動詞の原形〉が続く形。canの過去形couldのあとに，speakはそのまま続ける。

▼ Lesson29 の力だめし

1（1）won，could　　（2）were，could

2（1）had，could go　　（2）were

3（1）If tomorrow were Sunday, I could sleep late.

（2）I wish I could finish my homework now.

4（1）コンピューターを持っていれば，私はオンラインで友達と話すのに。

（2）ケンタが私といっしょに行くことができればいいのに。

5（1）If I were you, I would eat more vegetables.

（2）I wish I could drive a car.

解説

1（1）winは「獲得する，当たる」。仮定法では

ifのカタマリの中の動詞には過去形を使うのでwon，後ろに続く部分の助動詞も過去形になるのでcouldを入れる。

（2）ifのカタマリの中のbe動詞は，口語ではwasも使われるが，ふつうはwereを使う。後ろに続く部分の助動詞は過去形のcouldになる。

2（1）「時間がある」は「時間を持っている」ことなのでhaveを使うが，仮定を表す文のifのカタマリの中なので過去形のhadを使う。後に続く部分は，行くことが「できる」のでcanの過去形couldを使って，その後は動詞の原形go（行く）を入れる。

（2）「晴れている」はふつうの文では，It is sunny.という。I wishに続くので，be動詞はwere（過去形）になる。

3（1）「もし」で始まる文なので，ifのカタマリを先に考える。tomorrow（明日）を主語にして，be動詞の過去形のwereを使い，If tomorrow were Sunday,とする。後に続く部分は，I（私）を主語にして「できる（can）」の過去形couldを使う。最後に残った2語でsleep late（遅くまで寝る）と続ければよい。

（2）「～だったらいいのに」なので，I wishから始める。couldがあるので後の部分は〈主語＋助動詞の過去形＋動詞の原形〉になると考えて，I could finishを続ける。さらに，my homework（自分の宿題），now（今）を加えると文が完成する。

4（1）If I had a computerから仮定法の文とわかるので，この部分は「（もし私が）コンピューターを持っていれば」と訳せる。talk with ～は「～と話す」，onlineは「オンライン」なので，後の部分は「私はオンラインで友達と話すのに」となる。wouldは「話すのに」，couldであれば「話せるのに」と少し違うことに気をつけよう。

（2）I wishの文なので，「～だったらいいのに」と訳す。could go with meは「私といっしょに行くことができる」という意味。

5（1）日本文の内容からIfを使った仮定法の文を使うことがわかる。IfのカタマリはI（私が）を主語にしてbe動詞の過去形wereを使い，If I were you,とする。後半もI（私は）から始めて，「食べるのに」は〈助動詞の過去形＋動詞の原形〉の

形をもとにwould eatを考える。「もっと（多くの）野菜」はmore vegetablesでよい。

（2）「～だったらいいのに」という願望の文なので，I wishから始める。「できる」なので，後の部分は〈主語＋助動詞（can）の過去形＋動詞の原形〉の形をふまえて，I could driveとする。「（1台の）車」なので最後にa carを加えればよい。

Lesson 30 会話表現

▼ Lesson 30 の力だめし

1 （1）OK.　（2）Shall　（3）How
（4）Could　（5）No, let's not.
（6）Pardon?
2 （1）How　（2）Would　（3）Here
（4）wrong　（5）Why
3 （1）May I open the window?
（2）Why don't you come with me? / How about coming with me?

解説

1（1）「ドアを開けてくれる？」「いいですよ」。Can you ～?は気軽に依頼をするときの表現。
（2）「あなたのかばんを運びましょうか」「まあ，ありがとう」。Shall I ～?は相手に手助けなどを申し出るときの表現。
（3）「今日は英語の授業はどうでしたか」「おもしろかったです」。How was ～?は，体験したことなどの感想をたずねる表現。
（4）「駅への行き方を教えてくださいませんか」「いいですよ。それはここから近いです」。Could you ～?はていねいに依頼をするときの表現。
（5）「今ゲームをしようよ」「いや，やめておこう」。No, let's not.は提案を断るときの表現。
（6）「皿を洗ってくれませんか」「何ですって？」「皿を洗ってください」。Pardon?は，よく聞き取れなかったときなどに聞き返す表現。
2（1）「いっしょに泳ぎに行くのはどうですか」「いい考えですね」。「～するのはどうですか」と提案するときは，How about ～ing?を使う。

（2）「お茶はいかがですか」「はい，お願いします」。物をすすめるときは，Would you like ～？
（3）「ノートを見せてもらえませんか」「いいですよ。どうぞ」。相手に物を手渡すときは，Here you are.
（4）「顔が青白いですよ。どうしたんですか」「かぜをひいているんです」。「どうしたんですか」は，What's wrong?
（5）「明日映画に行きましょうか」「ええぜひ」。「～しましょうか」と，疑問文の形をとりながら提案する表現はWhy don't we ～?
3（1）許可を求める表現にはCan I ～?，May I ～?などがあるが，「目上の相手に対して，ていねいに」ということなので，ていねいなMay I ～?を使う。「窓を開ける」はopen the window。
（2）提案するときは，How about ～ing?，Why don't you ～?などを使う。「私といっしょに来る」はcome with me。

実戦問題に挑戦！

1 （1）イ　（2）ウ　（3）イ
（4）イ　（5）ア　（6）ウ　（7）イ
（8）ア　（9）ウ　（10）イ

解説

1（1）「～ので…」は〈… because ～〉と表す。ウのsoは〈… so ～〉「…だから～だ」という意味を表す。混同しないように注意。
（2）「今までに～したことがない」という否定はneverを使う。justは「ちょうど」，everは「今までに」。
（3）a sister（姉）と後半のcan sing very well（とても上手に歌を歌うことができる）をつなぐのは関係代名詞。a sisterは人なので，whichではなくwhoを使う。
（4）「おいしそう」は「おいしそうに見える」ということなので，「～に見える」の意味のlookの過去形lookedを選ぶ。delicious（おいしい）は

形容詞。look likeのあとには名詞がくるはずなので，ウは不適切。

（5）「上手に」はwell。「いちばん上手に」はwellの最上級best。well－better－bestと変化する。

（6）命令文のあとに続いて「そうしないと～」という場合は，orを使う。

（7）「どのくらいの頻度で」はHow often～？ How manyは「いくつの，何個の」，How longは「どのくらいの長さの（物理的・時間的長さを問う）」。

（8）「～してはいけない」はmust not～。will not～は「～しないだろう」。don't have to～は「～しなくてもよい」。

（9）「～してもよろしいでしょうか」はMay I～？ Shall I～？は「私が～しましょうか」と申し出るいい方。

（10）talkingはing形なので，現在進行形〈be＋～ing〉になるとわかる。アかイが答えということになるが，文の中の疑問文なので，ふつうの文の語順であるイのthey areを選ぶ。

---

2 （1）one, most, useful
（2）how, tall, is　　（3）weren't
（4）smallest, of　　（5）sick, since
（6）Which, better, or, watching／better
（7）Is, going, to／are
（8）Would, like／thank

解説

2 （1）「最も～な…の1つ」は〈one of the＋最上級＋複数名詞〉という形で表す。「役に立つ」はusefulだが，長い単語なので最上級はmost useful。

（2）「東京スカイツリーの高さ」は「東京スカイツリーはどれくらい背が高いか」と考え，how tall（どれくらい背が高い）を使う。Does anyone know～？という疑問文にHow tall is Tokyo Skytree?という文を入れると考えて，know以下はhow tall Tokyo Skytree isとなる。

（3）「1つ（1人）の～もない」はnot any～。動詞は，複数形に合わせてwereとする。空所の

数から短縮形weren'tにする。

（4）「小さい」はsmall。「いちばん小さい」は最上級smallest。「全部の中で」はof all。

（5）「ずっと病気」というのは，継続した状態を表すので，beの部分は現在完了形のhas beenになっている。「～から」というように始まった時期を表すのはsince。

（6）「どちら」はWhich。比べる文なので，well（よく）の比較級のbetterをlikeのあとに入れる。「AまたはB」というように選択肢を示すときはor。

（7）問いの文は，日本文の内容から，未来を表すとわかる。空所の数より，be going to～の疑問文が使えると推測できる。答えの文でもbe動詞を使う。weが主語なのでareを入れる。

（8）「～はいかがですか」と物をすすめるいい方は，Would you like～？「いいえ，結構です」と断るときは，No, thank you.

---

3 （1）to watch　　（2）has been
（3）writing　　（4）listening　　（5）cut
（6）was playing　　（7）found
（8）be　　（9）washing
（10）taught

解説

3 （1）感情を表す形容詞のあとにto～をおき，感情の原因を表すことがある。この文ではshocked（ショックを受けて）の理由をto watch以下で表している。

（2）「朝からずっと」という日本語は継続を表しているので，現在完了形〈have＋過去分詞〉を使う。itが主語なのでhaveではなくhas。beの過去分詞はbeen。

（3）「～し終える」はfinish～ing。writeにingをつけるが，eをとってingをつけることに注意。

（4）that以下にはtells us（私たちに言う）の内容が入っていて，別の文になっていることに注意。「～すること」は～ing。listeningとなる。

（5）「～したことがありますか」と経験を問う疑問文なので，現在完了形の疑問文にする。cutはcut－cut－cutと活用し，過去分詞もcut。

（6）「～をしていました」は過去進行形で表せる。そこで，was playingとする。Yujiは3人称単数なので，wereではなくwasにする。

（7）「発見する」はfind。「発見された」なので受け身形〈be＋過去分詞〉で表す。findの過去分詞はfound。

（8）助動詞won'tのあとに入るので原形のbeのまま。

（9）withoutは「～することなしに」という意味の前置詞。前置詞のあとの動詞は動名詞～ingにする。

（10）「教える」はteach。ここでは過去形のtaughtを使う。

解説

■4 （1）「本を読んでいます」という部分をまず組み立てるとis reading a bookとなる。次にbookを，written in English（英語で書かれた）を使って後ろから説明する。

（2）「あの男の子はだれですか」という部分をまず組み立てると，Who is that boyとなる。次にboyをwearing a green cap（緑の帽子をかぶっている）を使って後ろから説明する。

（3）「隆二は学校に来ました」をまず組み立てると，Ryuji came to schoolとなる。「早く」は

earlyだが，「いちばん早く」なので最上級を使ってthe earliestとする。最上級の前にはtheをつけること。「クラスで」と範囲を限定するときはinを使う。

（4）「教えてくださいますか」をまず組み立てると，Could you tell meとなる。日本文にはないが，「私に」教えるということなので，meを入れる。「どこで～を買ったらよいか」はwhere to buy ～。to ～の形を使うことに注意。

（5）「人にとって～するのは…だ」は〈It is … for＋人＋to ～〉の形で表せる。否定するときは，It is notとなる。

（6）「ビルは私にたずねました」をまず組み立てると，Bill asked meとなる。「その花は何と呼ばれるのか」はwhat（何）をまず最初に持ってきて，そのあと残りの要素をふつうの文の語順に並べる。what the flower is calledとなる。「呼ばれる」なので受け身の形にすることに注意。

（7）「これはコンピューターです」をまず組み立てると，This is the computerとなる。次にcomputerを，my father bought me（私の父が私に買った）を使って後ろから説明する。この部分はもともと目的語を2つとる文My father bought me a computer.（私の父は私にコンピューターを買ってくれた。）であり，このうち，a computerの部分だけが前に出ている。

（8）「亜矢は郵便局へ行きました」をまず組み立てると，Aya went to the post officeとなる。次に「友人にクリスマスプレゼントを送るために」の部分を組み立てる。「友人にクリスマスプレゼントを送る」はsend her friend a Christmas present。sendの目的語が，her friend（友人に）とa Christmas present（クリスマスプレゼント）の2つあることに注意。「～するために」はto ～。

I should take?

(3) I know a book which[that] is useful to study[learn] English. / I know a book which[that] is useful for studying English.

(4) What does your father call you?

(5) Becky's brother looks like her, doesn't he?

(6) I'll[I will] show you some pictures[photos] (which[that]) I took.

(7) It is[It's] important for us to study[learn about] different[other] cultures.

(8) The book is too difficult for me to understand. / It is too difficult for me to understand the book.

解説

5 (1)「生徒が何人」と問う文なので，How many students（何人の生徒）で文を始める。studentを複数形にすること。「あなたのクラスにいますか」はthere areの疑問文にする。「あなたはクラスに何人の生徒を持っていますか」と考えてyouを主語にした疑問文にしてもよい。あるいは，your class（あなたのクラス）を主語にした疑問文にしてもよい。

(2)「私に教えてくれませんか」という部分をまず考えると，Can[Will] you tell me?となる。「どのバスに乗るべきか」は〈to＋動詞の原形〉を使ってwhich bus to take。あるいは，文の中の疑問文だととらえ，which bus I should take（私はどのバスに乗るべきか）と表す。

(3)「私は本を知っています」という部分をまず考えると，I know a bookとなる。どんな本かを，関係代名詞を使って後ろから説明する。「役立つ」は形容詞useful（役に立つ，便利な）を使う。「英語の勉強に」は「英語を勉強するために」と考え，〈to＋動詞の原形〉を使ってto study[learn] Englishと表す。for studying English（英語の勉強をするために）と表してもよい。

(4)「あなたのお父さんはあなたを〜と呼びます」という文をまず考えてみる。Your father calls you 〜．という文が出来上がるが，この〜の部分

をWhat（何）にして前に出し，疑問文にする。

(5)「〜と似ている」はlook like 〜（〜のようだ）と表す。likeを忘れないこと。「〜ますね」という日本文なので，付加疑問文にする。動詞がlooksなので，付加疑問の動詞部分はdoesn't。主語は1人の男性なので，付加疑問の主語部分はhe。

(6)「あなたに写真を何枚か見せてあげましょう」という文をまず考えてみる。I'll [I will] show you some pictures [photos] という文が出来上がる。pictures [photos] を後ろから説明する。関係代名詞whichかthatを使ってもよいし，使わずに主語と動詞をただ並べてもよい。「（写真を）撮る」はtake。過去形はtook。

(7)「人にとって〜するのは…だ」は〈It is … for＋人＋to 〜〉の形で表す。「異なる」はdifferent（違った，異なる）またはother（ほかの，異なる）で表す。複数の文化を学ぶことが想定できるので，culture（文化）にsをつけて複数形に。

(8)「人にとって〜するのに…すぎる」「あまりに…なので人は〜できない」という意味の〈too … for＋人＋to 〜〉の形で表す。「難しい」はdifficult。It is 〜で始める形にしてもよい。

6 (1) Tokyo is busier than any other city in Japan.

(2) Baseball is more popular than soccer in America.

(3) Don't use this computer without asking your teacher.

(4) Must all of us wear a uniform?

(5) It is exciting for foreigners to visit Akihabara.

(6) Do you know any books which[that] Soseki wrote?

(7) Why don't we go to an amusement park?

解説

6 (1) busy（忙しい，にぎやかな）はbusy - busier - busiestと変化する。any otherのあとは単数名詞をおく。書きかえた文の意味は「東京

は日本のほかのどの都市よりもにぎやかだ」。

（2）与えられた文の意味は「サッカーはアメリカでは野球ほどは人気がない」。Baseball（野球）で文を始めるということなので「野球はアメリカではサッカーよりも人気がある」という文を作る。popular（人気がある）は長い単語なので，more を使って比較級を作る。

（3）与えられた文の意味は「あなたは，先生にたずねずにこのコンピューターを使ってはいけません」。否定の命令文にするということなので Don'tで文を始める。

（4）与えられた文の意味は「私たち全員がユニフォームを着なければいけませんか」。have to ～（～しなければならない）を，同様の意味を持つmustを使って表す。mustは助動詞なので，疑問文では文頭におく。

（5）与えられた文の意味は「秋葉原を訪れることは，外国人にとってわくわくすることだ」。It で始まる文にするということなので，〈It is … for＋人＋to ～〉（人にとって～するのは…だ）の構文に当てはめて書きかえる。

（6）与えられた文の意味は「漱石の書いた本を知っていますか」。booksを，Soseki wrote（漱石が書いた）が後ろから説明し，「漱石が書いた本」という意味になっている。指示にしたがって，books以下を関係代名詞を補って書きかえると，books which [that] Soseki wroteとなる。

（7）与えられた文の意味は「私といっしょに遊園地に行くのはどうですか」。行くのは「私とあなた」ということなので，we（私たち）を使い，Why don't we ～？（〈私たちは〉～しませんか。）という文に書きかえる。Why don't you go to ～ with me?でもよい。

---

7 （1）イ　（2）エ
（3）Yujiイ　　Gregウ

解説

（1）グラフのタテ軸が勉強時間（分），横軸が曜日であることを確認してから，選択肢とグラフを比べつつ正解を考える。アのhad no time to studyは「勉強する時間がまったくなかった」の

意味だが，日曜日は35分間勉強しているのでまちがい。イのthe longestは「最も長く」。グラフから火曜日の勉強時間（55分）は最長とわかるので，これが正解。ウのhas been ～ingは「ずっと～している」。現在まで4日間ずっと勉強し続けていることは，過去（先週）のグラフからは読み取れない。エのmade Hina study mathは「陽菜に数学を勉強させた」という意味。金曜日は勉強時間がゼロで，母は陽菜に勉強させていないとわかるので不正解。

（選択肢の訳）
ア　陽菜は日曜日に数学を勉強する時間がなかった。
イ　陽菜は先週の火曜日に数学を最も長い時間勉強した。
ウ　陽菜は4日間ずっと数学を勉強している。
エ　陽菜の母は，金曜日に陽菜に数学を勉強させた。

（2）対話文の問題では，空所直前の文の終わり方や，選択肢の中の代名詞などの指示語にも着目しよう。まず，最初のAの発言は「何をすべきかわかりますか？」という質問で終わっている。次に返答がくるべきなので，1には「いいえ」から始まるbが入る。次に，bの最後の「彼女は今，外出中です」に着目。aの「なるほど。もし彼女がここにいれば～」がこれに続く文とわかる。aの最後は「彼女は私がそれ（＝コンピューター）を再起動するのを手伝ってくれるでしょう」の意味。これはcの「私もそう思います」の「そう」が指すことなので，3にはcが入る。よって，正解はエ。

（対話文の訳）
あら，このコンピューターは何かおかしいです。何をすべきかわかりますか。

（選択肢の訳）
a なるほど。彼女がもしここにいれば，私がそれを再起動するのを手伝ってくれるでしょう。
b いいえ。メグがコンピューターについてよく知っているけど，今，外出中です。
c 私もそう思いますが，メグは最近ずっと忙しいです。

（3）対話文の内容と表のプランをしっかり見比

べて正解を選ぶ。まず，対話文の前半でグレッグの「バスだと時間がかかり過ぎます」という発言に，佑二が「あなたの言う通りです」と答えていることから，バスの選択肢（エ）がなくなる。次に，佑二の発言の「最も短時間で広島に到着」，「ぼくは早起きできない」という2つのヒントから，佑二は午後発の飛行機を利用するイを選ぶことがわかる。最後にグレッグは，「飛行機で行くほど料金が高くないプランがベスト」と話していることから，新幹線（train）を利用するウを選ぶだろうとわかる。

（対話文の訳）

佑二：広島に行くことができてとてもうれしいです。ちょうどインターネットでそこまで行くプランを見つけたところです。

グレッグ：ええと…，これがいちばん安いけど，バスに乗っていくと時間がかかり過ぎます。

佑二：きみの言う通りです。ぼくは長時間座り続けたくないです！　飛行機で行くのはどうでしょう？

グレッグ：うーん。飛行機で行く場合は2つの方法があります。

佑二：なるほど，これがぼくにはいちばんよいプランです。最も短時間で広島に到着する行き方です。それに，ぼくは早起きできないです。どう思いますか，グレッグ？

グレッグ：それはよさそうですが，ぼくにはこれがベストです。飛行機で行くほど料金が高くありません。